# 移民からみる
# アメリカ外交史

ダナ・R・ガバッチア
一政（野村）史織 訳

FOREIGN RELATIONS
American Immigration in Global Perspective

Donna R. Gabaccia

白水社

# 移民からみるアメリカ外交史

ジュリー・マリー・ガバッチア・マッケナーに捧げる
［1951・4・24-2007・11・2］

移民からみるアメリカ外交史＊目次

凡例

・原著者による注は、本文中の該当箇所に（1）（2）と番号を振り、原注として巻末にまとめた。
・訳者による注は、本文中の〔　〕内に割注で記した。

# まえがき

ハーヴァード大学ウォーレンセンターで二〇〇〇年から二〇〇一年の「グローバルアメリカ」セミナーに研究員として参加したとき、私は、外交史の歴史家やアメリカ合衆国の移民史の歴史家が共有している考えの根幹を初めて知ることができた。どちらの専門の歴史家たちも、グローバル化の理論とさまざまな種類のグローバルな研究が提起する、世紀末の同じような課題に応答していた。ケンブリッジですばらしい日々を送るうちに、私は、アメリカの歴史はこれら二派の歴史家たちが分かち合っている研究領域から考察され得るのではと考えはじめた。

『世界の中のアメリカ』シリーズの編者であるスヴェン・ベッカートは、このような考えをまとめ、学生や一般読者に向けて、共和国初期から現在までのアメリカの長い歴史を扱う短い本、詳しい解説をしてくれるような読み物を書いてみるようにと、わざわざ私を説得してくれた。私がめざしたのは、統一的なものを提示することではなく、刺激的な新しい視点で、新たに出てきた学術的な研究分野の発展を後押しすることであった。

スヴェンが初めて私に連絡をくれた二〇〇六年までに、私は、外交史と移民史を組み合わせることがいかに難しい仕事となるのかよくわかっていた。外交史の歴史家は、五〇年にわたって国際関係史と呼ばれる新分野を発展させるのに深くかかわってきた。国際関係史は、国家と非政府関係者双方によって作り出される国際関係に焦点を当てている。一方、移民史の歴史家たちは、この一〇年の間、移民たちが二つまたはそれ以上の国ぐにでどのように生活を営むのかということに焦点を当てる、越境（トランスナショナル）的な歴史について記述することが自分たちの仕事だと、ますます考えるようになっていた。国際関係史と越境（トランスナショナル）的な歴史の双方がグローバルな視点を生み出してくれる一方で、この二つの歴史は問題解決への共通の知的な道筋を共有してはいなかった。前者では、政府が変化を引き起こす重要な作因であるのに、後者では、国民国家がしばしば完全に考察から抜け落ちてしまっている。移民やアメリカという国家形成の社会的、文化的、人口統計学的歴史は、越境（トランスナショナル）的な視点から書かれているときでさえも、国際関係や外交にほとんど注意を払っていない。国際関係に焦点を当てる歴史家たちは、しばしば移民を完全に無視してしまっている。両者とも、移民政策を国内問題としてあまりに簡単に片づけてしまう。アメリカ史をグローバルな視点から見る歴史家たち、とくにトーマス・ベンダー、カール・ガルネリ、デイヴィッド・テレン、イアン・ティレルは、移民と外交はアメリカと世界のつながりだと認識していたが、移民たちの国境を越えた人生が、アメリカ政府が追求する国際関係とどのようにかかわり合っていたかについては誰も考察していない。

一般読者のために、この短い本を執筆するという課題に取り組む熱意が高まっていたとき、私は人生の中でもっとも悲しい時期に差しかかっていた。私がこの本を書き進められたのは、ひとえにミネソタ大学の博士課程の院生たち、エリカ・カルデナス・ブッセ、ネイト・ホルドレン、ジョアンナ・レイノネン、リーソーン・リュー、エリザベス・ザノニの少なからぬ援助のおかげである。また、二人の校閲者と、プリンストン大学出版会の辛抱強い編集者ブリジッタ・ヴァン・ラインベルクにも感謝を述べたい。未発表の研究成果を分かち合ったり、初期の草稿を読んだりしてくれたナンド・ファッシエ、トレスティン・フェイ、ダーク・ヘルダー、ドリュー・キーリング、エリカ・リー、アダム・マッキーオン、ピエール・イヴ・ソーニエの協力と寛大さにとくに感謝している。アンジェリーナ・ストランビ・ウェルクが、他国とつながりをもつガバッチア家の歴史を描いてくれたことも、私にはうれしいことであった。

そして、本書を書くのに本気になりはじめたちょうどそのころに、ジョン・ギリスとカール・ガルネリから本について講演してほしいと招待されたことが、いかに幸運なことであったか。ちょうど最初の校正を始めたとき、アメリカ外交史学会（SHAFR）のプログラムの議長ナオカ・シブサワとアン・フォスターからも同様に歓迎すべき招待があった。二〇〇七年の全米人文科学基金夏期講座「グローバルな視点からのアメリカ再考」と二〇一〇年のアメリカ外交史学会のプログラム「国境を越える――外交と越境の歴史」の参加者にも感謝している。彼らは徹底した、ときに回答困難な質問をぶつけてくれた。

最後に、私はすぐれた隣人たちに計り知れないほどの恩を受けている。ミネアポリスのアイルズ湖畔をジェフリー・ピルチャーと一緒にずっと歩いたことは、私の妹ジュリーのつらい選択を私が受け入れる助けとなった。いまだに言葉で言い尽くせないほどの悲しみと喪失感を抱きつつ、この本を私の妹ジュリーに捧げる。

# 序論

今日、アメリカ合衆国の政策議論において、移民は主に国内の問題であると見なされており、そうした国内問題は、議会がよりよい法案を可決することでなんとか解決されるに違いないと考えられている。そして、そのような法律がどうあるべきかが繰り返し議論されている。しかし、移民を純粋に国内のみの問題と見なすような法律は、うまくいきそうにない。なぜなら、移民とは、大きな影響力を持ち、継続的で、かつ争点となるようなアメリカと他地域との関係を意味するからだ。本書が提案するのは、移民政策を国内のみの視点からではなく、グローバルな視点から議論すべきだということである。

もちろん、移民はアメリカと世界とのたくさんのつながりの一つにすぎず、歴史家たちはこうしたつながりを探求するために、越境的(トランスナショナル)な歴史、国際関係史、グローバルヒストリーをここ二〇年以上にわたって精力的に記述してきた。しかし、グローバルな視点からアメリカについて書く多くの歴史家たちとは違って、本書はグローバルな存在であるアメリカを構成する経済、社会、文化的つながりの複雑な全体像を分析したり評価したりしようとはしない。むしろ、移民によって「下から」作られる越境的（トランスナショナル）なつながり――本書が「移民の外国とのつながり」と呼んでいるもの――と、連邦政府によって「上から」作られるアメリカの世界政策や対外政策が交差するところに対して、本書は焦点を合わせようとしている。外交官やワシントンにいる国務省の役人と同様、移民もアメリカの国境外の世界に大いに関心を寄せている。移民が自身の外国とのつながりに興味を持っていることは、移民たちが書いた回想録などに表れており、そうした移民たちの話が示すのは、たいてい彼らのグローバルな視点は、外交官の視点やほかのアメリカ人の視点とは違っていたり、相反したり、ずれていたりするということである。対照的に、アメリカの公の外交についての研究は、その対外政策の実行や方向性をめぐり、移民や行政府が、議会や有権者諸団体とアメリカ国内で対立した時、前者のグローバルな視点のおかげで、移民と行政府が政治的に連携していった時期があったと、ときおり指摘しただけだった。

移民の外国とのつながりとは、ほとんどすべての移民が、移民する折におそらく残してきた人びとや場所とつながりを持ちつづけるという現実から生じている。移民たちのつながりというものは、初めは、家族や血縁、友人などの私的な社会的ネットワークに限られるかもしれない。しばしば、移民たちはまさにその言葉どおりアメリカ人の外国にいる親戚である。多くの、そしてときにはほとんどの移民たちが、友人や自分の家族に合流するためにアメリカに移民してきた。ひとたびアメリカに到着すれば、新たにアメリカに来た人びとは、さらにほかの人びとにも自分たちのところへ来るよう促すので、学者たちが「連鎖移民」や「家族再結合（呼び寄せ）」と長い間呼んできたことを、人びとは続けていくことになる。

アメリカに結びつけられた外国の地や人びととの地理的分布は、連鎖移民を通じて独特に変化していった。こうした状況は、ときとともに、より広範囲でグローバルなものになってきた。それにもかかわらず、学者たちは、移民を国際的なものというよりむしろ越境的（トランスナショナル）なものとして分類しているのである。一九九〇年代初め、越境的（トランスナショナル）なアプローチをとる理論家たちは、グローバル化が進む世界で国民国家が力を失っていくことを、移民の社会関係が明らかにするのではないかと考えた。ますます拡大していく越境的な関係が、政府や国民国家の重要性を下げ、時代遅れなものにしてしまうのではなかろうかと予測する者もいた。しかし、本書で明かされるのは、国民国家の政府が持ちつづけている、国境を定め、国境を越えるための規則を制定する力を、移民たちがいちばん理解しているということである。移民たちは、国民国家の権力というものを非常に身近に、ときには日常的に経験しているのである。

人間は、概して自分や自分の祖先が生まれた場所に感傷的で深い愛着を抱くものである。移民たちも、この点に関してはほかのアメリカ人たちとなんら違わない。外国にいる人びととの移民たちの個人的なつながりは、しばしば数世代にわたって続いてきた。それゆえ、アメリカ化を外国との社会的、文化的つながりを次第になくしていくものとして評価し、移民は即座に、または段階的に同化するという社会学理論に、移民たちの人生は異を唱えるのである。

移民は外国にある故郷とのつながりを深く感じているので、そのつながりは、移民たちが政治的に集結することで、アメリカ国内であれ、国境を越えるかたちであれ、しばしば公的空間へも拡大し得る。移民たちの集結力は、ジェンダー、人種、階層といった要素によってさまざまであるが、女性でかつ人種的に差別されているような移民たちも、たとえば本国の政策や政府に影響を与えるために、しばしば国境を越えて連携する。移民たちはまた、住民や帰化市民となった有権者として、アメリカ国内で繰り返し集結してきた。集結するときの目的は、必ずしも国内のことだけではない。それどころか、移民たちは、自分の友人や親類の生活や意思決定、越境的な移動を否応もなく方向づけてしまうような、出身国に対するアメリカの政策や移民政策にしばしば影響を与えようとするのである。

移民の外国とのつながりとアメリカで非常によく知られているアメリカ外交史の接点は、グローバルヒストリーの主要なテーマ――対外貿易と投資、帝国の形成、戦争、地政学といったもの――をめぐる国内の政治的対立にもっともよく現れている。これらの対立全体が、歴史家たちが観察しつづけてきたアメリカの主な矛盾を描き出しているのだが、それは、とくに二十世紀に危険だとともかく見なされていた世界から孤立したいというアメリカの世論と、アメリカ政府の明らかにグローバルな実力行使との間の矛盾であった。グローバルな問題に関するアメリカ国内の議論は、移民や彼らの外国とのつながりを、歓迎できる友人、同盟から、危険な敵性外国人にしてしまい得るし、実際そうしてしまった。移民の外国とのつながりとアメリカの国際関係との重なりに焦点を当てると、移民が純粋に国内問題ではなかったことが明らかになる。アメリカの移民に対するグローバルな視点は、国内の法律を通じて移民を管理しようとする試みがなぜうまくいきそうもないのか、考察する基盤を提供してくれるのである。

## アメリカ史における移民とグローバルヒストリーにおける移民

アメリカの移民史に関するありふれた概説を読者に紹介するには、図1と表1が役立つ。アメリカは、きわめて多様な移民の、長い歴史を持つ国である。そのアメリカの国家建設において、独特だと言われてきた人種的、民族的な問題を明白に示すものを、歴史家たちはこのようなデータに見い出し

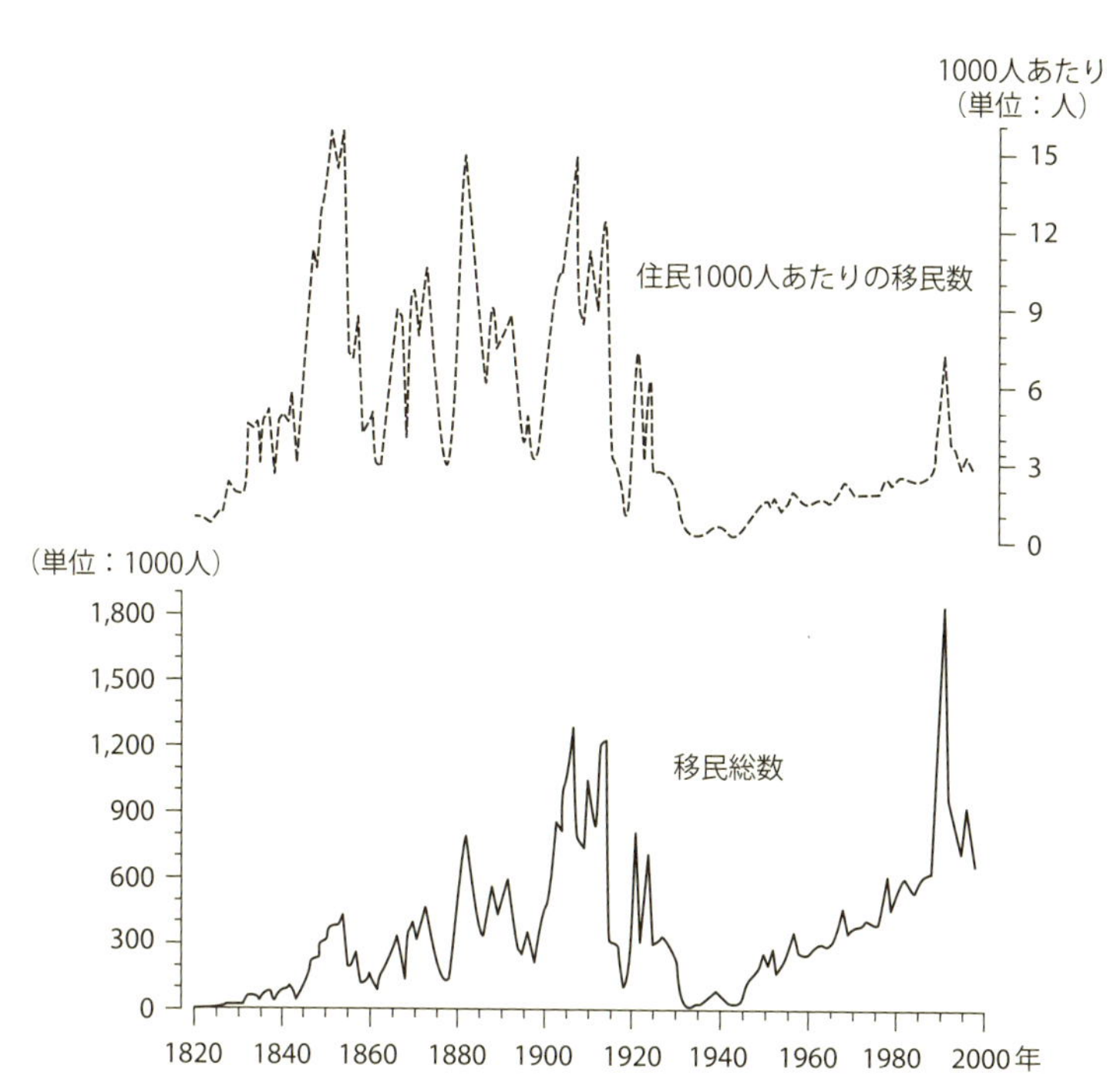


図 1　アメリカへの移民：総数および住民 1000 人あたりの数（1820〜1998 年）
出典：*Historical Statistics of the United States, Millennial Edition* (Cambridge: Cambridge University Press, 2006).

表1　移民直前の居住地域別の移民の割合（1820〜1997年）　（単位：%）

| | 1820-1849年 | 1850-1924年 | 1924-1965年 | 1966-1977年 |
|---|---|---|---|---|
| ヨーロッパ | 90 | 87 | 52 | 15 |
| 南北アメリカ | 4 | 10 | 43 | 49 |
| アジア・太平洋 | — | 3 | 5 | 33 |
| アフリカ出身のカリブ人 | 5* | | | |
| アフリカ | | | — | 2 |
| 計 | 99 | 100 | 100 | 100 |

注：Susan B Carter, et al., eds., *Historical Statistics of the United States, Millennial Edition* (Cambridge: Cambridge University Press, 2006）の表90-97より著者作成。

* 出身地不明の移民は、一つの例外を除いて、この表からは除外してある。また、南北戦争時代に、奴隷たちの強制移住が行なわれたことを知るために、1808年以降、アメリカに違法に密入国させられた奴隷たちの推計値を追加した。大部分の違法な——そしてこの場合、違法に強制された——入国については、その正確な出身地は知られていない。しかし、おそらくアフリカで生まれた者を含むそのほとんどが、奴隷商人によってカリブ海付近から南部諸州へと密入国させられていた。

てきた。しかし、ここで明らかなのは、アメリカにおける移民史とは、実際のところ、さほど例外的なものではないということだ。同じような図や表で、アルゼンチンやフランス、カナダ、イスラエル、シンガポールを「移民国家」として描くことは可能である。このことは、たとえ本書の以後の章で、アメリカがほんの一握りの国ぐにと比較されているだけだとしても、強調に値する。ここでは、図1と表1は、データに埋もれたグローバルな視点を主に引き出すために掲載されているのである。

図1のグラフで表された移民数が意味するのは、一八五〇〜一九五〇年と一九八〇年以降において、外国生まれのアメリカ在留者がアメリカの人口の一〇〜一五パーセントを占めたということだ。（第一章では、世界の他地域との移動によるつながりが、十八世紀後半のそれと同様に重要であったことが示されている）。

さらに、外国生まれの人びとの子どもたちも、アメリカの人口において同程度かそれ以上の割合をいつも占めている。移民が最高潮に達した時期に、自由移民たちが（かってはかなりの人口であった奴隷の、またはそのころ解放されたアフリカ系アメリカ人とともに）まさしくアメリカを作ったのであった。しかし、同じ数字が示すことは、アメリカの人口の二〇〜三〇パーセントが移民の外国とのつながりに潜在的にかかわっているような時期がこれまでに何度もあったということだ。白人移民の三分の一かそれ以上とその子どもたちすべてが、アメリカ史を通じて市民であった。また、帰化や生得権を通じて市民権を次第に取得していったため、どんな生い立ちの外国人にもアメリカ政治に参加する権限がますます与えられるようになってきた。そのため、移民たちも、ときにはアメリカの政治に非常に重要な影響を与える存在になった。

移民たちは、ときとともに人種や民族構成が変化するアメリカを作った。一八〇八年に奴隷貿易が廃止されると、ヨーロッパ出身の移民たちが、白人国家を作る担い手となった。自国が植民地であったという人口上の名残とは、ほとんどのアメリカ人にとっては、奴隷にされたアフリカ系アメリカ人や、征服された先住民人口などの人種的な特徴のことである。しかし、十九世紀の移民たちのせいで、北欧や西欧からやってきたおびただしい数の新たな定住者の群れの中へ、そのような名残は、間違いなく隠されてしまった。十九世紀後半には、アジアからの移民労働者を排除するために移民制限を求める要求が高まり、図1も実証するような、長期に及ぶ移民制限が引き起こされた。一九六〇年代の半ば、入国や国籍取得に対する人種障壁が公民権法によって取り払われたあとでさえも、アジアやラテンアメリカ、そしてアフリカからの移民たちは、アメリカ人になることに対して特別な困難を経験しつづけている。このことは、移民、人種、エスニシティ、そして排除と包摂の国家形成について、国内史から説明することが、将来にわたって重要な理由なのである。そのような歴史は、いまだに人種的偏見という問題に直面している国にとって、学ぶことのできる過去の歴史を明かしてくれる。

グローバルな視点から書かれたアメリカ史というものは、図1、表1とまったく同じデータを参考にしているが、それとは異なる、しかし同様に重要な問題点を浮き彫りにする。これらの問いの多くは、アメリカの移民と対外貿易の関係、グローバル経済の形成、アメリカやヨーロッパの帝国形成、反帝国主義運動、国家間戦争、そして、「孤立からグローバルな覇権」へと総合的に転換した際のアメリカの地政学的な諸戦略を決定づけた歴史に関するものだ。[1]グローバルな視点から見れば、アメリカは、移民であった入植者たちとともに、北米西部にその帝国を形成していった帝国の建設者として考察できるし、以前の統治者であった大英帝国の大西洋での貿易と労働市場の流通網の中に、移民たちや対外貿易を通じていまだ完全に組み込まれている独立国家としても、考察できる。第一章で論じるように、アメリカは独立していたものの、十九世紀初めの世界経済や帝国からは孤立していなかった。アジアや南北アメリカにアメリカの商人、投資家、伝道師たちが次々と活動範囲を広げていったことは、「ドル外交」と、グローバルに活動した強大な陸海軍、そして他国の領土を獲得することによってなし得られたのであるが、これは、十九世紀終わりと二十世紀初めの膨大な数の国際移民と同時に起こったことだった。第二章で論じるのは、グローバルな指導力としてのアメリカの台頭は、拡大する産業に依存していたということである。こうした産業は、何百万人もの新来の移民労働者の雇用に逆に頼っていたのだが、それらの移民労働者の多くは、ヨーロッパや東アジア周縁の崩壊しつつある帝国の出身者だった。アメリカの移民とアメリカの帝国形成の両方が、相互に結合されたグローバル経済の構築をますます促し、一九〇〇年前後までには大西洋と太平洋とを緊密に結びつける一助となったのである。

アメリカの移民に対するグローバルな解釈は、次のような事実についても注意を喚起する。すなわち、移民制限を求めるアメリカでの政治運動や、図1が示すようなそれに続く移民の急激な減少は、アメリカのグローバルな役割に関する国内での政治的対立を背景に展開していったということである。アメリカは、第一次世界大戦に先立つ数年前に、初めは矛盾したかたちで、その後は少しだけより積極的に、グローバルな役割を担うことを受け入れて、貿易網を張りめぐらせ影響力を振るう帝国を作り上げた。第一次世界大戦後、アメリカにおける移民制限は勝利を収めたのだが、それは、ウッドロー・ウィルソン大統領の国際主義や、民主主義のために世界の安全を実現するという同大統領の公約に対して、当時影響力があり孤立主義を支持していた議会が反発したためでもあった。一九三〇年代の世界不況から脱すると、アメリカの国際的な実力行使は繰り返され、しかも高くつく軍事的関与や対外戦争のかたちで重い代償を生んだ。不安にかられたアメリカの有権者たちは、移民の外国人によってもたらされると考えられた脅威からの保護を含め、継続的な保護を要求した。その要求が満たされていく過程として、この経緯が第三章で説明されている。

また、図1で目につくのは、一九四五年以前に戦われたアメリカの戦争のほとんどすべてが移民に与えた、一時的だが大きな影響である。対照的に、第二次世界大戦以降は、散漫だが、しばしば長期間続いたアメリカの軍事的関与は、その多くは宣戦布告なしの局地戦であり、移民数の増加を抑えたりはしなかった。グローバルな戦争が、アメリカの移民の経緯や移民政策を方向づける上で果たした役割の変化を理解するには、アメリカのグローバルな指導力の本質についても細心の注意を払う必要がある。たとえば図1に示された、第二次世界大戦後に増大する移民たちの比率とは、アメリカ軍が軍事的に関与している地域から逃れてきた難民か、またはアメリカ兵たちの外国出身の花嫁たちのことだ。また、表1は、十九世紀最後の数十年における新来移民たちの出身地がアジアやラテンアメリカであることを明確に示している。言い換えるならば、移民たちは、貿易や軍事介入、国際投資を通じて築かれたアメリカの世界帝国の地理的広がりを正確に映し出すようになっていたのだった。

グローバルな視点は、アメリカの移民の時期、地理的広がり、そしてその意味について、新たな疑問点を提起する。概して、グローバルな視点から書かれたアメリカ移民史は、孤立したアメリカという神話、または自分の出自からたやすく切り離されている独立した自由な移民、という古びたアメリカ国内の神話をもはや受け入れることができない。グローバルな視点からのアメリカ移民史は、アメリカの変容しつづける地政学が、外国や外国人、そして自国の国境線に対して与える影響や、対外政策から国内政策へ移民問題が移されていく過程を明らかにする。これらは第三章で語られる話である。そのような移民史が提示するのは、アメリカのグローバルな指導力と移民制限には、どちらも高まる排外主義や、アメリカの国境線の向こうで生じる脅威への恐れに依拠していたという、それぞれに関連し合う歴史があったということである。

こうした恐怖は何に由来するのであろうか？　植民地時代からわれわれの時代に至るまで、移民の外国とのつながりの存在が絶えず記録されてはいるが、移民たちや彼らの外国とのつながりに対するアメリカ人の認識や考え方は、世界におけるアメリカの役割とともに劇的に変化した。第二章では、アメリカの帝国形成を促進した「科学的」人種主義と同じ理論が、移民でかつ外国人であった人びとに対して、とくに、自らの外国とのつながりによって、帝国建設を進める少数の北・西欧列強国以外の国ぐににアメリカを結びつけてしまう人びとに対して、敵意を呼び起こしたことが明示されている。アジア系や東・南欧系移民たちに対する敵意は、排外主義と人種差別が複雑に混じり合ったものから生じた。すべての人間社会が必ず内部者と外部者とを区別しているので、排外主義はおそらくすべての人間社会の構成要素である。しかし、ヨーロッパで十八世紀に作り出された外交や対外戦争の国際的な体系から孤立しつづけるという観念的な志向をアメリカが放棄したとき、アメリカの排外主義は激化したのだった。驚くに値しないことだが、移民たちによる越境的（トランスナショナル）な政治的集結への敵意や移民制限は、共和党のセオドア・ローズヴェルトや、民主党のウッドロー・ウィルソンなどの自国の指導者たちが国際主義やアメリカのグローバルな指導的役割を受け入れていくにつれて、アメリカ政治における持続的で大衆主義的な特性になっていった。排外主義の重要性を認識することで、本書は読者に二十世紀末のパラドックス――移民たちに対する大衆の敵意が、移民制限を動機づけるものとして理解されている人種差別主義よりも力をもっていたこと――を熟考するよう促すのである。

アメリカに完全に支配されてはいないにせよ、強大なアメリカに率いられている二十一世紀の世界で排外主義が続いていることは、やっかいな最後の問いをさらに提示する。もしも、それが本当に孤立主義や、二十世紀の中頃を通じて移民たちへのアメリカ人の反感を悪化させた、疑わしい世界から保護してほしいという深く根づいた欲求であったというのなら、なぜアメリカは冷戦期の資本主義的自由世界の指導者として、図1と表1が実証するように、ふたたび外国人――彼らの多くはアジアや南米出身である――の入国数増大を認める方向へと動いたのだろうか？　アメリカ人は、自国のグローバルな実力行使に最終的には慣れてしまったので、アメリカの国境外の世界をもはや恐れなくなったのだろうか？　移民たち自身の政治的集結は、変化のなかで何かの役割を果したのだろうか？　アメリカの移民政策に関するこうした重要な問いは、グローバルな視点から生まれ、回答するのに値するものであり、第四章で議論されている。

**アメリカの対外政策と移民の外国とのつながり**

幸いなことに、こうした疑問に答えるために抽象的なものに頼る必要はない。というのも、個々の移民の物語が、豊かな人間模様まで、移民の外国とのつながりとアメリカの外交政策の複雑な交差をうまく描き出してくれるからだ。ある中国からの移民、イータン・チャンとその家族の事例を取り上げてみよう。歴史家のハイミン・リュウは、七〇年以上に及ぶ家族間の手紙やオーラルヒストリーからチャン家の物語をたどっている。(2) チャン家はアメリカの公の国際政策に対処し、しばしばそれに挑戦もしながら、この間ずっと、中国とのつながりを維持していた。

イータン・チャンは、薬草の行商人で、イギリスの蒸気船ストラスガイルで香港を出発し、一九〇〇年七月にサンディエゴに到着した。彼は、絹数巻、それに多分ロサンゼルスでの事業にすぐに投資したであろう数千ドルの現金を持って下船した。アメリカ国務省（外務に責任を負っている政府機関）が設けた規則や慣行が、アメリカとのチャンの最初のかかわりを管理することになった。税関役人のウィリアム・ウォレス・ボワーズの事務室に入ったとき、チャンは、折りたたまれた二カ国語の書類を中国人審査官に渡した。書類には、彼の写真も付いていた（図2）。その書類の提出を移民商人の資格要件と定めていた二国間条約の条項にちなんで、それは、「第六項証明書」と呼ばれていた。外交官、つまり香港のアメリカ領事が、チャンに対してこの証明書を発行したのだった。証明書の目的は、チャンの身元を「商人」であると証明することだった。

アメリカ移民の国内史から隠され、ときには完全に抜け落ちているものとは、アメリカへのチャンの入国にまつわるすべての点を決めていった、ある興味深い事情だ。十九世紀の大部分において、外国との貿易を促進するべく外交官らによって交渉された二国間通商条約は、アメリカの港を、商人や船荷、外国からの乗客に対して開港させつづけるものだった。一八四四年にアメリカと中国との通商条約が調印されてからすぐに、太平洋を渡って移民が到来しはじめると、その多くがアイルランドからやってきたばかりの移民たちであったカリフォルニアの怒れる白人たちは、人種的に劣ると蔑まれていた中国人が引き起こすと考えられた「黄禍」という外国の脅威から自分たちを保護するよう要求した。西部の州議会は怒りに満ちた有権者たちに耳を傾けたが、アメリカ最高裁判所は州法が中国人移民へ課した規制のほとんどを覆した。そのような法律は、アメリカが中国と交渉した条約に違反していただけでなく、憲法上の連邦議会の権限を犯していた。外国との通商を規制するのは連邦議会だけだったのである。西部の有権者たちからの圧力がかかるなか、一八八〇年に、とくに中国人労働者を一時的に排除できるようにする新たな条約の交渉に外交官ジェームズ・G・エンジェルを差し向けるよう、連邦議会がルザフォード・ヘイズ大統領に迫ったときに初めて、議会は移民が国内問題であると主張しはじめた。その後でさえも、連邦議会と行政府との対立関係は、数十年間にわたってくすぶった。それというのも、中国とのこの条約は、イータン・チャンを含む中国人商人やアメリカ人商人に、移動と居住にかかわる互恵的な自由を保障しつづけたからだった。

一九〇〇年以後の数年間、大統領や国務省の主導で、アメリカのドル外交がアジアでさかんになるにつれて、連邦議会は移民管理を強化し、二国間条約や行政府の外交官にかわって移民管理を担うようになった。そのため、連邦議会は移民政策を自国のみの問題とし、新たに見い出され、最高裁判所が承認した「絶対的権限」によって、国外の領域やアジア在住のアメリカ市民の統治と同様、移民政

No. 147

Admitted

JUL 6 1900 Br. S.S. Strathgyle. SAN DIEGO CAL.

This Certificate is issued under the Treaty between the Government of the United States and the Government of China proclaimed by the President of the United States on the 8th day of December, 1894, and in conformity with Section 6 of the Act of Congress of the United States approved 5th July, 1884, entitled an Act to amend the Act to execute certain Treaty stipulations relating to Chinese, approved May 6th, 1882, to Cheung Tsoi-shan a Chinese person, "other than a laborer," who is about to go to the United States, as evidence of the permission of the Government where he last resided for him to go to the United States, and as a means of establishing his identity; and it shall be prima facie evidence of his right to land in the United States.

Wm. W. Bowers, Collector

Name of permitted person in his or her proper signature 張采臣

Full name, individual Tsoi-shan family Cheung tribal Cheung

Title, or official rank, if any none

Age 34 years Height, feet 5 , inches 5½

Physical marks or peculiarities no marks or scars

Former occupation or profession master of a haberdashery business

Where pursued Canton

Present occupation or profession Merchant and shareholder in the Yau Shan Cheung haberdashery business

Estimated value of last mentioned business $50,000 Capital of $15,000 Annual profits about $2000

Where pursued Hongkong . When in 1894-1900

For how long six years . Place of residence 134 Jervois Street

Is not a laborer, and is entitled to land in the United States, under the Act of Congress approved July 5th, 1884, and the Treaty of March 17th, Ratified December 7th, 1894.

Is going to 1133 J Street San Diego Cal to take over a share in the 'Shing Yik Cheung' chandlery business.

F. H. May
Registrar General, Hongkong.
16 May 1900.

I do hereby certify that I have examined into the truth of the statements set forth in the foregoing certificate, and find upon examination that the same are true. The seal and signature to the foregoing certificate are the genuine seal and signature of F. H. May

In witness whereof I have hereunto set my hand and affixed the seal of this Consulate at HONGKONG the day of MAY 17 1900 190

R. Wildman
U. S. Consul-General.

FEE FOR VISE GOLD

Under an opinion of the U. S. Attorney-General, dated May 20, 1896, this certificate will be valid if signed by the proper officer of the Government in which the Chinese last resided, and the Registrar General at Hongkong is recognized as competent to sign certificates for Chinese residents of that Colony of the exempt class. The Secretary of the Treasury has uniformly held that the omission from these certificates of any of the statements required in the Statute, is fatal to the sufficiency of the certificate, as showing prima facie right to enter the United States.

Section [illegible]t is hereby amended so as to read as follows :—

"SEC. 6. [illegible] to the faithful execution of the provisions of this Act, every Chinese person, other than a laborer, who [illegible]y said Treaty or this Act to come within the United States, and who shall be about to come to the Unit[illegible]btain the permission of and be identified as so entitled b[illegible]e Chinese Government, or of such other fore[illegible] of which at the time such Chinese person shall be a subject, in each case to be evidenced by a Certificate iss[illegible]n Government, which Certificate shall be in the English language, and shall show such permission, with the name of [illegible] permitted person in his or her proper signature, and which Certificate shall state the individual family and tribal name in full, title or official rank, if any, the age, height and all physical peculiarities, former and present occupation or profession, when and where and how long pursued, and place of residence of the person to whom the Certificate is issued, and that such person is entitled by this Act to come within the United States. If the person so applying for a Certificate shall be a merchant, said Certificate shall, in addition to above requirements, state the nature, character and estimated value of the business carried on by him prior to and at the time of his application as aforesaid: *Provided*, That nothing in this Act nor in said Treaty shall be construed as e[illegible]acing within the meaning of the word 'merchant,' hucksters, peddlers, or those engaged in taking, drying or otherwise preserving shell or other fish for home consumption or exportation. If the Certificate be sought for the purpose of travel for curiosity, it shall also state whether the applicant intends to pass through or travel within the United States, together with his financial standing in the country from which such Certificate is desired. The Certificate provided for in this Act, and the identity of the person named therein, shall, before such person goes on board any vessel to proceed to the United States, be viséd by the indorsement of the diplomatic representatives of United States in the foreign country from which such Certificate issues, or of the Consular representative of the United States at the port or place from which the person named in the Certificate is about to depart; and such diplomatic representative or Consular representative whose indorsement is so required is hereby empowered, and it shall be his duty, before indorsing such Certificate as aforesaid, to examine into the truth of the statements set forth in said Certificate, and if he shall find upon examination that said or any of the statements therein contained are untrue it shall be his duty to refuse to indorse the same. Such Certificate viséd as aforesaid shall be *prima facie* evidence of the facts set forth therein, and shall be produced to the Collector of Customs of the port in the district in the United States at which the person named therein shall arrive, and afterward produced to the proper authorities of the United States whenever lawfully demanded, and shall be the sole evidence permissible on the part of the person so producing the same to establish a right of entry into the United States; but said Certificate may be controverted and the facts therein stated disproved by the United States authorities."

---

Article 3, of the Treaty between the Government of the United States and the Government of China, proclaimed by the President of the United States on the 8th day of December, 1894, reads as follows :—

The provisions of this Convention shall not affect the right at present enjoyed of Chinese subjects, being officials, teachers, students, merchants or travellers for curiosity or pleasure, but not laborers, of coming to the United States and residing therein. To entitle such Chinese subjects as are above described to admission into the United States, they may produce a Certificate from their Government or the Government where they last resided viséd by the Diplomatic or Consular representative of the United States in the country or port whence they depart.

It is also agreed that Chinese laborers shall continue to enjoy the privilege of transit across the territory of the United States in the course of their journey to or from other countries, subject to such regulations by the Government of the United States as may be necessary to prevent said privilege of transit from being abused.

---

CHINESE ADMITTED AS MERCHANTS CANNOT BECOME LABORERS.

*(Extract of Opinion, U. S. v. Yong Yew, respondent.)*

ADAMS, District Judge: * * * "Construing all the legislation on this subject in the light of our internal policy as already stated, I am disposed to hold that the law, properly and effectually construed, contemplates that a "merchant" of China may enter this country and remain here as a merchant only. He may not under guise and pretence of being a merchant, secure entry as such, intending immediately to become and continue a laborer, * * * * his (the respondent's) conduct in proceeding immediately to work as a laborer and continuing to do so continuously up to the time of his arrest, belies his pretensions as a merchant. The *prima facie* case made by his certificate is overcome by the facts."

---

CHINESE TRADERS AND CLERKS NOT ADMITTED.

"It may be stated comprehensively that the result of the whole body of these laws and decisions thereon is to determine that the true theory is not that all Chinese persons may enter this country who are not forbidden, but that only those are entitled to enter who are *expressly* allowed."

July 15th, 1898. (Signed) JOHN W. GRIGGS, *Attorney General.*

* * *

"You are, therefore, directed to hereafter refuse admission to all Chinese persons whose occupation or station does not clearly indicate that they are members of the exempt class of Chinese as defined by law, and applications for admission of persons described as salesmen, clerks, buyers, bookkeepers, accountants, managers, store-keepers, apprentices, agents, cashiers, physicians, proprietors of restaurants, barbers, laundrymen, etc., should be rejected by you."

July 20th, 1898. (Signed) W. B. HOWELL, *Asst. Sec. of Treasury.*

図２　イータン・チャンの第六項証明書（表裏）（リバーサイド国立文書館提供）

策もアメリカの統治権が一方的に行使されるものにしてしまった。アメリカがグローバルな存在感を高め、国際的な実力行使を拡大させていく時期に、排外的で人種主義的な有権者たちは、男子普通選挙権のある国で、いまや連邦議会に圧力をかけつづけることが可能になり、移民に対する規制を次々と成立させていった。議員たちは、しばしば外国人に対する有権者の増大する敵意を利用して、制限的な移民政策を生み出していった。こうした移民制限政策は、逆に、アメリカの国際的な指導力と影響力を高めるための行政府の戦略を妨げ、挫折させることになった。民主的な選挙政治と行政側の国際政治との間のこの緊張関係は、過去においても完全には解決されず、またおそらく将来にわたっても解決され得ないであろう。というのも、憲法による統治にとっても、アメリカの連邦政府を特徴づける有名な「抑制と均衡」にとっても、その緊張関係は必要だからだ。

移民は、長い間、連邦の貿易政策を通じて管理されていたので、一九〇〇年にイータン・チャンという移民と彼の持ち込んできた絹の反物を検査したのは、税関役人であった。憲法は、連邦議会に外国との貿易を管理する権限を与えており、連邦議会は、移民たちに課すいわゆる「人頭税」と輸入品に課す関税の両方を徴税する権限を税関役人に与えていた。人頭税は、増大する移民関連の役所業務の財源となり、関税は、連邦政府が必要とする歳入の多くを賄った。イータン・チャンがアメリカに入国したとき、連邦議会は、今日、移民政策に対して熱心なのと同じぐらい、高関税と低関税のどちらがより利益となるかを議論していた。

イータン・チャンが、税関役人ウイリアム・ボワーズによる書類と絹の検査を忍耐強く待っていたとき、アメリカの対外貿易の管理にも変化が起きていた。アメリカの大統領たちは、アメリカの関税を下げることで対外貿易を拡大させたいと考え、連邦議会の議員たちから繰り返し反発を受けた。

「高関税率」を掲げる候補者として選出されたことで、議員たちは、外国との経済競争に対する有権者の恐れを代表しようという気になった。連邦議会から関税政策を取り上げることに大統領が成功するのは、一九一二年以降であったが、それは、所得税が関税にかわって連邦の歳入のもっとも重要な財源になりはじめたからであった。また、外国からの脅威に高い関税で対抗するよりも、移民を制限する方が、よりよい自国の保護策になると有権者が考えはじめたからでもあった。それ以降、関税は、議会の立法を通じてというよりは、二国間または多国間の行政レベルでの外交を通じて設定されるようになった。今日の移民関税執行局（Immigration and Customs Enforcement: ＩＣＥ）のみが、対外貿易の管理に移民政策がその起源をもっていたことを思い出させるものとして残っている。この機関は、輸出と移民の両方にかかわる密輸や、国境にまつわるそのほかの違法行為を管理している。

　サンディエゴの税関役人のウィリアム・ボワーズが一九〇〇年に中国人の商人チャンを目の前にしたとき、大いに気にかけていたのは密輸についてだった。強硬な反中国派としてよく知られていたボアーズは、メキシコ近くのサンディエゴにある、その大部分が警備されていない国境を越えて、中国人労働者がアメリカに不法に入国しているのではないかと長い間懸念していた[3]。こうした可能性のほうに注目し、また中国からのほかの商人もいたので、ボアーズはアメリカへ入国するチャンの権利を否定しないことにした。イータン・チャンは、移民の在留外国人となってサンディエゴの税関を出た。ほかの多くの中国人商人と違って、彼は、さらなる尋問のために拘留されはしなかったのである。

　アメリカの移民となっても、イータン・チャンは中国とのつながりを断ったわけではなかった。それどころか、チャンの家族の人生は、七〇年以上にわたって、国境をまたぎ、太平洋をまたいで展開していった。彼ら家族は、数十年にわたって、越境的（トランスナショナル）な家族であった。チャンの妻の遠縁がサンディエゴにいたので、チャンはサンディエゴにやってきた。その夜、彼は、その遠縁の会社のテーブルに間に合わせで作られたベッドで眠った。チャンがロサンゼルスに住まいを移したとき、彼の最初のビジネスパートナーはチャンの家系の名を持つ人物で、おそらく彼の親戚であった。妻子が中国南部に残っていたので、チャンは一九〇四年に中国に戻った。ふたたびアメリカ行きの船に乗船するときには、いちばん下の息子のアルバートが彼と一緒だった。家族成員たちのこのような連鎖移民は続いていった。その後、数年にわたって、チャンは中国にいる親戚に「送金」と呼ばれる仕送りをした。歴史家のハイミン・リュウは、中国が長きにわたって家族の「文化的な故郷」でありつづけた様子を描いている。(4)

間違いなく、チャン家と彼らの白人の隣人たちは、連鎖移民に対して互いにまったく違う見解を持っていた。アメリカ人商人が妻子を中国に伴うことができたように、中国人排斥法のもとでも、中国人商人たちは妻子をアメリカに伴うことができた。人種差別的な西部の人びとは、外交上の互恵主義を黙認することに反発した。そして、イータン・チャンのような商人が、この規定を移民を制限する連邦議会の法律を回避する抜け道にしてしまう様子に、反感をもった。中国にいた妻が亡くなると、チャンは、警察官になっていた自分の息子サムだけでなく、何人かの甥たちも自分の息子だと言って、彼らがアメリカへ入国する際の保証人となった。甥たちは、商人ではなかったので、アメリカに入国するにはほかに方法がなかったのである。チャンは、入国審査時の面接準備用の指導書を甥たちに送った。これらの文書は、チャンの偽の子どもたちの架空の情報を繰り返し教えるものであり、チャンは、甥たちの移民の手だての準備に、このような内容を何年も前から伝えていたのであった。チャンの目的はありふれており、そして思いやりのあるものだった。彼は、ずっと支援してきた甥たちを助けたかったのだ。しかし、アメリカ人はそうは考えず、チャンの「ペーパー・サン（書面上の息子）たち」をアメリカの法律に違反し、それゆえアメリカの安全を脅かす犯罪者と見なしたのである。

チャンの家族の中国とのつながりは、アメリカと中国の関係が悪化するにつれて、ますます不信感をよぶものになった。一九四三年以前にすでに発効していた人種差別的な帰化法のせいで、チャンと中国生まれの彼の子どもたちは市民にはなれなかった。アメリカ生まれで、アメリカ市民であったチャンの子どもたちでさえ、カリフォルニアでのよりよい教育や職業機会を得るのは難しいと感じていた。それゆえ、チャンのペーパー・サンや、実の息子たちがアメリカで暮らしはじめて何年かのうちに、サムの二人の子どもとその叔父のアルバートは中国に戻ってしまった。一九二〇年代に中国で学業を修めたあと、チャンの孫娘のコンスタンスは、戦渦で荒れた祖国を逃げ出し、ニューヨークに移民した。そこで、彼女は、最終的には若い中国系アメリカ人の退役軍人と結婚した。その後、中国で共産主義革命が成功したあと、一九四九年にアメリカは「赤い中国」との貿易や外交を絶った。FBI長官のJ・エドガー・フーヴァーは、チャイナタウンの労働者組織がコンスタンスの夫を雇っていることは、共産主義に影響されているせいだと断言した。恐ろしくなった若い夫婦は、生まれたばかりのアメリカ市民の娘を連れて中華人民共和国に逃げた。何年も後になって、一九七二年にリチャード・ニクソン大統領が共産主義と「自由な世界」の間の冷戦をやわらげ、中国と外交や貿易関係をふたたび結ぶために訪中したとき、まさに彼らの娘ナンシーは、リチャード・ニクソン大統領の通訳を務めたのだった。サム・チャンによれば、「アメリカの大統領は、ナンシーのアメリカ訛りに感銘を受けた」そうである。(5) 中国とアメリカの公の関係は、チャン家に直接的かつ非常に個人的な影響を七〇年間にわたってもたらしつづけた。

外国に多くの血縁がいたので、チャン家は、当然中国とアメリカ両国の政治に興味を持ちつづけていた。中国南部では、サム・チャンが一九一一年の共和国革命を支持し、近代化と中国の自治を唱えていた。一九二〇〜一九三〇年代に、中国で戦っていた政治団体を支持するカリフォルニアの中国系協会に、サムとイータン・チャンが参加していたかどうかはわからない。しかし、中国に政治的にかかわっているという、学者たちが「ディアスポラ」とか「遠隔」ナショナリズムなどと分類する感覚を持っていたので、間違いなく彼らは、中国南部の大部分を支配しようと争っていた腐敗した軍閥への抵抗者になった。中国に戻ったチャンの子どもたちは、ヨーロッパやアメリカの帝国主義や、中国沿岸部の都市に対する西欧の経済的支配、アジアでの第二次世界大戦の導火線となる日本の帝国主義的な侵略を、すぐに批判しはじめた。一九四九年以前に、チャン家では、毛沢東の共産主義運動に熱心だと言う者はいなかった。ニクソンの通訳にナンシーが任命されていたので、一九四九年以降にコンスタンスが新しい共産主義政権に賛同していたのか、それとも、中国の一九五〇年代の「大躍進」や一九六〇年代の「文化革命」の両方にとって良くない外国とのつながりを持つ中国人だと疑われたり、激しい排外主義にさらされたりして苦しんだかは、わかっていない。

アメリカの選挙政治に次第に興味を持つようになったという点で、アメリカのチャン家は、ほかの多くの移民の家族に間違いなく類似していた。市民、そして有権者として中国系アメリカ人が支持していたのは、中国生まれの者の帰化を承認し、アジアからの難民へビザを発給し、数少ないビザの入手手段を近親者に与えてくれる法律であった。一家のペーパー・サンが、永住権を得るために自分たちの身分を明かすべきか、それとも、そのようなことを明かせば、共産主義国の市民であるのだから、自分たちの忠誠心を疑われることになり、退去強制や嫌がらせを招くことになるかもしれないと恐れて、沈黙しつづけているべきかを、一九五〇年代にチャン家も間違いなく熱心に議論していただろう。一九七二年までに、チャン家の人びとは、アメリカと中国の外交関係の復活で、自分たちはまた中国を訪ねたり、中国で学んだり、中国に送金できるようになり、中国から訪ねてくる人を受け入れたり、また新たな連鎖移民を始められさえするようになることをほぼ間違いなく望んでいただろう。

チャン家の物語は、まさにアメリカ人になっていく移民を繰り返し描くアメリカの移民史を踏襲している。しかし、私たちが代わりに見るものは、数世代にわたって移民の外国とのつながりを持続させる経済的援助や帰還移民、政治的集結などの越境的（トランスナショナル）な結びつきの歴史である。チャン家は、アメリカの有権者ともアメリカの国務省の役人とも違う見方で中国を見ていた。この移民の一家にとって、中国はなじみがあり、かつとても複雑な場所だった。たいていの場合、アメリカの有権者は、ただ中国を畏怖と怒りと恐怖の入り交じった感情で見ていた。そして、アメリカの役人は、おもに中国を彼らのより大局的で地政学的な戦略上の同盟者か、敵になる相手、または交易相手として理解していたのだった。

中国や世界に対して、また、自国のグローバルな力の行使に対してアメリカ人がとる態度の矛盾は、グローバルな視点からみるアメリカ移民史の中心的なテーマである。移民について今日議論されていることは、そのような歴史の中で産み出されたものなのだ。外国がもたらすものとアメリカ人が考えていた脅威自体は、自国を巻き込むような同盟関係や対外戦争から、外国製の輸入品や移民の問題へと、時代とともに変化してきた。外国がもたらす脅威からアメリカを守るための戦略もまた、軍事的孤立と高関税率による経済保護から移民制限へと変化してきた。外国がもたらす脅威から市民を守ることに焦点をあてた選挙政治と、アメリカの経済的な拡張、国際的な実力行使、そして指導力をめぐるアメリカの対外政策との間の対立はすべて、想像上の孤立主義で安全を図っていた移民国家から、移民を制限するが外国人の不法な居住率が高いことには甘んじる、軍事的、経済的に強大な自由貿易推進者へとアメリカを変えることに働いた。この変化の中で完全に失われたものは、国際的に移動し旅する自由への世論の支持であった。この自由は、通商外交を通じて創出され、民主的で合法的な政治の中で失われていったのであった。

このような劇的な変化を説明するためには、読者は、アメリカの対外政策と、アメリカまたは外国生まれで市民であった有権者のグローバルな関心や政治的集結に注意を払う必要がある。政治的な行為を行なう存在であった移民たちは、彼らの故郷や親族呼び寄せに有利なことをたいてい求めていた。正否はともかく、アメリカ人は、外国がもたらすと彼らが考えていた脅威からの保護を求めていた。国際的に戦争が起きていた時期には、ほとんどいつも排外主義と移民という脅威からの保護の要求が高まった。アメリカ人は、どのように自国が国際的な強国になったのか、どのようにグローバルな力の行使が、移民や、移民の外国とのつながりに対する排他的な恐怖を醸成してきたかをよりよく理解して初めて、自分たち自身の時代の特徴となっている移民法への政治的な行き詰まりを解決できるであろう。

## 第一章　孤立か、独立か？　一八五〇年以前のアメリカの移民

移民たちが外国とつながりを持っているということに、アメリカ人がしばしば気がつかないのは、なぜなのだろうか？　有名な写真家であり、ドイツ系ユダヤ移民の両親を持つアルフレッド・スティーグリッツが、一九〇七年に「三等船客室」というタイトルの写真に収めた場面を考えてみよう。学生諸君は、十九世紀後半の大規模移民の時代にエリス島に到着したヨーロッパ系移民のまさに典型像を「三等船客室」に見る。不注意な学者たちもそうだ。彼らは、イタリアでの貧困から脱け出してきた農民や、ロシアでのポグロムから逃れてきたユダヤ人について説明するために、スティーグリッツの写真を使ってきた。[1] 出版社などは、この写真を『ヒース版アメリカ文学選集』の第三版の表紙にしたほどだ。

しかし、この本の表紙カバー写真とは違って、「三等船客室」は、エマ・ラザルスの詩〔自由の女神像の台座に刻まれた詩〕の中でとても空想的に表現された「かわいそうな人びと」[2]がアメリカにまさに歓迎されようとしているところを描き出しているわけではない。これらの人びとは、確かに旧世界の洋服を着ている三等船客室の乗客であったが、彼らはエリス島に向かっているわけでも、アメリカ合衆国で新しい生活を始めるわけでもなかった。彼らも、スティーグリッツや上の階にいたほかの一等船客も、ヨー

ロッパへ向かっていたのだ。実際、彼らは、ニューヨークから三日ほど東に向かって蒸気船で旅しているところであった。イングランドのサウスハンプトンで船を降りるものもいただろうが、もっと多くの人びとは、ドイツの港町で船旅を終え、鉄道でヨーロッパ東部の辺境にある目的地へと散らばっていった。「三等船客室」は想像できないことを描写していると、ある専門家はうまい皮肉で締めくくっている。つまり、この写真で表現されているのは、「約束の地を離れる[3]」移民像なのだ。移民の外国とのつながりに関する私の分析は、まさにこのほとんど想像不可能なイメージで始まるのである。

**移民とアメリカの国家形成**

ほとんどすべてのアメリカ人が、子どものころから移民やアメリカの建国についての自国の物語を学びとってきたので、アメリカ人は、スティーグリッツの写真を間違ってとらえてしまう。小学校に始まって、アメリカの生徒たちは、どのように移民がアメリカを建国したのか、どのように彼らがアメリカの西部へと定住し、アメリカ国内の産業で働き、アメリカの都市に住んだかを学んでいる。高校で学ぶ典型的なアメリカ史は、十九世紀のキャッスル・ガーデン〔エリス島に入国審査場ができる前にそれがあった場所〕かエリス島で始まる移民の人生を描き、次に移民たちのさまざまな文化的適応や新来者に対するアメリカ人の敵意について語る。物語は、移民たちが、白人アメリカ人の主流へと組み込まれていくか、アメリカの人種的マイノリティになっていくかのどちらかでたいてい終わる。そして、白人アメリカ人も人種的マイノリティも、どちらも多文化的または文化的に多元的なアメリカという国家を構成しているのである。移民、人種、エスニシティに関する学術的な歴史研究は、これよりももっとずっと複雑な物語を提示するが、それらもまた、「多数から一つへ（*E pluribus unum*）」というアメリカの国璽の謳い文句に具体的に表現されているようなアメリカの建国の象徴として、移民を分析しつづけている。

アメリカは類稀な移民の国であるという国家像があまりにも強いので、移民たちが作り上げ維持する世界とのつながりを含め、移民の生活の重要な諸側面は、そのせいで本当に見えなくなってしまっている。確かに、喜んで故郷を捨てて移民していった人びとはいるし、出身国の個人的な、または経済的、政治的ないざこざや困難から、喜んで距離をおく移民も存在してきた。しかし、このような人びとは例外的であった。いま歴史家たちは、移民集団にもよるが、十九世紀の移民の一〇～八〇パーセントが一度かそれ以上、出身国に帰国したと推定している。ほとんどの移民が、故郷の家族や社会関係から切り離されてしまうことを苦難として体験した。そして、ほとんどの移民が、自分が旅してきた距離を超えてつながりを持ちつづけることに、時間、力、資力をつぎ込んだのだった。

移民たちは必然的に過去や外国にある彼らの故郷とのつながりを断つに違いない、というアメリカ人の確信は、強力な神話であった。そのように強力な神話であった理由のいくらかは、その神話が、アメリカがスペインとの対外戦争にかかわった少なくとも一八九八年までか、一九一七年のアメリカの第一次世界大戦参戦までは、アメリカは世界で孤立している国家であったとの、同様に強力な国家建設の神話の一つの現れだったことにある。現代の人びとには信じられないほど原始的に見えるコミュニケーションや輸送の技術しかなかったので、十八世紀や十九世紀の世界は個々に孤立した国家で主に構成されていたのだ、と今日の読者はたやすく想像してしまう。しかし、実際はそうではなかった。いまや、学者たちは、貿易や外交を通じて世界の主な国ぐにを結ぶグローバルな経済や国際的なシステムが、一五〇〇年から一八〇〇年の間に統合されたことを明らかにしている。貿易、外交、征服、帝国が生み出すつながりを戦争や革命が繰り返し断ったので、断続的なものではあったのだが、グローバルなネットワークは、新生アメリカ国家が建国される以前でさえも存在していた。

自分たちの新しい国家は孤立しているのだ、というアメリカ人の理解と表裏一体だったせいもあり、移民が故郷とつながりをもたないという神話は、十九世紀を通じて持続した。独立から一五〇年を経ても、さらには、経済のグローバル化が進展し一世紀ほどを経験したあとでも、シカゴ学派社会学のほとんどの学者たちは、アメリカ国内でのみ起こる、明らかにアメリカ的な過程として、移民の受容、統合、同化にのみ焦点を当てつづけた。また、シカゴ学派にとって、移民はアメリカという国家を作る要素であって、移民たちの人生はアメリカ人になるという課題で占められていた。こうした分析では、移民たちの出自や以前の社会的なつながりはほとんど問題とされなかった。今日でも、多くのアメリカ人は、外国人がアメリカ人になるための最初の一歩は、自分の外国とのつながりを断つことであると信じている。移民が母国語を話すのを聞くと怒り出す人がいるのは、こうした理由からなのだ。英語以外の言語を使うことは、移民がまだ外国とのつながりを捨てていないということであり、それゆえ、よいアメリカ人ではあり得ない、ということなのである。

アメリカ人は、移民の外国との継続的なつながりを意味する言葉をもっていない。そこで、このことを表現するために、私は、「移民の外国とのつながり」という言葉を考え出した。移民の外国とのつながりを観察し、また名称をつけることが難しいのは、一八五〇年以前の新国家アメリカを理解するにあたってとくに重要である。というのも、それはアメリカの建国における大きな矛盾を浮き彫りにするからだ。何百万人ものヨーロッパ人がアメリカに移民として入国していたちょうどそのとき、奇妙なことに、多くのアメリカ人は、自分たちの国は以前の宗主であるヨーロッパがもたらす有害で良くない影響から安全に保護されていると信じていた。移民たちのヨーロッパとの継続的なつながりを無視することで、アメリカ人は、移民を新国家の独立のシンボルへと理想主義的に変化させることができた。そして、アメリカ人は、独立がいまだ非常に不安定であるときにそうしたのである。移民の外国とのつながりが見えなかったせいで、新しくまだ弱い国家は、危険な世界から安全に孤立しているように見えた。しかし、移民たちと同様、アメリカはグローバル経済からも、ヨーロッパの帝国の膨張する「列強諸国」によって作られた政府間の国際関係のシステムからも孤立してはいなかった。

移民のJ・ヘクター・セント・ジョン・ド・クレヴクール〔フランス名はミシェル・ギヨーム・ジャン・ド・クレヴクール〕ほど、外国にある出身地とのつながりを断っている移民像を広めた者はいない。一七八二年初版の『アメリカ農夫の手紙（*Letters from an American Farmer*）』で、クレヴクールは深い洞察をもちつつ、彼特有の無分別さで次のように書いた。

それでは、このあたらしい人間、アメリカ人とは何者か？ 彼はヨーロッパ人でも、ヨーロッパ人の子孫でもない。つまり、ほかのどの国でも見つからない興味深い混血なのである。……彼は、自分の古い偏見やしきたりをすべて捨て去って、自分が喜んで受け入れた新しい生活様式や自分が従う新しい政府、自分が持つ新しい地位から生ずる新しい考え方や作法を受入れるアメリカ人なのだ。[4]

よく引用されるこの一節で、クレヴクールは移民像と新国家像をたいへんうまく描き出している。ヨーロッパの多くの国ぐにからの民族のるつぼというアメリカの将来を、彼は提示したのだ。同時に、ヨーロッパ系ではない移民をアメリカでの帰化や市民の一員とすることから長きにわたって排除する根本から人種主義的な前提を、クレヴクールは正当なことだと思っており、また受け入れていた。

多くの作家たちが、まさにその新しい国と同じように、外国の（そしてそれゆえに「昔の」、つまり以前の）すべての習慣を置き去りにし、ヨーロッパとのすべてのつながりを断っている移民を描いたが、クレヴクールは、そうした多くの作家たちの最初の一人だった。彼の考えでは、移民は到底外国人ではなかった。ヨーロッパから離れているということだけで、彼らがアメリカ人になるには十分だったのである。おそらくこのことは、なぜ「外国人（foreigner）」という言葉が、アメリカ英語を話す人びとの耳には否定的に響くのかを説明する助けとなろう。アメリカ英語を話す人びとは、「外国人（foreigners）」という言葉を使うよりも、「出移民（emigrants）」や「移民（immigrants）」という言葉を使う方を好んできた。しかし、「外国人」という言葉は、アメリカ人が「移民」と普通呼んでいる、同じく移動する人びとを指すのに、ほかの国ぐにや言語で普通に使われている言葉なのである。新しいアメリカ人についてのクレヴクールの描写の中には、排外主義や外国人への恐怖の土台となるようなものは何も見つからない。ヨーロッパの彼らの以前の支配者たちは、強大かつ有害であり、アメリカは孤立しつづけることで独立を求め、守るしかなかったのかもしれない。しかし、ヨーロッパ人自体は、新しい国家にとって脅威ではなかったのだ。

アメリカ革命の余波の中で、ほとんどの政治的エリートをはじめとしたアメリカの多くの人びとが、新しい国家はイギリスの植民地であったという過去からも、ヨーロッパの「古くさいやり方」とも決別した、と熱狂的に信じた。アメリカが世界から孤立しているというこのような主張は、二十世紀前半までに「孤立主義」と呼ばれるようになった。外交史の歴史家たちは、一八九八年の戦争でプエルトリコやキューバ、フィリピンが植民地となってアメリカの手中に落ちる以前は、世界に対するアメリカの態度は「孤立主義的」であった、と長い間主張した。[5] 一九六〇年になって初めて、イギリスの歴史家が、移民史とアメリカの外交史を説明するこれらの一連の比喩的な表現についに異議を唱えた。大西洋をつながっていない二つの半球へと分かつような「海水のカーテン」[6] など存在していなかったと、フランク・シスルスウェイトは、少々皮肉を込めて記した。「海水のカーテン」とは、ワルシャワ条約の共産主義国家を「自由な世界」から分かつ「鉄のカーテン」になぞらえた表現である。移民の出自や故郷との継続的なつながりを無視するアメリカの移民研究の学生たちに向けて、シスルスウェイトは評論を書いていた。しかし、彼の意見は、アメリカの孤立主義を研究する学生たちにも同様によく適用できるのではなかろうか。シスルスウェイトは、あらゆる角度から考えてみても、アメリカは、外交史の歴史家がしばしば主張している「ヨーロッパに背を向ける」というようなことは、一度もなかったと述べた。[7] スティーグリッツが一九〇七年にカメラに収めた移民たちも同様に、そんなことはけっしてなかったのである。

### 移民の外国とのつながりを明らかにする

イギリス支配の北米に定住した移民も、一七七六年以降の新国家アメリカに定住した移民も、ヨーロッパに背を向けたりはしなかった。南北アメリカでアメリカやほかの諸国が一七七六年から一八二四年の間に独立を達成するにつれて、ヨーロッパの帝国が形成されていた近代初期にアメリカ人たちをヨーロッパにつないでいた植民地時代の結びつきは、確かに失われはじめていた。しかし、南北アメリカ諸国が、それによって一五〇〇年以降構築されてきたグローバルなネットワークを崩せはしなかった。世界は船で周航されるようになり、一六〇〇年代には近代初期のヨーロッパの諸帝国が、アジア、アメリカ両大陸とヨーロッパを結んでいた。一世紀のうちに、南北アメリカの銀塊の値段が、スペインと中華帝国の政治を左右するようになった。アメリカの植民地は、その労働力でヨーロッパの支配者たちに富をもたらし得た。そして、その労働力に対する需要のせいで、アフリカはグローバルな流通網へ、つまり、近代初期の興隆する大西洋の労働市場へと引きずり込まれた。経済史の専門家は、これらの貿易と帝国の流通網を叙述してきた。しかし、グローバル化の初期における移民の外国とのつながりを観察するのにもっともよい視点を与えてくれるのは、移民個々人のライフストーリーである。

アメリカは、一五〇〇年から一七五〇年の間に征服され、植民地化されていた北米の領域に、独立国家として一七七六年に登場した。初めはスペイン、次いでフランス、イングランド、オランダが北アメリカの原住民たちから土地や資源の支配権をとり上げたが、それは、ちょうどこれらの諸国が大西洋をめぐる貿易、資源、宗教や、ヨーロッパやアメリカの特定の領域に対する所有権をめぐって繰り返し互いに争っている時期だった。ヨーロッパの帝国の形成は、南北アメリカに重大な人口学的変化を引き起こした。それは、征服された南北アメリカの原住民たちが悲劇的にも大量死し、次いで、新世界のプランテーションへと生きた積荷であるかのように船に乗せられた奴隷のアフリカ人労働者たちが大規模に移入してきて、最後に、ヨーロッパ人の伝道師、兵士、囚人、商人、労働者、農民が、帝国に公認されて、またはしばしば強制されて移動してきたためだ。十八世紀の旅行、通信、貿易、移動、そして帝国の統治は、それ以降と比べるとずっと困難を伴うものだった。しかし、それにもかかわらず、多くの人びとが移動し得た。帝国の支配者や熱心な投資家、無慈悲な海運業者たちが利益や権力をねらっているときは、とりわけそうだった。

東シナ海、南シナ海やインド洋周辺にずっと以前から形成されていた、商業が栄えて交通の便があり、より歴史が古くて経済発展していたほかの経済圏と比較し、環大西洋の植民地の人口や経済の重要性を正確に評価することは、いまだに不可能である。しかし、確信できるのは、太平洋を越える移民は、大西洋を越える移民よりももっとずっと規模が小さかったということだ。一二〇〇万人のアフリカ人たちが、一五〇〇年から一八〇〇年の間に強制的に大西洋を越えさせられたが、その数は同時期のヨーロッパ人の大西洋を越える移民の数より、少なくとも四倍ほど多かった。インド洋や東シナ海、南シナ海の移民の正確な推定なしでも、大西洋を越える移民の数だけで、一七五〇年の世界の人口は現代よりほんの少しだけ移動する率が少なかっただけだ、ということがわかる。移民たちは、のちの時代とはまったく違う状況、そして、もっとずっと強制的な状況で旅をしたが、移動する人びとの数自体が少なかったというわけではなかったのである。

北アメリカは、ヨーロッパの諸帝国の大西洋をまたぐ貿易と人の移動の流通網の中で、かなり周縁的な位置を占めていた。植民地時代の最大の人口移動となった奴隷貿易では、一八〇〇年以前にはたった二〇万から三〇万のアフリカ人が北米に送られたにすぎなかった。もちろん、ヨーロッパ移民やイギリスの支配者たちにとって、北米はより重要であった。ライバルとなるほかの帝国とは違って、イギリスはその植民地への定住を活発に促し、イギリスの植民地は結果的にニュースペインやニューフランスよりも急速に発展した。もっとも周縁のイギリスの臣民——イギリスの宗教上の少数派やジョージアに強制的に移送された囚人、年季契約奉公人のスコットランド人またはスコットランド系アイルランド人の職人や労働者、そして、外国人、とくにドイツからの外国人——は、イギリス領の北アメリカへと向かう移民たちの中でとくに目立った存在だった。多くの非常に貧しいヨーロッパ人たちは、年季奉公として契約を結んでやってきたが、旅費のために負った借金を返すために、七年にわたる隷属状態に苦しんだ。全体的に近代初期の移動の状況は、大西洋圏のヨーロッパの帝国から新しい国家を作るのは簡単ではないことを確実に示している。アメリカを含め、南北アメリカの新国家は、その土台として文化的な同質性を主張することはできなかった。その代わり、クレヴクールのような人びとの著作が、国家の統一の新しい方法を提示した。

もっとも初期に大西洋を越えた人びとを、その時代の人びとはほとんど絶対に「移民」とは呼んでいなかった。しかし、そうした人びとの移動自体や移動や労働の状況は、クレヴクールが新しいアメリカの国家について影響力の大きな本を書くずっと以前に、アメリカ人が移民の外国とのつながりについてどう理解するかに影響を与えた。植民地となった大西洋圏の移民の多くは、出身国の愛する人びとの元に戻ったり、連絡をとり合ったりできるとは思っていなかった。奴隷となったアフリカ人は自分の故郷から引き離され、故郷とのつながりやコミュニケーション、そして、帰還がほとんど望めない新しい世界や新しい生活様式へと強制的に移動させられた。このことが意味するのは、ほとんどの奴隷たちは、シスルウェイトが存在を疑ったある種の海水のカーテンを、まさに本当の意味で越えてきたのだ、ということである。それにもかかわらず、論争の余地はあるかもしれないが、オラウダ・イクイアーノのような奴隷の有名な自伝は、愛する人びと――イクイアーノの場合は自分の妹だが――とふたたび連絡をとり合えるという希望が、非常に困難な状況にもかかわらず、いかに大きなものであったかを実証している。[8] 囚人たちは、イングランドに帰りたいとは思っていなかったかもしれない。年季契約奉公人たちは、彼らが七年の隷属的な奉公期間を終えるまで、故郷に戻るという望みをほとんど持てはしなかった。[9] それにもかかわらず、一八三〇年代になってからだいぶ経っても、移民たちのヨーロッパの親戚は、北アメリカの新聞に広告欄を買って、自分たちがいまだに関係があると考えている旅立った奉公人たちの「目にこの記事がとまるようであれば」[10]、連絡先をくれるよう乞うた。大西洋を越える船客たちはヨーロッパから切り離される、というアメリカの以前の主張は、それゆえ、植民地時代の大西洋でのもっとも強制的な移動の記憶や言語に、ほとんど確実に依っていたと言えよう。十八世紀の大西洋の船賃は、イギリスの貧しい人びとの年収の約半分であり、ドイツの多くの人びとの年収と同じであったため、ヨーロッパに戻るということは、十八世紀には実際にありふれたことではなかった。

しかし、イクイアーノのような大西洋を越えた航海者を含め、もっとも豊かな移民の間や、もっとも貧しい移民の間でも、そのことは知られていなかった。たとえば、クレヴクールは、新国家アメリカの神話を生み出すのに一役買ったが、彼自身の人生を見れば、その神話は完全に誤りだとわかる。クレヴクールが『アメリカ農夫の手紙』を書いたとき、彼はアメリカ人でも農夫でもなかった。彼は、ロンドンで自分の才能とペンで生きるイギリスの臣民だった。この点で、彼はイズレイル・ザングウィルに非常によく似ている。ザングウィルは、ラトヴィア系ポーランド人とユダヤ系移民の両親のもとにロンドンで生まれ、やはりロンドン在住だった人物でアメリカ社会をあらわす「るつぼ」というたとえをのちに有名にした戯曲作家である。フランス生まれであったので、クレヴクールはイングランドをよく知っていた。若き学生だったときに、彼はそこで英語を学び、一七五五年にまさにイングランドからフランス領カナダに初めて単身で渡ったのだった。出発前に、彼は結婚相手について父親と口論となった。若い男性だった彼は、独立を成し遂げるために家族の絆を断つことを夢見ていたのかもしれない。しかし、自分の本――フィクションであって、多くの読者が想像するような回想録ではない——を書くころまでには、彼はロンドンに戻って、フランスにいる父親と再会しようと考えていた(12)。

クレヴクールの忠誠心は、移動するのにしたがって絶え間なく変わった。フランス帝国軍に参加したあと、戦争がふたたび英仏間に勃発すると、彼はフランス領カナダを離れた。一七五九年にカナダからニューヨークに移住して、彼はすぐにイギリス王に忠誠を誓い、イギリスの臣民になった。十年後、クレヴクールはアメリカ生まれのプロテスタントの女性と結婚し、アメリカの農夫としての短い生活が始まった。一〇年もしないうちにその生活も終わった。一七七六年にアメリカ革命が始まったとき、クレヴクールの妻と彼女の家族は、イギリスに忠実でありつづけたのだ。クレヴクールは中立を公言したが、その結果、妻や、さらに愛国主義的な隣人との関係がこじれてしまった。一七七九年に、彼は長男と一緒に農場を逃げ出した。彼の出身国であるフランスは、イギリスに敵対するアメリカの愛国者と同盟を結んでいたので、ニューヨークの港を占領するイギリス兵は、クレヴクールを初めはスパイとして拘留した。しかし、彼は、自分はイギリス臣民だと証明することができたので、息子と一緒にイギリスに渡った。イギリスでの『アメリカ農夫の手紙』の出版が、さらにフランスへと渡るお金を生み出してくれた。フランスで彼の本はすぐにまた出版された。

血縁によるつながりと、アメリカとヨーロッパの変化しつづける関係は、その後一〇年間のクレヴクールの方向転換ばかりの身の振り方にも影響を与えていた。一七八三年に革命が終わるまでに、彼のアメリカ人の妻は亡くなり、クレヴクールは、自分のアメリカの農場を失い、下の二人の子どもたちとも連絡がとれなくなってしまった。クレヴクールは、イギリスの市民権を放棄し、ふたたびフランス王に忠誠を誓った。そのおかげで、彼はフランス領事としてニューヨークへ行くことができ、その結果、自分の子どもたちと一緒に暮らし、ふたたび家族になれた。クレヴクールが領事として働くかたわらで経営していた運送会社が倒産する少し前の一七八七年、彼はアメリカの市民権をとった。しかし、当てにできる収入がないとふたたび悟ると、クレヴクールはフランスに戻ったのだった。彼は、自分の生命を脅かすようなまた別の革命が起こる直前にフランスに到着した。このように新たに不安な状況にあっても、クレヴクールは、自分の三人の子どもたちを呼び寄せ、今度はノルマンディーにある自分の父親の土地で農民になったのであった。

移民がヨーロッパとのつながりをなくしているというほとんど揺るぎない神話を作り出した人物は、一八一三年にフランスで死んだ。そして、そのフランスに、彼の三人のアメリカ生まれの子どもたちも住んでいたのだった。クレヴクールの人生は、移民たちが繰り返し維持していく外国の地とのある種のつながりを明らかにしてくれる。彼の『アメリカ人農夫の手紙』があまりにもうまく働いたので、このつながりは、数世紀の間、見えなくなっていたのだ。

確かに、家族の絆がクレヴクールの決断をもっとも方向づけていたが、クレヴクールが献身的にかかわったのは、いくつかの帝国や国家の国際関係、そして政治にまたがっていた。彼の政治的な忠誠心を理解するのは難しいが、見たところ家族や自分の都合に合わせて変化していたようだ。ここに、初めはフランス領カナダでイギリスと戦い、すぐにそのあとでイギリスの市民権をとった男がいる。その男は、自分の妻とともにイギリスへの忠誠心を抱くこともできず、アメリカの愛国派に完全に傾倒することもできず、すぐにフランスに出発し、まず初めはフランス臣民に戻り、次いでアメリカ市民になるためだけに、イングランドに戻った。彼の『アメリカ農夫の手紙』では、アメリカの共和主義者たちの明快な美点が称賛されている。しかし、フランスでは、彼が個人的なつながりを持っていたのは、ほとんど下級貴族と知識人たちだけだった。うまくはいかなかったにせよ、クレヴクールは、フランスへの外国使節団にアメリカ側で雇われるよう求職活動をしたが、フランスの専制君主に領事として仕えることにも、迷いはなかったのである。

一七七六年のあとに、新たに独立したアメリカには、クレヴクールのような人びとが少なからず存在した。そのような人びとのヨーロッパとのつながりは、いつも家族という範囲を越えて広がり、一つの国家への忠誠というアメリカ的な概念に疑問を投げかける。約四〇万人の人びとが、一七七六年から一八二〇年に大西洋を越えてアメリカに到着したが、そのほとんどすべてが、アメリカを以前支配していた帝国、国家間で見ればアメリカの敵でありつづけてきた大英帝国の臣民であった。フランスやハイチ、スペイン領アメリカでの革命の混乱の中、亡命貴族、奴隷所有者、保守派も少数ではあるがアメリカへと亡命した。アメリカ革命やその共和主義に感化を受けた人びとは、これらの移民たちの中にもたくさんいた。そして、彼らが政治的に活動すれば、アメリカが国際的な策略に巻き込まれる恐れは常にあったのだ。たとえば、このような人びとの中には、一八一七年にニューオーリンズからメキシコへの侵攻の口火を切ったスペイン人、フランシスコ・ハビエル・ミナがいた[13]。

自分たちの故郷の政治に積極的な興味を持ちつづけていた移民がとりわけいちばん多かったのは、アイルランド系の共和主義者であった。彼らは、アメリカ革命を喜び、イギリスの最初の植民地であるアイルランドへのイギリス帝国の支配が続いていることに強く反対した。アメリカでは、反帝国主義のアイルランド生まれやアイルランド系のアメリカ人たちが、一時的にアメリカとイギリスの商業的な結びつきを強めた一七九四年のジェイ条約に声高に反対した。彼らは、ジョン・ジェイの肖像を焼き、国務長官でありジェイ条約の支持者であって外国生まれのフェデラリストであったアレグザンダー・ハミルトンにニューヨークの街頭で投石した。アメリカ人たちは、移民たちが出身国の政治に持ちつづける関心を、大方無視していたのかもしれない。しかし、そのような関心は共和国初期にはっきりと公にされていたのだ。

共和主義で、反帝国革命を奉ずるアイルランド人の支持者の中でよく知られているのは、ウィリアム・サンプソンである。彼は、ノースカロライナに親戚がいるアイルランド人のプロテスタントで、一七九〇年代に短い間だがその親戚を訪ねたことがあった。アイルランドに戻ったあと、サンプソンは、一七九八年のアイルランドでの反乱で果たした役割のせいでイギリス側に捕らえられ、国外追放となった。サンプソンは、最初はポルトガル、次いでフランス、ドイツに亡命先を探し、一八〇七年にアメリカにふたたび渡ることになった。アメリカに着くと、彼は、自分の人生や政治的な立場を擁護し、アイルランドやほかの植民地をイギリスが支配しつづけていることを激しく非難する回想録を出版した[14]。サンプソンのような人びとは、ひとたび帰化すると、しばしばアメリカで公職に就こうとしたり、影響力を与える存在になろうとしたりした。彼らには活動家として長い経歴があったので、そのような道を歩む下準備ができていた。

一八二〇年以後にアメリカに入国した数百万の移民たちの多くは、クレヴクールが「新しい人間」と呼んだ、故郷からは切り離され独立している空想上のアメリカ人農夫や、以前の大西洋の経済に組み込まれた年季契約奉公人や奴隷よりも、クレヴクールやサンプソンにより類似していた。ヨーロッパがアメリカの植民地から引き出した資源は、ヨーロッパの産業や商業的農業事業の発展を促進した。しかし、それは数百万のヨーロッパの小作農や熟練工の暮らしを脅かすものだった。賃金労働者は、従属し不安定な立場に陥ることを望まなかった。ヨーロッパでの経済発展の過程で引き起こされた混乱の影響を受け、多くの人びとが、もっとなじみのある生活様式をつづけたいという望みをもって外国へ出立したのだった。

これらの移民たちの典型例として、もともとドイツのウェストファリア地方にあるテクレンブルク出身で、シュティレ家とクルム家という姻戚関係にあった一家の職人、家事労働者、農夫たちが挙げられる。国際移動は、この家族にとってなんら新しいことではなかった。おじの一人が、すでに一八二〇年に結婚してドイツからオランダに移住していた。一八三三年に、ヴィルヘルム・シュティレが、家族の中で最初にアメリカに旅立った。皆、旅券など持ち合わせてはいなかったが、仲間の村人の一団が、オハイオ州の南部へすでに移民していたプロテスタントの牧師の妻に同伴していた。シュティレは、彼らと一緒に、アメリカ人が所有する帆船にブレーメンで乗船した。三週間の間、彼は、ほかの人びとと同じく、病気や人びとで混み合う寝台や、粗末で少ない食事について間違いなく文句を言っていただろう。

ニューヨーク経由の長旅のあと、ヴィルヘルム・シュティレは、自分が故郷を出てしまうことで、残してきた人びとが被る社会的影響を心もとなく感じた。彼は、「まだそう呼ぶことができるなら……親愛なるお父さん、お母さん、兄弟姉妹のみんな」へ、と手紙を書きはじめた[15]。家族がいまだに自分に関心を持ちつづけてくれていると確信すると、シュティレは、自分の血縁にアメリカにいる自分のところへ来るよう熱心に勧めて、家族がまた一緒に暮らせるよう、長い間、説得を続けた。彼は、一八三六年に甥の、次いで一八三七年には女きょうだいとその婚約者ヴィルヘルム・クルムの移民の手助けをした。次の一〇年で、さらに九人のシュティレ家の人びとと、一一人のクルム家の人びととの移民が続いて、ウェストファリアとアメリカの中西部を結ぶ大規模な連鎖移民が始まった。

帆船の時代であり、国際的な郵便協定もなかったときでさえ、シュティレ家とクルム家は、大西洋間でなんとかコミュニケーションをとり、移動した。血縁に連絡がとれることは、基本的な物質的欲求、そして、双方向に大西洋を越える愛や噂話、そして傷ついた感情といった家族の精神的な欲求を満たした。シュティレ家とクルム家の手紙の書き手のほとんどが男性だった。しかし、女性の移民にとっても、書くという行為はホームシックをいやしてくれるものだった。一八五〇年にミルウォーキーに住んでいたノルウェー人の女性、ヘンリエッタ・イエッセンの場合を見てみよう。その年、彼女は、表向きにはノルウェーにいる姉妹に、小さなバター入れを送ってくれたお礼を言うためにペンをとった。しかし、彼女の手紙の大部分は、単に「ノラとご主人様と子どもたち、そして、ドラとご主人様と子どもたちに、私と私の主人と子どもたちからよろしく」と伝えているだけであった。ヘンリエッタは、自分の姉妹に、自分が「いちばん楽しいこと」は、「子どもたちと、おばあちゃんやおばさん、おじさんたちについて話すこと」であると言っている。「それが、私たちが日常的に話していることなのです。そして、私がとくに喜んでいるのは、私がノルウェーの故郷のこと、そしておばあちゃんやおばさんたちについて話しはじめるやいなや、いちばん小さな子からいちばん大きな子まで、ニコニコ顔で私に答えてくれることです」[16]。オハイオでは、キャロライン・シュルツ・クルムが、ウェストファリアでの家族の相続をめぐって繰り広げられていた争いに取り乱して、ヨーロッパに皮肉調で次のような手紙を書いた。「義理のきょうだいであるあなたへ、そうです、私は罪深く、この世での時間は短いと知っているのです。だから、私のものではないこの世の物品で私の魂を汚さないように気をつけているのですよ」[17]。離れているからといって、ヨーロッパと移民のつながりの気持ちのうえでの重みや強さは、弱まりはしなかったのである。

情報や物を送り合うことで、感情的な絆はさらに強まった。シュティレ家のドイツに宛てた初めのころの手紙は、これから移民しようとしている人びとに豊かで詳細な情報を与えた。渡航用の支払い済みの切符も続いて送られた。ひとたびアメリカに到着すると、シュティレ家やクルム家の人びとはすぐにヨーロッパの使い慣れた物を懐かしんだ。そこで、ある者は、「レンゲリッヒの金持ちが着ているような」コートを近所の人に作って送ってもらうよう頼む手紙を故郷へと書き送った[18]。またある者は、種と布と本を頼んだ。移民たちは、アメリカ生まれの子どもたちへの贈り物を受けとり、また、彼らのほうからも贈り物を送った。また、一八四〇年以降は銀板写真も送った。お金も双方向に流れた。驚いたことに、シュティレ家などのドイツ人が書いた手紙には、彼らがヨーロッパに送った物品の覚書よりも、もっとずっと多くのお金や借金、相続の要求が書かれていた[19]。

困難で時間のかかることではあったが、一八三〇年代までには、大西洋を渡って訪問しあうことも、もはや不可能ではなくなったようだ。シュティレ家では、この家族の四〇年にわたる連鎖移民の時期に、たった一人だけしかウェストファリアへ戻っていないようだ。しかし、ヨーロッパに戻ったり、アメリカを訪ねたりしたという証拠は、ほかの家族が書いたものに簡単に見つけられる。たとえば、イエッテ・ブルンスの夫で医師であった人物は、ウェストファリアとたちまち名づけられることになる町に定住するために、ウェストファリアからミズーリへとまず移動した。それから彼はドイツに戻り、一八三六年に妻を連れてアメリカへ戻ってきた。一八五六年に、イエッテ・ブルンスは、二カ月滞在するためにドイツへ旅した。その後、彼女は蒸気船で二度目の旅をした。彼女がアメリカに着いてから五二年後に、ブルンスはミズーリのジェファーソンシティ出身の親戚に最後の手紙を出した[20]。それまでに、彼女の家族は大西洋を七回渡っていた。

ブルンス家、シュティレ家、クルム家、イエッセン家のアメリカ人の隣人たちが、彼らの往来を脅威と感じていたのなら、手紙の書き手の誰も、その問題に対して注意を引くようなことはしなかっただろう。ヨーロッパの自分たちの出身地にちなんで中西部の町に名前をつけること自体、外国のものだがなじみのある生活様式を、移民たちが再現しようとしていたことを確かに暗示していた。しかし、そのようなことをした移民たちでさえ、一八五〇年以前にはアメリカ人の関心をたいして引きはしなかった。以下で述べる二、三の例外的なケースを除き、移民がヨーロッパとつながっていることにアメリカ人がときに気がついたからといって、排外主義が広がるきっかけにはならなかったのである。そして、たいてい戦時中のことだが、排外主義が高まった時期でさえ、大きな影響力をもつ、またはは長期間続く移民制限が設けられることはなかった。移民の外国とのつながりにあまり気をとめず、アメリカ人は、自国が孤立していることで旧世界の害悪から十分守られているいうことに満足していたようだ。

**アメリカはどれほど世界から孤立していたのか？**

二十一世紀初めの視点から見ると、ヨーロッパからの移民をあれほど多く抱えた国が、ヨーロッパから孤立している、または完全に切り離されている、といかに想像できたのかは、理解しがたい。確かに、一七五〇年以降ヨーロッパからの自由移民は減少し、一七七六年から一八一五年にナポレオン戦争が終わるまで、移民数は少ないままだった。さらに、一八二〇年までに年季契約奉公人の移民はほとんどいなくなり、奴隷貿易は違法になり、強制移民がまさにくぐってきた海水のカーテンは重大ではなくなってきた。アメリカが移民数を数えはじめ、そして、その数が一八二〇年代の一二万八五〇二人から一八三〇年代には五〇万人以上に、一八四〇年代には一四〇万人へと増加しはじめたとき、アメリカの公の統計を見れば、新たに独立したアメリカに移民としてやってくる人びとの半数は、以前の支配国であったイギリスからやってきたという事実が確かに見えてくる。ヨーロッパ出身の二二〇万人の移民がアメリカに住んでいた一八五〇年までに、大英帝国出身の一三〇万人の移民が、アイルランド人（九六万一七一九人）やカナダ人（一四万七七一一人）などほかのイギリスの植民地からの移民とともに、最大の集団となっていた。そして、その数は、ドイツ人（五八万三七七四人）やアフリカ生まれの奴隷（一〇万人弱）よりもずっと多かった。一八五〇年にはアメリカの人口は二四〇〇万人になった。非常に急速なこの人口増加の少なくとも四分の一は、移民のおかげであった。しかし、アメリカはいまだに自国はヨーロッパから間違いなく孤立していると信じていたのだった。

「イギリスからのわれわれの分離[21]」とジェファソンが呼んだ、アメリカの孤立と独立についての当時の主張は、現代のわれわれの耳には迫力はあるが、少し不安気にも聞こえる。新生国家の外交問題にほんのちょっとの注意を払うだけでも、次のような疑問がわいてくる。つまり、アメリカの孤立は、重要ではあるが、たった一つだけの主義に主に依拠していたこと、そしてそれは、アメリカをヨーロッパやほかの対外戦争に引きずり込みかねない二国間、または多国間の軍事同盟をすべて拒否するという国の方針であったことである。両者とも奴隷主であり、富裕な旧家出身であったジョージ・ワシントンと民主主義擁護者のジェファソンという二人の建国の父は、互いに考えは異なっていたが、この点については意見が一致していた。ワシントンこそ一七九六年に初めて次のように問うた人物であった。「なぜ、われわれの平和と繁栄を、ヨーロッパの野心、競争、利益、気分、そして、気まぐれのわなにかけるのか？」さらに、彼は次のように結論づけている。「外国のどの地域とも恒久の同盟を結ぶことを避けるのが、われわれの真の政策なのである」[22]。この二国間または多国間の軍事および防衛同盟を拒否するということは、少数のヨーロッパ列強諸国間に築かれた、まさにそのような同盟にいまだにかなり依っていた既存の国際関係を、堂々と批判したのと同じことだった。

しかしながら、ワシントンやジェファソンでさえも、アメリカがすべての国際関係を否定すべきだと主張したわけではない。彼らは、自国を問題に巻き込みかねない同盟だけは、戦争を招きかねないものだと主張しただけだった。ヨーロッパやその政治的な策略を恐れていても、アメリカは、戦争や外交を通じて、ジェファソンが独立農民のための「自由の帝国」[23]を作ろうと話していた北米西部への領土拡大を精力的に求めつづけ、また、通商外交を精力的に画策することでグローバルな貿易上の好機を求めつづけるのをやめなかった。このような公の戦略のせいで、アメリカが独立してからの最初の一世紀の間、移民たちを通じてアメリカはヨーロッパにかなり緊密に結ばれつづけることになった。

ジェファソンが「自由の帝国」として構想した領域であろうが、単にそこで暮らす原住民の人びとを追い出して征服した領域であろうが、西部領域を築くためには、外交上かつ軍事上の動員が必要であった。ジェームス・モンローは、広大なルイジアナを一八〇四年にフランスから買いとる下地を作った。その後、協議の結果、一八一八年にはオレゴンをイギリスと共有することになり、一八一九年にはスペインからフロリダ東部を獲得し、一八四六年にはオレゴンの国境問題についてイギリスとの歩み寄りによる解決をみた。外国の国家ではないが、独立し自治を有していると当時見なされていたインディアンに対する戦争をきっかけに、その西部の帝国を開くことになり、のちにシュティレ家やクルム家のようなヨーロッパ系移民たちがその地に定住した。北西部領地（一七九〇〜九四）でのインディアンに対する軍事的な作戦や、クリーク族、セミノール族やほかのインディアン国家に対する六つの大きな戦争が起き、次いで一八三四年に残っていたアメリカ先住民たちのほとんどが南東部諸州から強制移住させられた。外国とは軍事同盟を結ばなかったことや、アメリカ人が賛美する孤立主義も、対外戦争としてとらえられていなかった一八四八年のアメリカのメキシコ侵攻における「われわれの軍隊の迅速ですばらしい成功」と、ジェームズ・ポーク大統領がかなり誇張して言ったことを求める熱意を弱めはしなかった。[24] もし、ドイツの軍事戦術家クラウゼヴィッツが主張するように、戦争は単に国際関係の延長か、または彼の言葉を借りれば、「政治的な交渉、つまりほかの手段によってそれを遂行すること」であるなら、アメリカは、自国を巻き込むような同盟を避けていたときに、国際情勢にとらわれつづけていた。実際、公に孤立主義を信奉するということは、アメリカが外務を執り行なう際に、一方的なやり方を好むのと同じことにすぎなかった。[25]

しかし、そのような見解でさえ、アメリカの孤立主義を誇張してとらえている。というのも、それはグローバルな規模での貿易や通商を促すために、アメリカが追求した積極的な二国間外交を無視しているからである。アメリカは、西部への膨張と同様に通商も称賛し、国家間の貿易の促進は互いに相補的で利益のある企てだと見ていた。戦争ではなく、貿易がその国の国際関係や地政学の基礎となりうる。すくなくとも、それが、アメリカ革命後にアメリカの政治的エリートたちの多くが貿易について考えていたことであった。新生国家の貿易政策は、アメリカの移民の発展と統治にとって長期にわたって重要であったので、貿易政策もいくらか詳しく検討する価値があったのだ。

一八〇一年に、ヨーロッパとの同盟を結ぶ危険性に警告を発したときに、ジェファソンは、同時に、「すべての国ぐにとの平和、通商、誠実な友好関係を保ち――アメリカを巻き込むような同盟関係をどの国とも結ばない」ことを主張した。[26] デラウェアの議員ルイス・マクレーンは、アメリカ大陸のスペイン語圏新生諸国の共和主義革命家たちがパナマで招集した、初期の汎アメリカ大会にアメリカが出席することに反対して、一九二三年の演説時に同様の主張をした。マクレーンは、これらの新しいアメリカの国ぐにと「われわれの通商関係を拡大させることにおいて、これらの国ぐにとできるだけ政治的なつながりをもたないようにすべきだ」と、断言した。[27] 国家が軍事同盟を否定しているときに、通商上は二国間主義に熱心であるという態度は、一七七六年にイギリスに対してアメリカの愛国派が掲げた不満に端を発している。

近代初期のほかのグローバルな帝国列強のように、ロンドンの植民地統治者は、母国の発展に利するように植民地貿易を管理しようとした。彼らの政策は、のちに「重商主義」と呼ばれることになった。たとえば、イギリスは通商禁止を施行することで、北アメリカの自国の植民地がほかの帝国から物を輸入できないようにした。イギリスは、外国人の商人が植民地に入ることを禁じ、またイギリス領の植民地が外国の列強諸国と国内外で交易することを禁じていた。イギリス帝国が課したこのような制限の中でさえ、輸出は植民地時代のアメリカの経済の基盤になった。一七七六年の愛国者たちが外国との貿易の拡大をアメリカ独立の基礎と見なし、自国の孤立主義を崩すものだとは想像だにしなかったことも、驚くことではない。

愛国派のジャーナリスト、トマス・ペインは、その年に『コモンセンス（常識論）』を書き、ヨーロッパは、「いつも食べつづける」限り、アメリカとの貿易に依存しつづけるだろうと、こっけいに、またいささか不安気に述べた。ペインは貿易の復活を提唱し、それを成功させたいと望んでいた。それというのも、彼は「アメリカを自由貿易の港にすることは、全ヨーロッパの利益である」と主張していたからだった。ほかの愛国者たちと同様に、ペインはヨーロッパを、そしてその当時は中国をも潜在的な市場と見なしていた。ジェファソンのように、ペインは通商においてアメリカが「ヨーロッパの紛糾を避ける」ことが必要だと考えていた。「ヨーロッパは」とペインは書いた。「王国があまりにも密集して築かれたため、長きにわたって平和でいられない。そして、イギリスとどの外国の列強国との間でも戦争が勃発すれば、いつでもアメリカの貿易はだめになってしまうのだ」。

　アメリカの独立戦争は、この点について不幸な説明を提供することになった。一七七六年以降、アメリカとの対外貿易の規模は、一〇〜一五パーセントほど縮小した。アメリカの愛国者たちは、ペインが『コモンセンス』を書いたのと同じ年に、フランスと最初の二国間通商条約を締結することで、この衰退をすぐに食い止めようとした[28]。その後、アメリカの大統領は外国との通商上の「友好」協定を求めて、しばしば商人を任命し、外国で領事として務めさせた。とくにフランス革命後にヨーロッパがふたたび戦争に突入すると、友好協定を獲得するのは領事たちにとって難しい仕事となった。しかし、イギリスとの一八一二年戦争〔米英戦争〕を終わらせたガン条約に調印するまでには、アメリカの領事は、フランス、イギリス、プロイセン、オランダ、スウェーデン、モロッコ、チュニス〔現在のチュニジア〕と、さらに八つの通商条約を確保した。一八一二年以降、アメリカの通商外交では、ほとんど気づかない程度に、ヨーロッパから南北アメリカ、そして太平洋へと、その貿易政策が長い間に地政学の上で移行していく過程が始まっていた。一八一五年から一八四八年の間に、アメリカはさらに三二の二国間通商条約を調印したが、そのうち一四はヨーロッパ諸国の政府、八つは南北アメリカ諸国、四つがアジア諸国、二つはアフリカ諸国と結んだものであった。

　十分な根拠があって（表2参照）、新生アメリカ国家の市民や政治的な指導者たちは、対外貿易と

表2　アメリカの貿易の地理的分布（1821～1848年）

| | 輸入 | 輸出 |
|---|---|---|
| ヨーロッパ | 66% | 70% |
| イギリス | 39% | 43% |
| フランス | 15% | 14% |
| ドイツ | 3% | 4% |
| 南北アメリカ | 24% | 27% |
| アジア | 9% | 2% |
| 計 | 2790* | 2641* |

注：Susan B Carter, et al., eds., *Historical Statistics of the United States, Millennial Edition*（Cambridge: Cambridge University Press, 2006）のシリーズ106-120より著者作成。

* 単位は100万ドル

移民が矛盾しない明確な関係を作り上げた。両者とも、いまだに近代初期の大西洋の流通網を強く反映していた。イギリスは、最大の移民集団の故郷であるばかりか、アメリカのもっとも重要な貿易相手でありつづけた。アメリカへの移民は、かなりの規模で、イギリスと交易するアメリカの海運業者が振る旗にしたがってやってきた。移民は、たいてい貿易品を運ぶのと同じ船で旅した。ヨーロッパに到着すると、アメリカからの輸出品を運んでいた船は、船倉を改装し、のちに三等船客室として知られるようになるものをこしらえた。そのため、海運業者は、大西洋航路の往復で利潤を得ることができた。少なくともおおよそではあるが、移民も貿易と通商外交に関する地理を反映することになったのである。

もちろん、移民と貿易がぴったり一致していたというわけではない。アメリカがフランスと活発に貿易していたとき、アメリカに移民したフランス人の男性も女性もほとんどいなかった。そして、フランス人は、一八五〇年以前は全移民の一パーセント以下しか占めていなかった。フランス人の出生率が落ち込んだことが、出移民がこのように少数であったことの説明となるかもしれない。北アフリカ諸国と調印された二国間条約は、貿易や移民をほとんど引き起こさず、後で見るように、そうなるように意図されたものでもなかった。一方、ドイツからの移民は、アメリカとのドイツの貿易量は増大していないのに、全移民の二五パーセントという印象的な高さにまで増大した。経済史学者は、ドイツからの移民を増大させたのは、値下がりした運賃であると言っている。ニューヨークまでの運賃は、一八一六年の一二ポンドから一八三六年にはたった三ポンドにまで安くなった。このことには、イギリスへアメリカの輸出品を運ぶ商船が、ドイツの港辺りで空になった船倉をいっぱいにしたかったからという理由もあった。アルフレッド・スティーグリッツが、一九〇七年に似たような航路をもっとずっと立派な船の乗客として旅するよりかなり前に、輸送路がアメリカをイギリスやドイツの港と結んでいた。アメリカの海運業者は、リヴァプールに輸出品をおろし、ハンブルクかブレーメンで簡単に乗客を乗船させることができた。そして、移民の外国とのつながりから引き起こされる連鎖移民が、さらに人びとが移民してくる経費を支える助けとなったので、運賃が下げ止まり、一時的にふたたび値上りしたあとでさえも、移民は間違いなく増大しつづけることになった。南北戦争まで、アメリカの海運業者は当時の人びとが大西洋旅客輸送業と呼んだものをほとんど完全に独占し、アメリカへ乗客を運び、そうすることで多大な利益を上げていた。

イギリス領北アメリカ（カナダ）、そしてアジアとのアメリカの通商外交や貿易も、移民の傾向にいくらか影響を与えていた。大陸内でのほとんどの移動は勘定に入れられていないので、実際より少なく数えられてはいるのだが、人口密度の少ないイギリス領カナダからの移民は、一八五〇年以前にはアメリカの移民のたった五パーセントしか占めていなかった。アメリカが通商を開始し、いまだに豊かではあるが政治的には凋落した中華帝国で、イギリス人によって強制的に開港させられた中国の港町での事業が始まるやいなや、中国から移民が流入しはじめた。中国市場は、木材や毛皮などのアメリカの原材料を求めてはいなかったので、アメリカは、輸出できるよりもっとずっと多くのものを中国から輸入した。そのため、太平洋の海運業者は、大西洋の海運業者とは違った帳尻合わせをすることになった。彼らの船は、中国で人ではなく商品を積み込んだのである。太平洋の海運業者にとっての問題は、中国人が買いたいと思うようなアメリカの製品を見つけることだった。一八四四年の二国間貿易協定批准後でさえも、中国からの移民は、カリフォルニアで金が発見されるまでは少数でありつづけた。

十九世紀前半の間、議員や政府の役人たちの演説は、貿易と移民の緊密で明らかな関係に言及することがやたらに多かった。たとえば、一八四九年、最高裁判所判事のジョン・マクレーンは、「乗客の輸送は、いつもアメリカの船に利益の上がる業務をもたらしており、ここ数年では、輸入品にほぼ匹敵する乗客の載貨重量トン税が求められるようになった」と述べた。[29] 議員たちがアメリカに到着した外国人について議論しているときも、「移民」についてはほとんど話さず、むしろマクレーンのように増大する「乗客」数を指摘した。ジェファソンのような南部人は、移民たちを船に乗せて輸送してくることを、ちょうど植民地時代の奴隷の輸送と同じように、いつも「輸入」と呼んでいた。西部の人びとは、この南部の見方を受け入れていた。彼らは、自分たちの地域に定住してくれる「出移民」の「輸入」、または「輸送」を希望していると書きつづけた。アメリカ人の中には、貿易商船でやってくる乗客を「生きた船荷」と呼ぶ者さえいた。[30] 引用文が明らかにするように、マクレーンは、人びとのトン税を輸入品のトン税と同じものと考えることに、迷いがなかった。それらを同じものと考えるのは、現代の人びとの感情には合わないだろう。しかしそれは、強制的に連行された奴隷の取引という言葉（輸入品）や、囚人や年季契約奉公人の輸送という言葉をよく反映しているだけでなく、十九世紀初めの多くのアメリカ人の心の中にあった、貿易と移民の密接な関係性を説明しているのである。今日では、強制的で、自由のない人の移動と商業との関係性は、主に「違法取引」という非難めいた言葉に残っている。

一般的に乗客と貿易品は同一だとアメリカ人は考えていたので、ヨーロッパの戦争以外の世界の脅威に対する当時のアメリカ人の反応において、移民と同じぐらい輸入品に焦点が当てられていたということは、驚くべきことではない。このことが示すように、当時の多くのアメリカ人の目には、移民の管理は国内の問題とは映ってはいなかった。それどころか、それは主に対外貿易を管理する政策に付属するものだった。

### 対外政策――アメリカの移民管理

よくある意見や多くの学術研究で指摘されるのは、中国人が一八四〇年代終わりにカリフォルニアに到来しはじめるまで、移民に門戸を開きつづけていたことに、白人アメリカ人の人種主義が担っていた重要な役割である。白人のヨーロッパ人たちは、アメリカ人になる人びとと見なされた。この人たちが移民してくるのをなぜ制限すべきなのであろうか？　この見方では、人種主義がアメリカの国家形成の主な特徴として的確に強調されているが、他方で、人種や階級、そしてエスニシティにもとづく法的規制がまったくなかったのは、移民がもっぱらヨーロッパからやってくる限り、移民を規制する必要も、そうする気もアメリカにはなかった証拠だと誤解されている。一八五〇年以前の移民管理における連邦議会の役割は、それ以降よりも限られたものではあったが、しかし、アメリカは、その時期も移民を実際は管理していた。概ね憲法で規定された枠組みの中で、対外貿易を促進し、かつ統制するために、部分的には連邦議会によって、そして部分的には行政府や国務省によって作られたメカニズムを通じて、この管理が行なわれた。

移民を管理することについて鍵となるアメリカの考えは、反抗的な愛国者たちがイギリスの重商主義による帝国政策に反対したことに端を発していた。独立宣言で、愛国者たちが抵抗した「一連の濫用と簒奪」の中には、移民や帰化へのイギリスの介入に対する不満も含まれていた。イギリスは、クレヴクールのような外国人が帰化を通じてイギリスの臣民になるのを認めることで、植民地の移民を初めは奨励していたが、イギリスとフランスの七年戦争（一七五六～六三年）〔フレンチ・アンド・インディアン戦争〕の時期には、それをあまり奨励しなくなっていた。独立宣言において、愛国者たちが非難したのは、イギリスが、それによって「諸州の人口を増大させないように努め、その目的のために外国人帰化法を妨げ、移民の往来を促進するほかの法律を通過させることを拒み、新たな土地収用のための条件を引き上げた」ことであった。独立宣言の署名者たちは、このような言い方で、政府の積極的な移民奨励、簡易な帰化手続き、西部のインディアン地域への白人の定住を妨げないことを支持しているように見える。しかし、独立宣言自体には、それによって創出された新しい独立政府の具体的な権力（「宣戦、講和を結ぶこと、同盟を結び、通商を打ち立てることに対する全権」を含む）として、これらのどの項目も挙げられてはいなかった。一七八三年、ジェファソンは、「アメリカの現在の望みは、外国人をできるだけ多く輸入することで、急速な人口増加を生み出すことである」とふたたび述べた[31]。しかし、個人投機家がヨーロッパ人の土地購入者を募る努力を当初試みたあと――その努力はすべて失敗に終わったのだが——一八五〇年以前の連邦議会も各州も、移民を自分たちの「自由の帝国」に呼び込むのに、出版による宣伝活動以上のことをする気がなくなってしまった。結局、正式な募集企画がまったくないということは、たいして問題ではなかった。というのも、連鎖移民が、公の政策よりももっと効果的に移民を促進したからだ。

一七八九年の合衆国憲法も、移民やその管理についてあまり言及していない。「移民」という語が、その文書のどこにも出てこないのである。しかし、外国の政治的影響に対する恐れや排外主義が、この文書の起草者たちに影響を与えていたことは明らかだ。たとえば、サウスカロライナのチャールズ・ピンクニーは、「外国に忠誠心を持っている人びと」[32]に連邦議会の扉を開くという間違いが起こらないか心配していた。外国生まれの君主制擁護者やクレヴクールのような利己主義的なコスモポリタンを恐れて、合衆国憲法の起草者たちは、最高行政機関、つまり大統領職をアメリカ生まれの市民に限ることにした。また、憲法は、高位の立法機関での職を求める帰化した候補者たちに、長い在留要件を課した。これらの憲法上の制約にもかかわらず、連邦議会で働く外国生まれの男性の割合は、一七八九年から一八二〇年の間は、それ以後の時期よりも高かった。このことは、アメリカが独立国家として出現したのは、人びとが大いに移動する世界だったことを、われわれにまたもや気づかせてくれる。[33]さらに、憲法には、「ある種の人びと」の輸入を連邦議会が禁止することを禁ずる一節があるのだが、そこに記された奴隷制という争いの種になる問題は隠されており、また、少し別の見方から読んでみれば、一八〇八年の議会による奴隷貿易の禁止も正当と認められていた。原文でのこれらのわずかな言及から、建国初期の大統領や連邦議会は、アメリカが公に外務を司るために、憲法の規定の枠内で移民を管理する体制を作り上げた。

最初に、移民管理にはもっとも重要なことであるが、合衆国憲法は外交問題を行政・立法府によって話し合われる連邦の問題にした。各州は、「平時に軍隊や軍艦」をもつことはできず、「他州や外国と協定もしくは条約」を結ぶこともできなかった。行政府の中では、さらに、外務省（すぐに国務省と改称された）が大統領を補佐した。執政者の独裁を防ぐために、合衆国憲法のもと、大統領は国務省の役人によって協議された条約を批准するために連邦議会上院の助言を求め、その三分の二の同意を得なければならなかった。合衆国憲法は、外国人の帰化に関する規則を設け、通商条項によって外国との通商を統制し、政府の歳出を賄う歳入を集める権限を連邦議会に与えていた。これらの憲法の条項それぞれが、一八五〇年以前の移民の管理に役立っていた。

アメリカ、ヨーロッパ、南北アメリカ、アフリカ、そしてアジア間の貿易を継続させ、または、拡大させるために結ばれた二国間通商条約で、アメリカの国際移民の管理における主な特徴の多くが決まってきた。ヨーロッパとのほとんどの条約では、商品をもって入国する、または交易することを求める人に与えられる双務的自由が略述されていた。一八三〇年代まで、アメリカ人たちは、この条約で定められた移動と交易の自由を「自由貿易」と呼んでいた。現代では、自由貿易は国際的に取引される品物への関税の撤廃を意味するようになっている。それゆえ、自由貿易は、十九世紀初めには現在とは大きく違った意味を持っていたと言えよう。十九世紀の二国間条約体制のもと、アメリカを含むほとんどすべての政府は、政府の活動に資金を調達するために輸入品に課税していた。そして、アメリカでは、連邦議会がまさに歳入を集める責任を負っていたので、外国からの輸入品への関税率を設定したのだった。一七八九年に連邦議会を通過した最初の関税法は、課税された品物の価値の約一二・五パーセントにあたる三〇〇万ドルの収入を生み出した。[34] 関税を自由貿易の侵害だと考える者はいなかった。代わりに当時の人びとが注目したのは、重商主義の制約を受けずに貿易品を流通させる自由であった。この意味で、自由貿易は、ヨーロッパ人がアメリカに移動する自由を作り出した。

一七八六年に署名されたアメリカとプロイセンの通商条約は、通商外交が移民を管理した典型例である。その条約は、プロイセン王の臣民もアメリカの市民も、「相手国に頻繁に入出港」できるだけでなく、「相手国に居住し商取引すること」ができるとした。[35] アメリカとスウェーデン・ノルウェー連合王国との通商と航行を管理する一八二七年の条約は、よりいっそう明確な言い方をしていた。それは次のように言っていた。「条約を結ぶ当事国のそれぞれの市民及び臣民は、自己の所有する人びと、船舶、貨物すべての安全を保障されて、外国との通商を許されている場所ではどこであれ」、つまり、アメリカのどこであれ、ということになるのだが、「相手国の領土の港、町、河川に自由に入ることができる」。[36] また別の条約は、署名した国ぐにのすべての市民や臣民に対して、「どこでも移動し、居住する自由」を保証した。[37] このような、ヨーロッパ諸国との条約は、商人だけでなく、加盟国のすべての臣民あるいは市民に、移動し居住する自由を保証した。

アフリカやアジア諸国と結んだ条約は、それよりもかなり限られた規定であった。人種は、国内だけでなく国際的にも重要だったのである。アメリカの外交官は、とくにアフリカを野蛮で未開で危険な場所であると見なすヨーロッパの偏見に満ちた見方を共有していた。それゆえ、一八二六年のチュニスとの条約は、「アメリカの市民や住民の船舶」、または「チュニス君侯国の臣民及び住民」の船舶は、相手国の港に入港できるが、しかし、彼らが商取引する場所に居住する自由は含まれていなかった。[38] 通商外交は、ヨーロッパや南北アメリカからアメリカへの自由な人の移動を念頭に入れていたが、アフリカやアジアからの商人の居住は保証せず、入国のみを許容するとしていた。それにより、アフリカやアジア出身の商人は、一時的な滞在を強いられた。

そのような条約がアメリカ国内で法的効力を持っていたことを強調するのは、重要である。上院が通商条約を承認したことで、アメリカのすべての地方および州裁判所に対して通商条約が拘束力を持つようになるということを、ジョン・マーシャルを首席判事とした最高裁判所での一八二九年の判決が確定した。このことは、移民を管理する手段であった通商条約が、ほとんど完全に選挙制にもとづく民主政治の範囲外に存在することを意味していた。大統領にまず助言をし、次いで行政府の通商条約に同意した上院議員たちは、選出された議員ではなく州議会に任命された人びとであった。事実、選出された代表者とアメリカの有権者は、概してアメリカの外務のどの面にも限られた影響力しか持てなかった。合衆国憲法の起草者たちは、地方や地域の利害や偏見が国家の統一を容易に蝕み、対外関係の面では国を弱体化させるのではと心配していた。

しかし、連邦議会は、移民の管理にある一定の役割を果たしていた。まず、合衆国憲法が明記しているように、連邦議会のみが帰化のための規程を定めた。連邦議会は、この権力を通じて白人国家を作り出すべく迅速に動いた。一七八九年の帰化法は、市民権を自由な白人の外国人に限った。アフリカ人、アジア人、それに年季の明けないヨーロッパの移民奉公人は、市民権を申請することができなかった。自由な成人白人男性が合衆国憲法へ忠誠の宣誓をするには入国から五年だけ待てばよい、と命じていることから、この帰化政策は、ちょうどクレヴクールが論じたように、ヨーロッパ人はすぐに、かつ容易に自分たちの古いやり方を捨てるのだというアメリカの信念を反映していた。

のちの連邦議会による一八〇八年の奴隷貿易の禁止は、やはり憲法の条項に呼応していたのだが、いまや一部の学者は、それが最初に立法化されたアメリカの国際移民に対する規制であり、それゆえ民主的な選挙政治がのちに生み出すすべての制限移民法の先例であると考えている。しかし、奴隷貿易を廃止する前に、下院は別の戦略も考慮していた。その戦略には、「アメリカに今後輸入されるすべての奴隷」に対し、高い関税または「一人一〇ドルの税金もしくは関税[39]」をかけることで、規制に頼らずに奴隷貿易を十分やめさせることができるかもしれない、という考えが含まれていた。輸入された財産と人の輸入がいつも組み合わされていたと考えれば、南部の奴隷所有者たちは、奴隷貿易禁止は通商禁止令であり、重商主義にもとづくイギリスの外国からの輸入禁止と同様、貿易への憎むべき規制だとして、奴隷貿易の禁止に強く反対していた。また、南部の商人たちは、この新しい通商禁止令に対して、イギリスの以前の通商禁止令に対してとったのとほとんど同じような態度をとった。貿易の自由への規制に直面して、海運業者は、奴隷貿易を禁止する連邦法を無視する密輸入者になったのである。

このことが示すように、アメリカの有権者と民主的な選挙政治は、貿易の管理や輸入品への課税に関して連邦議会が持っている権限を通じてしか、移民の管理に影響を与えられなかった。奴隷貿易の廃止から一〇年以内に、連邦の立法者たちは、大西洋の旅客運輸業を規制するために動いた。このこともやはり、イギリスの先例と合衆国憲法の通商条項に従っていた。連邦議会の一八一九年の旅客船舶に関する法（ときには三等船客室法と呼ばれる）は、船で移動する移民の数を普通貨物の五トンに対して、乗客二人に制限した。つまり、同法は、さらに比率を緻密にして商品と生きた積荷の等式を設定したのである。同法は、到着した外国人について基本的な情報を収集するよう船長に命じていた。それゆえ、アメリカが移民を数えようと努めはじめていたことが、この法律で明らかになった。税関役人は、財務省のために情報を収集し、乗客の手荷物を含む貿易品への関税を徴収した。各乗客に必要とされる船客室の大きさを広げるために、一八四七年に二つ目の旅客法でその比率が変更された。強い市場の圧力と、この数十年の間に取引される品物の量を倍に、そしてさらに倍増させた変化を続ける海運業の技術に直面して、海運業に対する議会の規制も、議会による輸入品に対する関税の課税も、大西洋を越える乗客の数にあまり影響を与えなかった。

連邦政府の行政府および立法府が、対外貿易を管理する規則を早急にまとめ上げたので、ワシントンの政策に対する有権者の不満もときに表面化した。移民がヨーロッパとのつながりを断ち切っていないことに、有権者が気づいているということは、彼らの不安を見れば明らかであった。多くの場合、そのような不安は、貧しい外国人は外国からの輸入品と同じように、少なくともアメリカ人の仕事や財力を脅かしかねない、と有権者が信じていたことを反映していた。多分、この不満で訴えられているのは、アメリカを巻き込むような同盟を回避するだけでは、アメリカを世界の脅威から十分に孤立させることはできないということであろう。確かに、通商外交と通商条項を通じて移民を管理しても、アメリカに入ってくる移民または輸入品の数は減少しなかった。不満をもった有権者たちは、自分たちでも驚いたことに、民主的と考えられている共和国でさえ、自分たちが立ち上がったとしても、外務にはわずかな影響しか与えられないのだということを繰り返し思い知らされることになった。

### 有権者を外国の脅威から守ること

一七八九年以降、対外戦争のせいで、ヨーロッパから安全に孤立しているというアメリカの意識が揺すぶられると、そのたびに排外主義と外国人に対する敵意が高まり、市民によって選出された連邦議会の議員たちが、市民を外国の脅威から守るべく行動を起こした。逆に平時では、有権者が外国の脅威を認識し、保護を要求しても、とくにワシントンでは、影響があまりなかった。地方や州政府では、有権者の圧力により大きな反応を示していたようだ。彼らは、輸入品や移民をますます制限しようとし、輸入品や移民がおそらくアメリカ人に負担させていると思われる経費を、海運業者からでも移民からでも取り戻そうとした。その負担とは、主に失業であったり、困窮した、または病気の外国人への慈善援助であった。規制のためのこれらの地方の取り組みのいずれもが、長続きしなかった。連邦議会も最高裁判所も、合衆国憲法が規定しているとおり、外務の執行に対する地方の干渉を断固として制限しようとしたようだ。

どのようにして対外戦争がアメリカ人の孤立による安全保障意識への脅威となり、ヨーロッパ出身の外国人への恐れを増大させたかをもっともよく説明するのは、一七八九年のフランス革命から一八一五年のナポレオンの敗北までの時期である。その時期は、数のうえではアメリカに入ってくる新来者は減少していたのだが、ヨーロッパや南北アメリカで不成功に終わった諸革命や、瓦解した政府から逃れてきた難民と亡命者の数が新来者の中で際立っていた。アメリカ革命の時代に、トマス・ペインのようなアメリカの愛国者の中には、アメリカが「ヨーロッパのすべての地域の市民、そして宗教の自由を愛する迫害された人びとにとっての避難所」となるだろうとの希望を表明する者もいた。[40] しかし、一七八九年にアメリカとフランスの間に戦争が勃発しそうになったとき、そして、イギリス擁護のフェデラリスト〔連邦派、反州権派〕とフランス擁護のリパブリカン〔共和派、州権派〕が、連邦議会を分裂させる恐れが生じたとき、結果的に、亡命者を寛大に歓迎するのではなく、むしろ出身国に対して移民が抱くイデオロギー上の愛着をアメリカで表現することを禁止する四つの外人法・治安法が通過することになった。これらの法律の一つでは、外国人は帰化するまで一四年間の在留が求められた。また別の法律では、外国人が友好関係にある国の出身であっても、アメリカの平和と安全を脅かす存在だと考えられたなら、いかなる外国人も退去強制できる権限がアメリカ大統領に与えられていた。さらに別の法律では、アメリカの対戦国の臣民あるいは市民の戦時の告発、収監、退去強制が認められていた。激しい議論を呼んだ外人法・治安法は、どれほど深く外交問題が国内政策を撹乱したかを示した。一八一五年から南北戦争勃発までの間、国の政治上の派閥、党、党派は、異なる地政学的戦略や対外貿易政策をしばしば支持していたので、これらの諸派が別々のものを支持したときは、ことにそうであった。

それにもかかわらず、外人法・治安法の長期的な影響は、かなり限られていたことが明らかになっている。すでに一八〇〇年のジェファソン派リパブリカン党がふたたび政権をとった連邦議会で、移民が帰化までに待たねばならない期間がすぐに短縮された。そのあとすぐに、最高裁判所も、友好国出身の外国人の退去強制を認める法律を覆した。しかし、最高裁判所も、敵国出身の在留外国人の戦時の権利を制限することはそのまま有効とし、これは現在まで続いている。第二次世界大戦中の日系移民は、とくにこの規定に苦しむことになった。

今日では奇妙に思えるかもしれないが、国際関係の統制と外国の脅威からアメリカ人を守ることに関して議会で次に起こった大きな論争は、必死になっている貧しい新来移民の求職者のせいでアメリカ人が競争を強いられることについてではなく、むしろ、安い労働力によって外国で作られた安価な輸入品がアメリカの産業に与える影響についてであった。高関税率（保護主義）の支持者と、低い関税率を好む支持者（この言葉が現代意味するのは「自由貿易」）の間の立法府におけるこの論争は、一八二〇年代に始まり、一世紀にわたって続いた。農業生産物の輸出にかかわっていた南部や西部の人びとは、輸出品が海外で同等の高い関税をかけられないように、概して輸入品への低い関税を望んでいた。それにもかかわらず、歳入不足であった連邦議会は、一八一六年以降関税を引き上げたので、南部人は、連邦で決定されたそのような関税を拒否する各州の権利を主張した。一八三二年にはサウスカロライナの怒れる有権者たちが、彼らが「唾棄すべき法案」と呼んでいた保護貿易の高関税に反対して分離を迫った。[41] ジャクソン大統領は、カロライナの人びとの集結を反逆だと非難し、チャールストンへ軍隊を急いで派遣し、必要であれば、関税を集めるために兵力を使用することに対して議会から承認を得た。一方、ヘンリー・クレイ議員は、不平不満を抱く南部人を鎮めるために、妥協した関税法を通過させる準備をした。

対照的に、北部の企業家や賃金労働者は、新たに勃興するアメリカの産業や労働者を安い輸入品との競争から守るために高い関税が必要である、と信じていた。すでに一八二〇年に、アメリカの政治経済学者ダニエル・レイモンドは次のように論じた。「すべての人民のために、働き口を見つけてやるのは、立法者の義務である……立法者は、国の半分」、つまり北部は、ここでは南部と西部を意味する「もう半分」が「最安値の物がある場所で商品を買う」ために、「仕事がなく、飢えたままであることを許すべきではない」。[42] この問題に関してなおいっそう明らかなのは、ロードアイランドから一八四二年に連邦議会に送られた関税擁護決議であった。その決議では、「外国の侵害から国土を守ること」と同様、「競争から」、つまり外国からの輸入品との競争から、「国の労働者を守るのは連邦議会の義務である」と主張していた。[43] この考えでは、輸入品は侵略してくる軍隊と同じぐらい強力であった。保護が要求されていく中で、生きてもいない貿易品が、まるで攻撃的な諸外国の武器のようになったのだ。一八六〇年に、ジャスティン・モリルは、自由貿易の支持者は、「ドナウ川の野蛮人やガンジス川の苦力ぐらいにしか、われわれの国民の労働者のことを考えていない」と主張した。[44]のちに議会による移民制限を要求する人びとは、人種主義にそまった言葉を同時に使いながら、保護貿易関税の支持者たちによって以前繰り広げられた議論の多くをそのまま引き継いでいた。

しかし、一八五〇年以前の移民の管理に関する激しい論争は、ドナウ川出身の野蛮人やガンジス川の苦力といった人種的に異質な存在とされた移民よりも、むしろヨーロッパから到着したいわゆる貧民に多くの場合、焦点を当てていた。一八二〇年代にアメリカが初めて移民の数を数えはじめたころ、外国人の貧民に対する恐れは、初めて東海岸の沿岸諸都市で見られるようになった。一八四〇年の『プリンストンレヴュー』のある排外主義的な記事は、敵意に満ちた諸外国の策略があれほど多くの貧しい移民を「輸出する」原因になったと考えた点で、その典型であった。記事は、次のように力説している。「私たちの国は、ほかの国ぐにのボタニー湾であり、公立の救貧院にされてしまった」。こうして、記事は自分の町の移民を、イギリスが遠方のオーストラリアに流刑植民地を作っていることと結びつけたのだった。ヨーロッパの政府は、アメリカに「自分たちの町など――病院や刑務所――のクズ」を送り込むことで貧民を放り出していると、この筆者は主張した。評判の悪い革命的なパリの「下層民」についてこのように述べて、この筆者は、政治的混乱だけが続くであろうとほのめかした。大げな言葉で結んで、彼は、「輸入された泥棒や白昼強盗、貨幣偽造者や殺人者の数は、莫大な数にのぼる」と述べて、アメリカ生まれの人びとに移民がもたらす悲惨な結果を警告した。同じ考えを持つフィラデルフィアのある人物が、以前の望ましいドイツ人移民と、「物乞いやこそ泥を働き」、良き市民の家々に「押し入り」さえしている「無知で酒に酔った極貧の」移民を比較してみせたことがあった。その人物の言葉を、この筆者は満足げに引用した。[45] 彼は、貧民の流入を、自国の貧民を支援する費用を負担する気のないヨーロッパの政府によって組織された敵意に満ちた侵略であると見ていた。もはや年季奉公契約を結んで渡航してくるわけではないので、貧しい移民は、この筆者に制御不能で危険だという印象を与えた。われわれは、移民を犯罪者や侵略者として描く排他的なレトリックを、このような英文に初めて見い出すのである。そしてこのレトリックは、移民を制限しようとするそののちの多くの試みを特徴づけるものだった。

この怒れる白人であるフィラデルフィアの筆者は、もちろん男性の有権者だった。有権者として、彼は、アメリカに入国を許可される貧民の数を制限する取り組みに、自分の民主的な権利と選挙という方法を利用すべきだと信じていた。彼が住む北東部にいた同時代の一部の人びととは違って、彼は、保護貿易の関税が外国との競争から自分を十分に守ってくれるとは、明らかに信じていなかった。少なくともこの引用では、彼はアメリカ人の仕事を心配してはいないように思えるし、貧民が自分たちの古い習慣を捨てるかどうか、また、どれほど完全に捨てるのかという問題に焦点を当ててもいない。彼の心をとらえた問題は、貧民を支えるための納税者の負担であり、犯罪をおかす貧民のせいで、アメリカ生まれの人びとの財産や生命が脅かされることであった。英国の救貧法は、窮乏した人びとは、その故郷や出身コミュニティの責任であり、彼らがさまよう目的地の責任ではない、としていたので、外国人の貧民を排斥する強力な先例となった。まさに、政府が自国の市民を危害から守る義務があるとした国際法も同様であった。スイスの外交官で哲学者のエマーリッヒ・ド・バッテルは、「すべての国家は、外国人が領域に入ることで国家が明らかな危険にさらされるときや、国家に深刻な問題が引き起こされるときは、外国人が領域内に入ることを許可しない権利を有する」と、すでに十八世紀半ばに確証していた。[46] 地方に委任されていた移民制限についての一八三七年の最高裁判所の事例でも、自国の市民を守ることに政府は関心を抱くことが支持された。[47]

一八三七年の最高裁判所の事例が示すように、州や地方で選出された役人たちは、上記のフィラデルフィアの人物のような不平を抱いた有権者の要求に比較的すぐに反応した。一八二〇年から、ニューヨークでは、すべての新来者の身体検査と病気が疑われる到着者全員の検疫が命じられた。続く法律で、これらの業務を賄う「病院費」は船主が支払うよう求められた。一八二四年に、ニューヨークでは、到着客自身が病院費を支払うよう求められはじめた。一八三〇年代に、ニューヨークでは、船長が乗客のために保証金を積むよう求められ、そうしなくては、貧しい外国人が市営の貧民用住宅やアメリカ生まれの納税者を圧倒するだろうと主張された。ボストンが、この先例にならった。海運業者は、切符の値段を引き上げるかたちで、顧客にそのような費用を負担させることができた。しかし、彼らは、それでもやはり事業のコストと記録作業のコストが上がってしまい迷惑だと、そのような規制にいら立った。

移民たちもまたいら立った。アメリカに入港するのに人頭税を支払うように強制されて、貧しい移民でさえも、代わりに奉仕活動をすることを覚悟した。リチャード・ウエストンは、一八三三年に到着して「五シリング」支払ったとき、彼が閉口することに、土砂降りの雨の中、「空しか屋根がないところで野営」しなければならないとわかったのだった。彼は、移民しようとしている人びとに、代わりにカナダに行くように勧める本を書いて、この状況を顧みた。[48] 旅客輸送業の競争を知っていたのは彼だけではない。ニューヨークとボストンでは、ボルティモアやニューヘブンに金になる大西洋の旅客運輸業の多くをとられてしまうのではないかと恐れ、移民や海運業者への税金や料金をあまりに高く引き上げるのを躊躇した。海運業者を引き込もうと、ほかの港町はまったく人頭税を課さなかった。

大西洋の旅客運輸業にかかわった海運業者は、地方の立法府や議会で可決された移民制限法を覆せるのではないかと期待して、何度も州や地方政府を裁判に訴えた。この戦略は、究極的には成功したとわかる。というのも、地方による移民の規制は、概して国際関係、とくに外国との通商を憲法によって管理する際の重要な原則を侵害していたからだ。たとえば、一八四九年の旅客訴訟事例を審理した際、最高裁判所は、輸入品や旅客に関税や人頭税を課すことで外国との通商を管理できるのは、まさに連邦議会のみである、と裁定した。裁判所の決定は、論争に決着をもたらすようなものではなかった。というのも、判事による賛否の決はほとんど引き分け(五対四)であり、さらに、九人の判事のうち四人の反対者すべてを含む八人が、自分たちの決定を説明するためにそれぞれ個別に叙述し、その多数決による判決がふたたび非難の種を撒いたからだった。[49] 貿易と移民の管理に関するさまざまな意見を見れば、当該の憲法上の諸問題の深刻さがわかる。一部の問題は、すぐに北部と南部諸州の軍事紛争、そして南北戦争を引き起こすことになった。連邦政府と州政府の相対的な力やアメリカの主権と市民権の所在について、国内の政治的見解は激しく対立し、その対立は、奴隷制と関税についてだけではなく、移民に関する南北戦争前の議論でもとくに目立った。

一八四九年に、ニューヨークとボストンによる移民の旅客への人頭税課税を支持していた人びとは、以前サウスカロライナの関税へ反抗した人びとと同様、最高裁判所で、個々の州は自治を有しており、それ故に、その市民を外国の脅威から守るために国際法により権限を与えられているのだと主張した。反対意見であった首席判事ロジャー・トーニーは、諸州の権利について古典的な陳述をして、この議論に新解釈を加えた。トーニーは、各州間の移動は憲法に管理されるという内容をこの八年後に再検討し、悪名高いドレッドスコット事件の一部をなす、奴隷主が自分の奴隷という財産を自由州にさえも輸送できるとした人物であった。トーニーは、旅客とは、通商条項のもと、貿易品同様に管理されるべきではない、自由な身分の人びとであると主張した。貿易品と同じく管理されれば、自由な身分の人びとを誤って奴隷と同一視することになるから、というのがその理由であった。一八二四年の最高裁判所首席判事のジョン・マーシャルが、「旅客の輸送は、貨物の輸送と同じぐらいアメリカの海運業の一部をなしている」ため、通商に関する連邦議会の規定から旅客運輸業を削除することに反対する決定をすでにしていたということに、トーニーやほかの反対意見の判事たちは気づけなかった。[50] 反対意見の判事たちすべては、また――少なくともこの点においては当然の事だが――いかなる既存の通商条約も貿易品や旅客に対する課税を禁じていないので、旅客への課税は既存の通商条約のいずれにも違反していないと述べた。

多数派側の判事たちは、憲法は奴隷貿易を終わらせ、外国との通商を管理し、帰化を管理する法律を作る権限を議会に与えている、と指摘したにすぎなかった。そして、彼らはそこで自分の陳述を終わりにした。彼らにとって、主権と市民権は個々の州次第ではなく連邦次第であった。その連邦を作り出した合衆国憲法は、明らかに連邦議会のみが外国との通商を管理できると述べていた。彼らの字句どおりの憲法の読みは、この事例をワシントンに持ち込んだニューヨークの弁護士の一人をいら立たせた。彼は、どのように諸州が実際に「保護的かつ予防的な方法で警察権力を行使」できるのか自分に説明するように求めた。もし租税や人頭税によってでなければ、「いつ、どのように、どこで」、州は「貧民たちの道徳的害悪」に対抗できるであろうか、とその弁護士はいぶかった。[51] 移民制限を擁護するこの人物でさえ、彼が考えるところでは、連邦議会が奴隷貿易を禁止する際にしたのと同じように自由移民に制限を課すことなど、想像さえもできなかった。貿易する自由、貿易から利潤を得る自由、そして移動する自由が通商外交で保証されていたのは、貧民を追い払いたいと思っている人びとでさえも共有していた価値観のおかげだったのだ。

一八四九年の旅客訴訟事例で、最高裁判所は、外国の脅威からの保護を求める有権者や立法者でさえも通商条項を尊重しなければならないと規定した。連邦議会だけが人頭税を課税し、入ってくる移民に対し入港禁止を宣言できた。このため、多くの問題に対する連邦議会の権威を受け入れまいとする州権の支持者は、連邦レベルでの法律制定による移民制限を求めようともしなかった。南北戦争と再建期に奴隷制が廃止され、連邦レベルで主権と市民権の所在が明らかになり、州政府と連邦政府の力のバランスが変わって初めて、有権者は、連邦議会に移民の脅威からの保護や防衛を要求しはじめることになった。そして、そのときに初めて連邦議会は、行政府の通商外交との衝突を避けることができなくなった。イータン・チャンがサンディエゴへ一九〇〇年にやってきたことが懸念事項になったのは、このせいなのだ。

政治学者ダニエル・ティチェナーのずっとのちの言葉で言えば、すでに一八五〇年に、移民は「排外論や移民制限を求める組織的な集団とは関係がない」かのように見える政治問題として定義されていた。有権者が選挙政治を通じて規制への関心をいつも表明できた民主主義においてでさえ、外交問題は、有権者の影響力が及びにくいままであった[52]。つまり、移民は、だいたいにおいて有権者がふれられない問題のままだった。それというのも、移民はいまだに国内問題というより国際問題として理解されていたからだ。

アメリカによって外交問題を管理するために考案されたメカニズムは、アメリカの独立、領土拡大、経済成長を保証する助けとなった。しかし、共和国初期のころは、有権者が認識していた外国の脅威の中で、移民と外国にある出身国との継続的なつながりは、ほんのときおりしか表面化しなかった。そうなったのは、例えば、ファデラリスツとジェファソン派の間や、州権の支持者と反対者の間で、国内の激しい政治対立が起こる時期ぐらいだった。すべての移民が、越境的な血縁にもとづくネットワークを維持できたわけでもなかった。奴隷や年季契約奉公人にとって、それはたいへん難しかった。しかし、一八五〇年代まで、ほとんどのヨーロッパ系移民は、継続的に家族や友人と連絡をとり合い、多くがアメリカだけでなく自分の故国の政治に関心を寄せつづけていた。

アメリカ人が、外国人をアメリカの北西部にアメリカ帝国を作る白人の仲間として歓迎したため、または、アメリカ人が彼らは海水のカーテンを抜けてきたと考えたからというだけでなく、多くの影響力のあるアメリカ人が、貿易の自由を重んじ、貿易の拡大を自国の自由と繁栄の土台と考えたために、十九世紀のほとんどの時期において、外国人はアメリカへ簡単に入国できたのであった。国務省と外交官は、選挙政治の混乱から比較的距離を置きつづけた。実際、建国の父たちと合衆国憲法はそれを望んでいたようだった。また、州権の支持者は、連邦レベルでの移民の規制を連邦政府に連邦議会で求めることを嫌った。白人市民のためのアメリカの「自由の帝国」が太平洋に向かって膨張するにつれて、そして労働、経済、産業の市場のグローバル化が激化する、新たな時代が幕を開けるにつれて、アメリカの外から迫ってくる危機や移民を管理するメカニズムが、まさに大幅に査定し直されはじめたのだった。

# 第二章　移民の外国とのつながりの発見とアメリカ帝国　一八五〇〜一九二四年

移民と出身地域とのつながりは、ほとんど普遍的で深い人間の感情に根づいているので、移民の出身地が変わっても劇的には変化しない。しかし、移民や移民たちの社会的ネットワークをとり巻く世界は変化していく傾向があり、それも劇的に変化しがちである。世界のさまざまな地域間のつながりが密になったり、強くなったり、あるいは弱まったり断たれたりすると、モノ、労働、資本の市場とともにグローバルな経済は変化する。新たな輸送とコミュニケーションの技術のおかげで、知識が交わされ、情報や人が移動するグローバルな流通網が変容していった。帝国や国家は築かれたり崩壊したりした。革命や戦争のせいで国境線は引き直され、世界の地図や地政、そして民族の忠誠心も変化した。歴史的にグローバル化のそれぞれの時期は、移民が出入りするきわめて特定の場所を変えていくように作用した。十九世紀のうちに、人口増加や困難になる土地取得、増大する税や軍役の必要性、そして農業や職人の生産活動が分散した小規模な作業場や農場から、より集約された都市部の工場や巨大な企業へと変化していったことで、小作農や職人は、グローバル化がヨーロッパやアジアの村々に及ぼす影響をもっとも経験した。結果的に、世界の多くの地域で、若い男女の世代全体が、自分の生活の糧を稼ぎ家族を形成し家庭を成すのに、以前とは様変わりした選択肢に直面した。アメリカ合衆国への移民も、その目的が変化した。移民たちはもはや西部の辺境地、白人の農民や定住者を求める小さな町々、そして召使いを必要とする都市の家庭に引き寄せられはせず、主に男性の労働者を必要とする都市部の工場や西部の鉱山、そして点在する建設現場にむしろ引き寄せられていった。

十九世紀の終わりまでに、世界における自国の立場の変化をアメリカが認識していたということも、新来の移民に対して将来にわたる影響を及ぼした。友人や親せきが暮らす外国との移民たちの継続的なつながりはより目につくようになり、アメリカ人にとって、それはより脅威に見えはじめた。移民そのものが、より異質なもののように思われはじめた。移民たちの振る舞いが変わったからではない。むしろ、移民の外国とのつながりを見えなくしていたアメリカの孤立という神話が、アメリカがその国際的な影響と活動を拡大させるにつれて、持続し難くなってきていたからだった。

科学的と称された人種をめぐる新たな諸概念が、孤立主義の神話にとって代わっていった。これらの諸概念は、近代的で文明的と称された国家を、劣った文明化されていない人びとから区別することで、世界の産業化の過程にある列強諸国が帝国を構築していくことを正当化した。大西洋の、そして結果的には太平洋の航路も、鉄道によって内陸部とますます結ばれるようになり、いまやヨーロッパや南北アメリカ、そしてアジアのよく知られていない経済的により貧しい地域から、移民たちがアメリカにやってきた。蒸気船や電信といった技術革新のおかげで、移民にとっても、投資、貿易、宗教を広めるためにいまやより頻繁に世界を移動するアメリカ人たちにとっても、国際的な移動やコミュニケーションのための選択肢が広がった。アメリカ人たちが世紀末までにもっとも望ましくないと見なしていた移民たちは、投資家、商人、伝道師、そして外交官がアメリカの影響力を拡大するために働いていた世界の地域——たとえば、メキシコや中国——からやってきたということは、逆説的なように思えるかもしれないが、偶然ではなかった。

そのような人びとが世界を移動するにつれて、アメリカの孤立という神話は衰えていき、アメリカ人たちは、移民が簡単に古い習慣を捨て去るという、以前の想定に対して疑問を呈しはじめた。結果的に、より多くの移民が、イータン・チャンとその家族が経験したなんらかを同じく経験しはじめた。世界のほかの国ぐにと同様に、アメリカも、いまや国境を越えるのを許可するよりも多くの形式ばった書類を取得するよう、移民たちに強要した。さらにたくさんの移民が、アメリカで仕事や家を見つける困難を経験した。また、いまやより多くの移民が、短期の滞在を予定し、出身国に戻った。いまだに二国間の通商外交によって保証されていた移動の自由は、激しい非難にさらされることになった。

### ある移民の人生における人種とグローバルな変化

たとえば、バルバッサーレ・ダンナの人生を、イータン・チャンとその家族の物語と比べてみよう。一八九八年、レモンを積んだニューオーリンズ行きの船に乗ってパレルモを元気よく出発したとき、ダンナはその後七〇年続くことになる連鎖移民の初めの一人となった。[1] ダンナは、シチリア南西部にある一万人ほどの農業の町サンブーカで生まれた読み書きのできない小作人であった。一八九〇年代のサンブーカでは仕事がほとんどなく、ダンナは自分の土地も持っていなかった。彼は、しばしば日銭を稼ぐためにできるだけ多くの日数を働き、裕福な人びとが所有する小麦畑を耕し収穫した。ダンナが二十四歳でアメリカに出発したとき、彼は間違いなく、この一週間にわたる航海に興奮しただろう。それというのも、ニューオーリンズでダンナが結婚することになっていた女性の父親が、かの地で仕事を見つけるのを手伝うと約束していたからだ。ダンナの義理の父親になる人物は、ここ一〇年の間にルイジアナ南部のサトウキビプランテーションでサトウキビを収穫するためにサンブーカから出て行った一五〇人の小作農男性のうちの一人だった。サンブーカの記録では、移民の副代理人として記録されている仲間の村人が、男性たちを募り、彼が販売していた蒸気船の切符を購入する資金を彼らに貸して、ニューオーリンズにいる友人のもとに彼らを向かわせていた。そして、その友人が、近くのプランテーションでの出稼ぎの収穫団へと男性たちの仕事を世話した。幸運な人びとは負債を一回の収穫期間で返済して、そのあとさらに数期間働いて、サンブーカに送金したり、故郷に戻る予定で貯金をしたりした。

ほとんどの男性たちがサンブーカに戻った。サンブーカでは、地元の人びとが、彼らを「退役軍人」と呼んでからかい、イタリア軍に若いときに召集されるのと同じように、アメリカで賃金労働に徴募されたのだと言った。貧しい人びとのほとんどが学校に通わない町で、彼らが大西洋を頻繁に移動するのに電信や郵便、国際的な銀行業務といった新たな手段は必要とされず、移民請負元の貸付金も結果的に必要でなくなった。村のニュースやゴシップ、アメリカのお金、前払いされた蒸気船の切符が、男性たちと一緒に旅をした。

ダンナの義理の父親は、幸運な人びとの一人だった。彼は自分が小規模な事業を営んでいるニューオーリンズに年中住んでいられただけでなく、自分の妻やいちばん下の娘が自分のもとへやってくるための費用を支払えた。彼の仲間の村人の中には、アメリカの鉄道の敷設作業員という季節労働を見つけ、それから、イリノイ州のシカゴやロックフォードの都市にある労働市場に移動した者もいた。そこでは、家具や機械工場での季節労働ではない、年間を通した仕事が魅力だった。また、フロリダ州のタンパ近くのイーバーシティーへ向かい、そこでキューバ移民やスペイン移民たちと一緒にタバコ労働者になった者もいた。こうした環境から、多くがのちにキューバ独立の熱狂的な支持者となり、アメリカのカリブ海に対する軍事干渉の批判者になった。理由はわからないが、これらとは対照的に、ダンナの義理の父親は、娘がダンナと結婚するとすぐにサンブーカに戻った。

イータン・チャンとその甥っ子たちのように、バルバッサーレ・ダンナと義理の父親が移動する際、彼らの両方とも、移民を管理するために可決されつつあった新しい法律に違反していた。たとえば、ダンナは、許可証（*a nulla osta*）と呼ばれる証明書を取得せずにイタリアを出発した。まだ服役していない軍役や、未払いの借金は、当人のイタリア出国を妨げるものだったが、イタリア法で命ぜられたこの証明書は、そのような法律上の障害がないということを市長が証明するものだった。一方、ダンナの義理の父親は、アメリカのフォーラン法に違反していた。この法律は一八八五年に可決され、契約労働者の入国を禁止していた。しかし、ダンナとその義理の父親の両方が見い出したのは、とくに生産年齢にあたる男性移民が、高まる労働需要で賃金が上がっているルイジアナのサトウキビ収穫直前に到着したときには――そして、彼らはしばしばそうしたのだが――ニューオーリンズの移民審査官はそのような法律の遵守を気に留めない、ということだった。奴隷制が廃止され、ルイジアナのアフリカ系アメリカ人たちの多くが他州へと向かってしまったので、地元の雇用者たちは移民の労働力を求めていた。そして、多くの人が軽蔑していた連邦の法律を守らせる役目を負う地元の雇用者や南部人たちにとって、連邦法はいまだにほとんど意味をもっていなかったのである。

しかし、二十世紀には、移動の際に「書類」を提示するよう求められたので、ダンナ家の選択肢はますます限られてきた。初めの収穫を終えると失業したので、ダンナはニューオーリンズに戻り、そこからサンブーカの町役場に結婚証明書の写しを送った。続く一〇年にわたって、彼は、ルイジアナのサトウキビ栽培のさかんなさまざまな郡で生まれた四人の子どもたちそれぞれの出生証明書を郵送した。この大西洋間を行き来した書類のおかげで、ダンナの一時的かつ季節によって変わるルイジアナでの仕事の場所や、もう一度故郷に戻りたいという、一九一〇年に叶った彼の意図が記録されて残った。イタリアへの帰還移民率は、少なくとも五〇パーセントと高かった。しかし、それらは八〇〜九〇パーセントに達したアジアやメキシコへの帰還率には及ばなかった。

ダンナをシチリアに引き戻したのはなんだったのだろうか? どうやらダンナの義理の父親が死んで、小さな家をダンナの妻に遺産として残したらしかった。ダンナはいまだに裕福な隣人たちの遠方にある小麦畑を耕し、収穫し、落ち穂拾いをしたが、一八九八年よりも経済的には安定して、小作代金を収穫物で納める小作農になって一年契約で働いた。彼は、サンブーカの最貧地区にある小さな家に住む妻とまだ育ちざかりの家族をおいて、毎週畑まで数マイル歩いた。イタリア人には年間たったの三千しか割り当てられない発行数の乏しいビザ取得とパスポートをアメリカが要求しはじめる一九二四年までに、バルバッサーレ・ダンナは仕事中の事故で死んでしまった。突然、ルイジアナの地元に保管されていた、ダンナの上の子どもたちの出生証明書の写しが、非常に価値あるものになった。ダンナの長女は自分の証明書を提示し、それがなければ出国の許可など出す気がなかったファシスト政府からイタリアのパスポートを受け取った。ダンナの娘は自分の夫とともに、サンブーカの住民たちがアメリカで生まれるか、そこから帰国してきた人びとを呼んで言うところの「アメリカさん(*americano*)」と一緒に、イリノイ州ロックフォードに移住した。一方、彼女のいちばん下のシチリア生まれの妹は、ダンナの未亡人の世話をする責任を負って一度も結婚しなかった。サンブーカでは、残ったダンナのきょうだいが、自分たちの移民した女きょうだいやシカゴやロックフォードの母方のおじ、そして数人のいとこたちとも連絡をとりつづけた。恐慌のせいでアメリカのビザが取得できる可能性がなおいっそう低くなり、第二次世界大戦のせいで、不可能ではないにせよ、国際移動が危険なものになると、ダンナのきょうだいたちはアメリカに戻る望みを失った。ダンナ家のいちばん年下の息子は、本国の変化を求めて一九二〇年代初めに共産主義革命の支持者になった。ファシスト政権の時代を通して、彼は政府の監視下にあった。

ダンナ家は、移動したり連鎖移民を続けたりするのに、十九世紀の前半にシュティレ家とクルム家が直面したよりも明らかにずっと厳しい障害に直面した。しかし、イータン・チャンの親族たちが一九二四年以降そうであったように、彼らもアメリカから即座に追い出されたわけではなかった。ほとんどのアメリカの人種主義の移民史では、イータン・チャンやバルバッサーレ・ダンナの家族が直面した問題は、アメリカの人種主義にあるとされている。そのような偏見の存在は、もちろん実際まさに現実であった。露骨な人種主義は、十九世紀後半における、世界規模の新たな大帝国の形成に役割を果たしたのと同じぐらい中心的な役割を、移民制限の歴史においても果たしていた。しかし、ヨーロッパ諸国やアメリカの外国での領域や権力の奪い合いは、白人アメリカ人の深く根付いた人種的偏見を呼び覚ましただけではなかった。アメリカが世界をより意識するようになり、南北アメリカでグローバルな帝国を作るにつれて、そしてその過程で、移民たちが後にしてきた地への彼らの愛着を気づかなくさせてきた孤立主義の神話を捨て去るにつれて、外国の物事への恐れや外国人である移民への恐れという、一言で言うところの排外主義は、十九世紀の後半よりも大きくなっていったのだった。

## 大規模移民の時代におけるアメリカの貿易帝国

移民たちの外国とのつながりの土台は安定していて、心情的にも変わらないが、それとは違って、十九世紀の間アメリカはますます世界とかかわりつづけていた。そしてまた、一八五〇年以降、世界の他地域とより関係を深めていったのは、アメリカだけではなかった。今日の学者たちは、一八五〇年から一九一四年の期間を現代と比較し、この時期を産業のグローバル化の時代と見ている。一九一四年までに、帝国と貿易と人の移動は、いまだに孤立していると考えられていたアメリカを含めて、地球上のいたるところを結びつけた。グローバル化を通じて、アメリカ人がどのように移民の外国とのつながりを発見でき、また恐れるようになったかを理解するには、よく研究されているテーマ——アメリカが貿易帝国を構築し、国外の領土を獲得していくにつれて孤立主義を捨てたこと——と、アメリカの貿易帝国を作った移動するアメリカ人の、あまり理解されてはいない彼らの人生の両方に注意しなくてはならない。国外へ出て行ったこれらの帝国の作り手たちは、アメリカの国民国家構築の歴史において、移民の外国とのつながりとほとんど同じぐらい見えないものである。しかし、アメリカ人たちがまったく移住しない人びとであったら、アメリカ帝国は存在しなかっただろう。

帝国が形成され、徐々に奴隷制が廃止され、鉱山や産業やプランテーションがグローバルな規模で資本主義にもとづき発展していったことで、十九世紀には世界中で富める国と貧しい国の格差が大きく広がった。そのため、世界史の中で知られるようになった不平等への一つの対応として、移動するということが産業のグローバル化の時代のとくに目立った特徴となった。現在まで学者たちは、十九世紀のいわゆるプロレタリアンの大規模移民にほとんどの注意をむけてきた。[2] 確かに、これらは規模が非常に大きかった。ある学者の推定によれば、少なくとも一億六一〇〇万人の労働者、つまり一九〇〇年当時地球で生きていた一六億人の一〇パーセントの人びとが、一八三〇年から一九四〇年の間に、ある大陸から別の大陸へと移動した。アジアでは、三〇〇〇万人以上がシベリアや満洲へ向かった。同じ数の人びとが、東南アジアの鉱山、プランテーション、そして工業地域に向かった。そのような移民の数は、南北アメリカの辺境や工業地域に向かった、はるかによく知られている国際移民にも匹敵していた。おそらく同数の、またはもっと多くの人びとが、それぞれの大陸内で移動していた。

もっともなことだが、アメリカに住んでいる人びとは、三二〇〇万人以上の新移民がアメリカにやってきたことを主に学んできた。しかし、これらの移民たちは世界の総数のたった二〇パーセントを占めるにすぎないということに、彼らはほとんど気づいてこなかった。統計学者は、一九一〇年までにアメリカの住民のほぼ一五パーセントが国外で生まれたことを立証していたが、しかし、移民の国だとはほとんど考えられていないスイスも同様の水準であった、ということを知っているアメリカ人は、ほとんどいない。さらに印象的なのは、一九一〇年には三人のアルゼンチンの住民のうち一人が移民だったという事実だ。移民がアメリカへ与える人口上の影響の大きさは、言い換えれば、移民がアルゼンチンへ与えた影響の大きさのたった半分なのである。

入国してくる移民に注目していたので、アメリカ政府は、大規模移民のほとんどの時期、アメリカを離れる人びとを数えさえもしなかった。しかし、アメリカを離れるこれらの人びとの中には、バルダッサーレ・ダンナのような外国人だけでなく、貿易と投資のアメリカ帝国を作った、ほとんど目につかない人びともいた。もちろん、自分自身を帝国の作り手だと思っていた人はほとんどいなかった。一九〇〇年までに、ヨーロッパの大部分とアフリカとアジアのほとんどが、少数の強大なヨーロッパの列強諸帝国に支配された。これらの列強は、イギリス、フランス、ドイツ、ベルギー、そしてロシアの産業や消費者に経済資源を運ぶのを容易にすることを目的とした、行政や軍事の巨大な官僚制度を通じて統治をおこなった。これが、アメリカ人の帝国のとらえ方であった。しかし、アメリカは、自国の帝国をちょうどこのような方法、このようなかたちで作りはしなかった。アメリカへやってきた移民たちとよく似通っていた投資家や実業家、そして伝道師が、私的な計画や利益を求めて海外に移動するにつれて、アメリカ帝国は発展した。しかし、非政府関係の人びとであったこれらのアメリカ人の出移民たちは、ほかの点ではヨーロッパの植民者にかなりよく似ていた。彼らは、自分たちの言語や宗教に固執し、自分たちの地域の市民文化を移植し、経済的かつ文化的に大きな権力を行使し、そして、これが決定的に類似しているところなのだが、その土地の人びとに敵意を向けられると、自国の政府に保護を求めたのであった。アメリカは、植民地化された広大な領土を直接統治しなかったが、アメリカの対外政策、その領事、国務省、そしてアメリカの大統領でさえも、海外で事業や伝道といった目標を追いかけている、移動するアメリカ人たちが必要とすることや恐れ、そして要求にますます頻繁に対応するようになった。

移動するアメリカ帝国の作り手たちは、アメリカで働くために移動してきた移民には、あまり似ていなかった。彼らは自分たちが諸外国に移民しているとは考えなかったし、そのようなアメリカ人たちが住み、働いていた土地の地元住民たちも、彼らを移民だとは思わなかった。逆に、彼らはアメリカ人を帝国主義者と見なした。海外に行ったアメリカ人たちは、ほぼ間違いなく海水のカーテンをくぐらなかったし、移民したときに自分たちの古い習慣を捨てたりもしなかった。

まさに、このようなかたちで移動するアメリカ人を考えたことがなかったかもしれない読者にとって、「帝国の作り手」は辛辣で軽蔑的な呼び名に思えるかもしれない。そこで、一八九六年に家族と一緒にメキシコに移住した十八歳のアメリカ人の少女、ロザリー・ケイダンの物語は、アメリカ国外に移動し、定住するアメリカ人の生活を思いやりのあるかたちで紹介するものになろう。[3] シュティレ家のように、ケイダン家も移民することになじみがないわけではなかった。ロザリーの父親のトーマス・ケイダンは、アイルランドからアメリカに来た移民であった。ニューオーリンズでアメリカ人女性と結婚したあと、ケイダンは妻と娘たちとテキサス州のガルベストンへ引っ越した。彼はそこでメキシコからの獣皮の輸入業者になった。メキシコは、ケイダンが会社を移転する前に何度か訪ねたことのある国だった。ケイダン家の新しい故郷となったプエブラは、メキシコ中央部の高原地帯の重要な商業、運輸の中心地であった。プエブラで、ケイダン家は、自分たちやメキシコ人たちが「外国の植民団」と呼んだものの一員となった。それは、アメリカ、イギリス、スペイン、フランス、ドイツ、そしてイタリア出身の実業家や牧場主、投資家、専門家からなる、活気があり、コスモポリタンな人びとの集団であった。一八九八年に、ロザリー・ケイダンは、ロンドンに本拠地のある銀行のプエブラ支店長、ハリー・エヴァンスと結婚した。ハリーはイギリス人だった。外国人と結婚したどのアメリカ人女性とも同じように、彼女はアメリカ市民権を失った。エヴァンスが、サン・ペドロ・コストカン近くの大きな牧場を購入したとき、若い夫婦は自分たちの小麦畑を馬で散策し、冬にはプエブラやメキシコシティに滞在し、夏にはヨーロッパやアメリカを旅する快適で静かな生活を始めた。彼らは、それがこれからずっと続くよう望んでいた。ロザリー・エヴァンスは、自分の義理の女きょうだいや男きょうだいと一緒にしばしばアメリカに滞在した。義理のきょうだいは、最新のアメリカの戦艦に乗って勤務する海軍士官であった。このアメリカの戦艦が建造されたのは、外国で事業をするアメリカ人の生活や商業上の利益を守るためでもあった。

この若い夫婦のように、プエブラの外国人居留民の大部分は、外国資本の鉄道や銀行、ビジネス、織維工場に投資したり、そこで働いたりしていた。彼らがメキシコにいたのは、長期にわたって支配した独裁的なメキシコの大統領、ポルフィリオ・ディアズが、外国の資本や専門的知識を通じて、自国が近代化されることを望んだからであった。しかし、外国人居留民について、ディアズほど熱心なメキシコ人はほとんどいなかった。一九一〇年に、外国人所有の土地を奪って占領し、開拓しようと考えるメキシコの農民革命家たちが迫ってきていると友人たちから警告されて、ロザリーとハリー・エヴァンスは大慌てでプエブラを逃げ出した。彼らが大急ぎで出て行った直後に、革命家たちはエヴァンスの田舎家を略奪し、ポルフィリオ・ディアズはパリに亡命した。それからの混迷の三十年間、メキシコ革命は継続した。数年後、自分の地所の状態を見ようとメキシコに戻ったあとで、ハリー・エヴァンスは突然死んでしまった。そのとき、ロザリー・エヴァンスは、プエブラ近くの土地が自分の唯一の収入源であることに気づいたのだった。必死になっているときに、彼女は、所有している土地を手放すよう、すべての外国人に命ずる法律をメキシコが制定したと知ることになった。ロザリー・エヴァンスは夫を埋葬するために、そして、メキシコの裁判所や地元プエブラの政治上の有力者のところに出向いて法的救済を求めるべく、メキシコシティに戻った。彼女は、その地のアメリカ領事やイギリス領事にも訴えたが、彼らができることはほとんどなかった。アメリカが外国人に対してそうだったように、メキシコも外国人がメキシコの法律に従うことを当然だと思っていた。中国の港町では、イギリス人はイギリス法のもとで生活できた。しかし、メキシコにいたエヴァンスやほかのアメリカ人は、たとえば、中国在住の実業家たちが得ているような特権は享受していなかったのである。

一九二三年の夏に、ロザリー・エヴァンスは、自分の土地を奪って耕そうとする農民を追い払うために、たいへんな気丈さを支えにし、所持している銃を使って地所の境界部分を巡回しはじめた。アメリカが莫大な数の移民に門戸を閉ざしたのと同じ年の一九二四年八月三日に、エヴァンスは待ち伏せされて襲われ、殺害された。その当時のある人が、「たった約二七〇エーカーの小さな土地」に生じた「不必要な」人間の悲劇と呼んだ事件は、メキシコ石油生産者協会長のガイ・スティーヴンスをはじめとするアメリカ人投資家たちを震え上がらせた。[4] スティーヴンスがいちばん恐れていたことは、のちの一九三八年に現実となった。そのとき、メキシコ政府は外国所有の油田も接収したのだった。

一七七六年のアメリカの愛国主義者にまでさかのぼれる、長い間続いていた希望とは、アメリカの対外政策は「世界帝国と同義語の世界の通商」に焦点をあてるのが望ましいというものだった。一八五三年に、のちの国務長官ウィリアム・H・シュワードがその希望を述べたとき、彼は、そのようなことが起こるとは多分考えてもいなかっただろう。シュワード以前に登場したジェファソンやパトリック・ヘンリーのように、シュワードは、通商が諸国間の平和と理解を生むと考えていた。彼の考えでは、通商によってアメリカ帝国を作ることは、敵意に満ちた行為ではなかったのだ。大陸西部にあるジェファソン主義の自由の帝国や、北米のさらにずっと向こうを見据えて、シュワードは、「大西洋やそこにある島々や大陸」と、アメリカの領域にまで広がる貿易網が張りめぐらされたグローバルなアメリカ帝国を想像していた。[5] 国務長官として、シュワードはその夢を追った。一八六七年にシュワードはひどい「冷蔵庫」、アラスカを買収した。翌年、彼は中国との新しい和親修好通商条約を承認した。この協定は、バーリンガム条約としてよく知られており、移民の管理をめぐって、

連邦政府の行政府と立法府との間に、数十年にわたって続く大きな対立を引き起こした。（第三章参照）

貿易網が張りめぐらされた帝国を形成するとき、アメリカはとうとうヨーロッパに背を向けることができた。一八五〇年から一八八七年の間に、アメリカはヨーロッパとたった四つの新しい通商条約しか調印しなかったが、アフリカでは五つ、南北アメリカでは十五、アジアと大西洋では十七の通商条約を達成した。以前と同様、貿易協定は、アメリカ人の外国での労働、居住、投資、駐在、交易を可能にした。人数自体はまったくとるに足りないものだったのだが、これらのアメリカ人移住者たちの影響や力は、その人数よりもずっと大きかった。

一九一〇年において、ケイダンのようなアメリカ市民一万人が、メキシコシティの人口の二パーセントを構成していた。さらに一万一〇〇〇人がメキシコシティ以外に住んでおり、アメリカ人は、スペイン人とグアテマラ人に続き、メキシコで三番目に大きな外国人集団となっていた。さらに重要なことに、トーマス・ケイダンやハリー・エヴァンスのような外国人投資家が、メキシコ最大の事業の四分の三を支配していた。一九〇二年に、アメリカ人は一〇〇〇以上のそのような会社を経営しており、メキシコの土地の一八パーセントを所有していた。一九一〇年までに、彼らはメキシコの土地の四分の一以上を所有した。一九一一年にカナダの北部には、さらにもっと驚くべき三〇万三六八〇人ものアメリカ生まれの人びとが住んでいた。この人びとが、人口の四パーセントを構成していた。カナダのアメリカ人の最大の集団は、平凡な働き者の中西部の農夫か、逃亡してきたアフリカ系アメリカ人の子孫であった。間違いなく一部の人びとは、カナダに戻る前にアメリカに一時的に移動したカナダ人の子どもたちであった。しかし、ずっと裕福なアメリカ人企業家も、カナダで強大な経済力を行使していた。彼らは、五大湖とセントローレンス川流域周辺の少なくとも二百の工場を所有、操業しており、その人数は、カナダ西部の鉄道開発者の中でも抜きん出ていた。

そのほかの地域でも、アメリカ人は数は少ないが大きな存在感を確立していった。一九〇〇年には、約二五〇〇人のアメリカ人の商人、投資家、伝道師たちが中国に住んでいた。一八九八年には、三〇〇〇人のアメリカ人商人、労働者斡旋人、そしてハワイの農園主などが、人口の三パーセントを占めていた。二〇〇人のアメリカ人がキューバ島に住んでおり、キューバ最大の地主はアメリカ人エドウィン・アトキンスであった。この人物は、一八六九年にカナダにやってきていたボストンの砂糖商人の息子だった。[6] 一八九〇年から一八九五年の間だけでも、『ニューヨーク・タイムズ』は、アルジェリア、メキシコ、チリ、フランス、ドイツ、イタリア、イギリス、ブラジル、中国、日本、ハワイ、リベリア、アルゼンチン、カナダ、そしてニカラグアの投資家や実業家、伝道師といった「アメリカ人居留民」からのニュースを報道した。ヨーロッパの列強諸国が、中国の港町での租界（列強諸国の直接支配下にある植民地区）をすでに形成していたので、一八九八年以降のアメリカ国務省は、その代わりに、アメリカ人商人がヨーロッパ人と同じように中国で事業をすることを可能にする門戸開放政策を追求した。（自由貿易というものを、その言葉の以前の意味でアメリカ人が追求したならば、中国人がアメリカに入国することを可能にするだろうし、イータン・チャンのような商人にも門戸を開けつづけることになっただろう。）

アメリカの対外貿易も、アジアや南北アメリカ諸国に新たに力点を置く、通商外交の地理的分布にさらにぴったりと一致しはじめた。一八四八年には、アメリカの全輸入の半分がヨーロッパからのものであり、わずか二六パーセントが南北アメリカから、七パーセントがアジアからであったのに対し、一九一三年までに全輸入品のほぼ半数が南北アメリカやアジアからの輸入品となった。ヨーロッパへの輸出も、とくに工業品や西部の耕作地での麦がそれまでの主要な輸出品であった綿花にとって代わるにつれて、南北アメリカやアジアへの輸出に比して減少した。一八六〇年以降、アメリカが太平洋や南北アメリカへますます関心を持つようになったことから生じたとりわけ劇的な結果は、アメリカの海運業者が、かつては利益の上がった大西洋の旅客運輸から手を引いていったことだった。一八五〇年には、ほとんどの移民はアメリカの船でアメリカに到着した。一九〇〇年までに、ニューヨークに上陸するヨーロッパの乗客の半数以上は、大規模でなおも成長を続けるイギリスとドイツ所有の四つの航路の一つで旅してきた。アルフレッド・マハンは、当時、強力なアメリカ海軍を形成しようともっとも声高に求めていた人物であったが、このぶざまな大西洋の通商の業績を見て、アメリカは、「強大な海上権力を展開する能力が」いまだにないのではないかと恐れた[7]。

マハンは心配すべきではなかった。というのも、大西洋ではなく、カリブ海と大平洋がアメリカ帝国の中心を形成することになったからだ。アメリカの海軍力は、当初はいかに限られたものであったとしても、一八九八年の米西戦争での軍事的成功をもたらし、アメリカにキューバ(一時的)、グアム、プエルトリコ、そしてフィリピンを植民地として獲得させてくれた。さらに海軍力のおかげで、アメリカのカリブ海と大西洋の領域や貿易の領域を結ぶ手段として、パナマ運河建設へのアメリカの投資も引き起こしたのだった。

不幸なことに、海外に行くアメリカ人の数の増大や対外貿易量の増大は、シュワードが予期したようなかたちで平和を促進することにはならなかった。逆に、アメリカ人伝道師、実業家、投資家、そしてアメリカ人所有の事業に雇われる普通の人びとでさえも、彼らが移民していったほとんどの場所で、自分が入植者であり外国人で、そのうえ抑圧者として迎えられていると気づいた。隣国で英語圏のカナダ西部でさえ、カナダ太平洋鉄道の社長であり、自分自身はアメリカ生まれのウィリアム・ヴァン・ホーンが、「アメリカの侵略」へのカナダ人たちの恐怖感を和らげる必要性を感じていた。不幸にして、彼は、「カナダのすべては、多かれ少なかれすでにアメリカ化されている」と論ずることで、カナダ人の恐怖感を和らげようとしてしまった。[8] アジアやカリブ海諸島や太平洋諸島、そしてラテンアメリカでも、現地の人びとは、アメリカ人を地元の社会や経済の発展にとけこみ、それらを促進するために、自分たちの以前の習慣を進んで捨てようとしている移民だとは考えていなかった。逆に、アメリカの外国投資は、現地の人びとはそれに反対だと考えているが、それを止める力がないという点で、征服や、ヨーロッパ式の帝国による直接統治と同じぐらい、地元の社会を混乱に陥れた。

　自分たちが、敵意あふれる現地の人びとの攻撃にさらされていると感じて、ロザリー・エヴァンスのようなアメリカ市民は、アメリカ政府の保護を受けられるものだと考え、保護を引き出すことにもしばしば成功して、孤立主義というアメリカの神話のもう一つの基盤を崩したのだった。在外アメリカ人の保護は、多くのかたちをとった。領事たちは、在外アメリカ人を長い間支えていた。そして、一九二三年にロザリー・エヴァンスが頼ったのは、まさにメキシコのイギリス領事とアメリカ領事だった。しかし、彼女が見い出したように、在外アメリカ市民を保護するための領事の力は、アメリカ人の貿易と移動を促進するのと同じ二国間通商条約に依っていた。アジアやアフリカにおいて、アメリカは、十八世紀終わり以降、学者たちが不平等条約と呼んでいるものを取り決めてきた。これらは、ある種の特権や自由、つまり注目に値すべき治外法権をアメリカ人に保証したが、条約の調印相手の市民や臣民にはそれを保証していなかった。アフリカやアジアにおいて、治外法権が意味していたのは、アメリカ人が地元の法律ではなく、アメリカの法のもとで生活するということであった。たとえば、もともとはアルメニア出身の移民ではあるが、アメリカから帰国してきた帰化アメリカ市民たちがオスマン帝国の領土内での反乱を扇動しているとして、一八九三年にオスマン帝国が非難したとき、グローヴァー・クリーヴランド大統領は、移民たちの革命の目的を非難したが、それにもかかわらず、オスマン帝国の法律のもとでの「扱いの過酷さ」からアメリカ市民である彼らを守るよう、コンスタンティノープルの公使に指示を出したのだった。[9] アジアのどこにいようが、アメリカ人は、アメリカの法律で統治されていた自分たちの居留地内に住んでいた。

ロザリー・エヴァンスは、プエブラの土地の所有権を維持しようとしたとき、治外法権の特権を享受しなかった。西半球への影響力を確立し、新世界諸国の指導的役割さえ引き受けようと、アメリカはヨーロッパ諸国と結んだものと同種の互恵的通商条約をすべてのラテンアメリカ諸国と結んでいた。条約の条項は、両国市民の交易、居住、滞在の自由を相互に保証することを例によって含んでいただけでなく、両者がそれぞれ居住している国の法律のもとで生活することを求めていた。アメリカで治外法権を享受できたラテンアメリカやヨーロッパの人びとは、外交官だけであった。同様に、ラテンアメリカやヨーロッパで治外法権を享受できたアメリカ人は、外交官だけであった。ロザリー・エヴァンスは、それゆえメキシコ法のもとで自分の土地を求めて戦い、それを失ったのだった。シュワード国務長官任期中に調印された一八六八年のバーリンガム条約は、少なくとも部分的には、中国とその臣民、それから中国のアメリカ人を同等の地位に置き、両者に「故郷や忠誠を変えることに対する人間固有の奪うことのできない権利」を約束したので、論争の的になることになった。[10]

世界の多くの在外アメリカ人は、自分たちが居住している外国の諸民族は人種的に劣っていると確信していたので、自分たちが居住し、事業をしている国の法律をみくびっていた。この点で、彼らはロザリー・エヴァンスに似ていただろう。そして、このことが意味するのは、一九一四年にある国際弁護士が書いた控えめな言葉で言えば、「相互依存の」有利な「つながり」を国際的に作り出しているのと同じ「人、金、モノの移動」は、「ときおり軋轢も引き起こし」えるということであった。[11]彼の言葉は、その時代に強固になりつつあるグローバル経済に明らかに言及していた。そして、その「ときおり起こる軋轢」が、小さくとも膨張しつづけていたアメリカの軍事力による多くの干渉を生み出したのである。行政府の指令のもと、アメリカ海兵隊と拡大するアメリカ海軍が、外国に住んで働いているアメリカ人たちの不平にしばしば対応した。ハワイのアメリカ人たちの政治的策略や反乱、そして軍事的支援の要求は最初は通らなかったものの、その後一八九八年に成功する追加条約を生み出した。同じ年、揺らぐスペイン帝国に反対する反帝国主義を掲げたキューバの反乱中に、米国戦艦メイン号がアメリカの権益を守るためにキューバに向かった。謎に包まれ、いまだに解明されていない状況下でメイン号がハバナ湾で爆発したとき、適切な回答についてマッキンリー大統領に進言したのは、アメリカのさとうきび農園主エドワード・アトキンスであった。そこで、米西戦争が始まった。多くの評者にとって、米西戦争はアメリカの孤立主義の終焉をもっともよく象徴している出来事であった。二年後、アメリカ人を含む中国在住の「外国の悪魔たち」に対する一般民衆の反乱の結果、アメリカはヨーロッパの八カ国と、まさに自国を巻き込むような同盟に加入することとなったが、それは、中国に住む同盟国の市民や臣民に相互保障を与え、自分たちの損失に対して中国の皇后からの補償を求めるためであった。つまり、アメリカの孤立主義の支持者は、数も多く声も大きいままではあったのだが、孤立主義はアメリカ帝国形成の中で、ほとんど存続することができなかったのである。こうした時期に、孤立主義の支持者は移民が引き起こす脅威にますます気づき、不満を持ちはじめた。議会の孤立主義支持者も、続く三〇年の間、移民の規制を定めるのに重要な役割を果たした。

しかし、アメリカ大統領で孤立主義を提唱するものはほとんどいなかった。一九〇三年に、セオドア・ローズヴェルトは、モンロー主義への彼なりの論理で、南北アメリカ両大陸におけるアメリカのさらなる新たな役割を宣言した。ローズヴェルトの論理は、主にアメリカ人投資家のために経済的安定を保証するべく、西半球のどこでも軍事的に単独で干渉できるというアメリカの権利を主張するものだった。一八五〇年と一九一四年の間に、アメリカの大統領は、キューバ、ハイチ、ニカラグア、中国、朝鮮、メキシコ、パナマ、サモア、ホンデュラス、そしてドミニカ共和国へ宣戦布告さえせずに軍隊を派遣した。ローズヴェルトは、この対外政策を「おだやかに語り、しかし棍棒を携える」と表現した。「おだやかに語り」は、多分共和国同士の新たな多国間汎アメリカ同盟を取り決めたいという彼の望みを指している。一方、彼が言うところの「棍棒」とは、マハンやローズヴェルト自身も望んでいた、「最良の錬成を受けて」組織され、維持された「徹底的に効果的な海軍」のことであった。[12] 一九一四年までに二つの海と三つの大陸全体で貿易を行ない、投資し、働いているアメリカ人の帝国をつなげ、そして守るために、アメリカの船は技術者集団によってついに完成されたパナマ運河経由で航海できるようになった。

ロザリー・ケイダンのような国外に出て行ったアメリカ帝国の作り手たちは、自身やその財産の保護を要求し、外国人はアメリカ人やその資産、宗教、そして社会や文化の影響をあまり好まないことがよくあるのだ、ととくに示すことで、世界の脅威に関して鎮座していたアメリカ的な理解を変えはじめた。アメリカの軍事介入のそれぞれで、アメリカの国際的な実力行使が拡大されただけでなく、外国人の手中にあるアメリカ人のひどい待遇について、アメリカ国内で数多くの新聞記事が掲載された。多くの記事は、国外在住者の苦しみについて個人的な話を載せていた。たとえば、一八九五年のシカゴの新聞の読者は、ハワイ生まれのアメリカ人チャールズ・カーターの人生と死について知ることとなった。カーターは、イギリス政府のおとりやスパイに扇動された――と記者は主張しているのだが――地元住民やアジア系移民の反乱時に、その暴力の犠牲となった人物であった。[13]

ヨーロッパの帝国形成と移民制限を促進した人種的劣等に関する同様の想定の多くは、不平等条約や治外法権を支持していること、アメリカ人が外国の法律を尊重したがらないこと、そして、アメリカ政府がアメリカ市民のために外国においてでさえも、すすんで介入しようと考えていることなどであった。そしてもちろん、アメリカ人たちも進化についてのチャールズ・ダーウィンの一八五八年の著作を読みはじめ、より文明的と考えられた北欧人やアングロサクソン人の領土拡張は、ダーウィンが唱える自然淘汰と適者生存の過程の一つの例であるという考えを議論しはじめた。メキシコのケイダンやエヴァンス家のように外国に居住し、外国の支配者に寛大に扱われているときでさえ、「文明的な」アメリカ人は、人種的に劣った民族や彼らの原始的な法体系によって統治されることを単に認めることができないのだと、新しい科学的人種主義者は主張した。

メキシコ革命の始まる前にプエブラでの生活についてロザリー・エヴァンスが記したとき、彼女自身の人種的偏見が十分明らかになった。混乱したガルベストンで育ったエヴァンスにとって、ヨーロッパは文学、芸術、ロマンス、そして洗練されたことの本場であるように思えた。文化的によりヨーロッパ人らしくいたいという望みに駆り立てられて、言語的、文化的造詣を深めるために、彼女はドイツ語、フランス語、スペイン語を十代のころに学び、ヨーロッパに行った。十八世紀のアメリカの愛国主義者と違って、彼女はヨーロッパの頽廃から孤立したいと望んではいなかった。むしろ、彼女はヨーロッパを、世界の後進地域へと拡張するアメリカの力や能力の源と見なした。ひとたびメキシコに住むと、エヴァンスは、同化するとか、地元の文化を受け入れようなどとは夢にも思わなかった。彼女は、以前旅行して、ヨーロッパの言語としてスペイン語をすでに学んでいた、ということを思い出してみよう。彼女は、いつも科学的人種主義の、ときに辛辣な言葉でメキシコの地元民を描写した。彼女は、エリート層のメキシコ人を「冷酷で浅はか」だとしてさっさと片づけた。一方、農民は、「猿のような脳みそで」「小柄で」「腹黒くて困窮し」ており「国の卑劣な輩」であった。ケイダン自身がカトリックだったので、彼女は、メキシコやそのほかの地域にいた多くのプロテスタントのアメリカ人やイギリス人がそうしていたように、地元民が劣っているのを宗教のせいにはあまりできなかった。それにもかかわらず、エヴァンスは、アジアやアフリカで伝道者になった同時代の女性たちのように、プエブラの農民たちの中で「善良さがみなぎる源」と彼女が呼んでいたものに自分もなれるよう望んでもいた。[14] 彼女は、地元のインディオたちが、たいへん裕福だが「独裁的で横柄な」メキシコ人の隣人のためよりも、近代的で表面上はより平等主義のアメリカ人女性である彼女のために働く方を好むと信じてさえいた。

一九〇〇年にラドヤード・キプリングが帝国形成という「白人の責務」と呼んだものを自分も負っているのだと、ロザリー・エヴァンスは彼女なりに考えていた。アメリカ南部のプランテーションで奴隷とされた、または最近解放されたアフリカ系アメリカ人と接触することで、または、アメリカ北西部をめぐる原住民のネーティヴアメリカンとの最後の激しい戦いの中で、人種についての考えが出来上がった白人アメリカ人とは違って、国外に出て行ったアメリカ帝国の作り手たちは、アメリカの国境外で外国人と相互にかかわる中で培われた人種間の恐怖心を抱いたので、人種的差異に関してアメリカ国内の理解をさらに曲げた理解をした。アメリカの報道で広く伝えられたそのような経験を通じて、国内の排外主義は、アメリカの地理的な拡大をねらう政治や、活発化する国際的な実力行使につきものとなった。それはまた、アメリカへの新来の移民や彼らの生活、そして、まったく真新しいことではないが、いまや突然目につき、恐怖を与えるような存在となった移民たちの外国とのつながりを、アメリカ人たちがどのように見るのか方向づけたのだった。

**グローバル化する世界における外国人居留民と彼らの外国とのつながり**

十九世紀においてますますグローバル化する経済は、労働市場にも遠方の人びとを引き込んだ。彼らのおかげで、この時代の労働者の大規模移民は、一八五〇年以前の移民よりもずっと多様な移動となった。一八五〇年以降であっても、いまだに新来の移民では、ヨーロッパ人が飛び抜けて多いままであった。世界のほかの多くの地域は、いまだにアメリカ帝国よりもヨーロッパの帝国にいっそう複雑に組み込まれていた。そしてそれは、たとえば、アフリカとアメリカ間の貿易と移民の両方を妨げる事実でもあった。南北アメリカやアジア出身の移民の割合が増えていることが（表1参照）、二十世紀のはるかに劇的な変化を暗示していたにもかかわらず、アメリカ帝国はおそらくあまりにも歴史が浅かったので、植民化された人びとの移動を通じて力強く「対抗する」ことができなかった。さらに、アメリカ人が移民がもたらす世界での危機や外国の脅威を再考しはじめたとき、彼らはほとんどにおいてアジアとヨーロッパ周縁の地域出身の移民にのみ焦点を当てた。北欧や西欧の腐敗した政治や統治体制への恐れは、ドイツやオーストリア、ハンガリーそしてオスマンの諸帝国に住む、人種的に劣等であり、多くの場合、植民地化されているヨーロッパ系の住民たちへの恐れにかわった。

アメリカの移民の出身地が変化していることは、十九世紀の終わりまでに難なく明らかになった。一八五〇年には、アメリカにおける上位五位までの移民集団は、アイルランド人（九六万一七一九人）、ドイツ人（五七万三七七四人）、イギリス人（三七万九〇九三人）、カナダ人（一四万七七一一人）、そしてフランス人（五万四〇六九人）であった。アイルランド人とフランス人は主にカトリックであり、カナダ人とドイツ人はカトリック、プロテスタント、そしてユダヤ人で構成されていたので、これらの主に北欧、西欧系移民の圧倒的大多数はプロテスタントではない人びとであった。一九二〇年までにアメリカ移民の宗教や出身地は大きく変化した。ドイツ系またはイタリア系のカトリック生まれの移民――だいたいそれぞれ一六〇万人――は、もっとずっと多様で、さまざまな民族の一覧表の中で第一位を競い合っており、その多くがユダヤ人であったロシア生まれの移民が一四〇万四九五人で第三位につけていた。ポーランド生まれのカトリックとユダヤ人（一一三万九九七九人）、カナダ出身のフランス系カトリックと英語が母国語のプロテスタント（一一三万八一七四人）、イギリス出身のプロテスタント（一一三万五四八九人）とアイルランド出身のカトリック（一〇三万七二三四人）は、アジア出身の移民（二三万七九五〇人）やメキシコ出身の移民（四八万六四一八人）よりもいまだにずっと数が多かった。

科学的人種主義と在外アメリカ人の報告に影響されて、アメリカの住民たちは、これらの新たな移民たちも、外国的なものを捨て去らないのではないかと恐れはじめた。変化する世界でのアメリカの変わりゆく立場は、孤立主義というアメリカの神話を少しずつ崩していき、以前には多くのアメリカ人に移民の外国とのつながりを無視できるようにしていた目隠しを取り除いた。そして、ひとたび孤立主義の神話がもはや彼らの目を見えなくさせなかったら、アメリカ人は何を見たのだろうか？自分たちと同様に、出身地から遠く離れたところに行ったときでさえも、移民は自分の血縁を愛し、彼らを助け援助したいと思っている、移動をしている人びとであると、彼らは考えただろうか？確かに、ロザリー・エヴァンスは結婚しメキシコに引っ越したあとでも、けっして自分の姉妹たちとの連絡を断たなかった。実際、彼女の姉妹のうちの一人は、エヴァンスが死んだあとも彼女の土地を取り戻そうというエヴァンスの努力を引き継いだ。アメリカ人たちは、移民が自分の出身地にもつ愛着を、アメリカ人自身も持っている普遍的な人間の衝動であると見なしたのだろうか？ちょうどロザリー・エヴァンスが、しばしばアメリカを訪ねたり、アメリカの文化、言語、そして教養に誇りを持ちつづけたりしたことに、はっきり示されるように。

否、これらは、移民をめぐる議論でもっとも目立っていた、移民が外国に抱く愛着の解釈にはなり得なかった。そうではなくて、在外の外国人として、アメリカ人自身の経験と行動で得た知識を人種主義の思想に結びつけるアメリカの排外主義の新たな傾向が現れたのだ。アメリカ人は、自分たちがちょうどそうであったように、移民たちは新たな言語を学ぼうともせず、現地の人々の習慣も受け入れない外国人居留地に密集している、と考えた。アメリカ人は、移民をアメリカの法律や習慣を尊重しない潜在的に暴力的な侵略者と見なしはじめた。かつてアメリカ人に自国を問題に巻き込みかねない外国との関係を拒絶させるように促したのと同じ懸念によって、いまや移民に対する敵意に火がついた。

アメリカからの商人や投資家たちが、プエブラや上海、そしてカナダやハワイでアメリカ文化の小さな居留地を作っていたころ、アメリカ人は移民がニューヨークやシカゴ、そしてサンフランシスコに作った外国人街を心配しはじめた。結局のところ、アメリカ人はメキシコ人や中国人になるためにメキシコや中国に行ったわけではなかった。彼らは、スペイン語を学ぼうとか、カトリックに改宗しようとか、ハバナの慣習や習慣を受け入れようなどと望んで、南北アメリカ諸国と貿易したり、そこで投資したりしていたわけではなかった。アメリカ人が移動し、異文化間の関係にかかわったときに、アメリカ人自身が文化的に適応することに抵抗したことを考えれば、自分たちの土地に到着した移民が、海水のカーテンをくぐってきたとか、自分たちの昔ながらの習慣を進んで捨て去りたいと考えてアメリカに入国してきたと信じることは、以前よりいまやずっと難しいことだと多くの人が感じたのも、驚くべきことではない。アメリカ人は、移民がひとたびやってくると、ちょうどアメリカ人が外国に行ったときにそうしたように、「外国的なもの」をアメリカに持ち込み、外国的なものにしがみつくのだ、とますます見なすようになった。排外主義という偏見をもって考えれば、アメリカ化に移民たちが抵抗している証拠は、どんなことにでも見い出せた。

たとえば、それは移民の居住地の選択にも見い出せた。すでに一八五〇年に、アメリカ国内の数カ所に移民が飛び抜けて多く集まっていた。彼らは、工業化の過程にある北西部のすべての都市で目に見える存在となり、中西部の地方の農業がさかんな諸州でも同様に目につく存在となった。アメリカ中西部の町や地区全体で移民の言葉が話され、公立学校では移民の言語での指導さえも行なわれた。アメリカカリフォルニアでもっとも顕著であったのだが、西部では移民が田舎でも都会でも寄せ集まって住んでいた。一方、南部では、ニューオーリンズやバーミンガム、イーバーシティーやタンパなど少数の都市を除けば、移民が話す外国訛りが聞こえてくることは少なかった。一八六〇年において、ニューヨークやサンフランシスコの住民のほぼ半数は外国生まれであった。一八八〇年までに、その数は六〇パーセントにまで上がった。しかし、たとえドイツ人がヨーロッパの自分の出身地にちなんで新たに住む町に名前をつけることがよくあったとしても、また、仲間内ではドイツ語を話しつづけていたとしても、一八五〇年のアメリカで、シュティレ家やクルム家がシンシナティやその周辺に新たなドイツを作っているのだと考えた人はほとんどいなかった。

一九〇〇年までに、都市への移民の密集はいくらか軽減した。移民たちは、サンフランシスコの人口のたった二五パーセント、ニューヨークの四〇パーセントしか占めていなかった。しかし、それにもかかわらず、外国人やその子どもたちに対する地元の人びとの意識は高まり、移民たちもより目立つようになった。肌の色のせいで目立つのと同じぐらい、外国的なもののせいでも目立った。それというのも、一九〇〇年の移民の圧倒的大部分は、科学的人種主義者が好むアングロサクソンやゲルマン系のヨーロッパ人ではないにせよ、いまだに白人のヨーロッパ人であったからだ。

都市のガイドブックは、移民たちが都会で密集していることを明らかにしていた。しかし、ガイドブックは、近場の都市の移民街を訪ねることで「外国を旅する」ようアメリカ人観光客に勧めることで、移民の密集を肯定的に描写していた。アメリカの都市にある「観光地の見学」には、目につく外国人や外国の風習を「見学すること」がますます織り込まれるようになった。ジェームス・Wとダニエル・B・シェップの『図解ニューヨーク』は、「どのように二〇〇万の人びとが生き、死に、働き、遊び、食べて、寝て、自分を律し、法を破り、そして財産を得て財産を失うのか」の紹介を約束していた。そしてそれは、フィリピンやプエルトリコのアメリカの居留地に関する同様ののぞき趣味の記事とほとんど変わらなかった。ニューヨークが世界最大のユダヤ人街を抱えていることに注目して、シェップ兄弟は、バクスター通りとベイヤード通り沿いのユダヤ人街の「さまようユダヤ人」の描写で、ロウアーイーストサイドの見学案内をはじめた。それから読者をバウワリー通りから、マルベリーベンド街の「不潔なイタリア人」へといざない、途中でトルコやシリアの刺繍織物の店について教えた。モット通り沿いの「ニューチャイナ」は次の店である。それから、西側に「アフリカ街」が、そして、東と北側に「ドイツ」がある。途中で、「いたるところにいて騒がしい」アイルランド人にちょっと会釈する。[15] 太平洋沿岸地域では二〇年後に、クラレンス・エドワーズが、同様の描写で『ボヘミアンサンフランシスコ』を物語った。「人は外国にいると感じる」と彼は書き、さらに、この「良き灰色の街で……千夜一夜物語で出てくる魔法の絨毯を自分も持っていると人が想像するのも無理はない。なぜなら、まばたきする間に国から国へと運ばれるから」と付け加えた。「アメリカから日本へは通り一本を跨ぐだけであり、もう一歩で中国だ。さらに通りを一つ越えれば、メキシコにいることになり、そこはフランスのごく近所である。角の辺りにはイタリアがあり、イタリアからロンバルディアを通って、ギリシャへ抜ける。人が午後だけで世界を一周したと感じるまで、そんな感じなのだ[16]」。

観光ガイドが、外国人街での簡単で安価な旅行や買い物、さらには楽しみさえも約束する一方で、新聞の見出しは、アメリカの法律や習慣を尊重しない外国人について、また別のもっと危険な話を載せていた。危険が外国人街のいたるところに潜んでいるとジャーナリストは主張した。そこにいる外国人たちは、完全に自分たちだけで生活しているので英語を学ぶ気がない。記者は、移民たちが情欲、堕落、陰謀、そして犯罪といった昔からの習慣で、以前は清潔で望ましかったアメリカの諸地域に害を与えていることを証明しようとした。比較的落ち着いた新聞でさえも、センセーショナルな見出しを掲載していた。たとえば、「乱暴者に殺された、酔っぱらいでけんか好きなスウェーデン人」、「女性が殺人の被害者に――刺されて死亡しているキャサリン・グルカを息子が発見。警察は下宿人ヴィクター・コワスキーを捜索中。息子は母親をポーランドから連れてきた。武器として使われたパン切りナイフ発見」。これらの見出しは、アメリカの法律を尊重しようとしない危険な外国人への恐怖感を煽った。[17] 移民たちは、治外法権の特権を享受していなかったのかもしれないのに、多くのジャーナリストは、移民たちが治外法権を要求し、アメリカの法律を無視しているかのように描写していたのである。

十九世紀終わりのアメリカ人が何度も問うたのも、広大な大陸が開拓者を手招きしているときに、あれほど多くの農村出身の外国人たちが、都市への密集に固執するのはなぜか、ということであった。排外主義の人種主義者は、アメリカだけでなく世界中のほとんどの工場、それゆえに、ほとんどの産業関連の仕事が都市部で発展し、グローバルな規模で都市化が促進されたとの事実を信じられなかったようだ。代わりに、彼らは、無分別に「群れ」て、うようよ群がる昆虫か口のきけない動物であるかのように移民を描写した。あたかも両者が完全に別の繁殖動物の集団であるかのように、移民とアメリカ生まれの地元民の「人種」が非好意的に比較されることが頻繁にあった。たとえば、一八八九年に、慈善矯正協会のバッファローでの会議に出席した社会改革者たちは、デンバーの組合教会派の牧師マイロン・W・リードが、始めは中国人を、次に「フン族とポーランド人」を、腐った丸太の下に群れ集まる、光を避けようとする虫や爬虫類だと蔑むのを耳にした。[18]

外国人街は、ひとたびそう呼ばれるようになると、移民たちが独立したり、個人的な達成をなし得たり、言語を学習したりする能力がないことを象徴するようになった。一九〇六年から、アメリカは、帰化を求めるすべての移民に、英語を理解できることを証明するよう初めて要求しはじめた。移民たちが英語を学んでいないという証拠とは？　シカゴ、ニューヨーク、そしてサンフランシスコのような都市で、移民の言語で出版される新聞がどの新聞販売所にも現れていた。シカゴだけでも、二〇以上の違った言語の新聞が移民に読まれていた。確かに新聞は、移民たちに出身国のニュースを安定して流してくれた。しかし、外国語新聞は、主にアメリカ化の手段として機能し、移民たちに彼らの新しい国のニュースや政治を紹介するとともに、移民の子どもたちが成熟するにつれて、次第に二カ国語の出版物に変わっていくとして、いまや学者たちの意見は一致している。

言うまでもなく、移民たちは、いわゆる外国人街や母国語の使用を、ずっと慎ましやかでもっと感情的な意味で考えていた。移民街の外で生活することは、ときに移民たちには、孤独だが必要なことのように思えたが、しかし、それはほとんど望ましい選択ではなかった。それゆえ、カリフォルニアからミシシッピへと両親についてやってきた女性の娘は、彼女の母親であるその女性にとって、「中国人街は故郷だったので、私たちがサンフランシスコを訪ねるときは、ほかの中国人のみんなと一緒に中国人街にいると感じるだけではなくて、家族や、いつも自分を幸せにしてくれる人びとと一緒に故郷にいると感じたのです」と述べた。[19]個々の移民が外国人街からすぐに出て行ってしまい、そうするにつれて英語を学んでいくことはよくあった。しかし、連鎖移民のおかげで、移民街（や外国語新聞）は、しばしば数十年間にわたって確かに存続していけたのだった。

排外主義のもっとも強烈な表現は、陰謀論の理論家たちから出された。彼らは、外国政府を移民の組織者であり扇動者であると見なし、好戦的で侵略的な戦略の一部として、外国政府が外国人居留民を「移植している」と非難していた。この見方では、移民たちは、自分たちの宗教または政府の指導

図3　トーマス・ナストの風刺画「アメリカ川の一団」（ハープウィーク提供）

者たちによって移民するように促された兵士であり侵略者だった。移民は外国から動員されてきた侵略者であるという考えは、図3が示すように、貧民に対する恐れに端を発しているだけではなかった。それは、一八三〇年代にフィラデルフィアの作家が書いたように、イギリス系のアメリカのプロテスタントの長く続く反カトリックの偏見からも生じていた。アメリカの領土内に住むカトリックの人口をほんのわずかしか増加させなかった米墨戦争（アメリカ・メキシコ戦争）後に、アメリカのプロテスタントは、アイルランド人を、生来反抗的で明らかに国際的なカトリック教会で聖職者に支配されている信者たちだとする、根深いイギリスの偏見を蒸し返した。カトリック教徒は、アメリカに忠誠を捧げるよりもむしろ外国、つまりイタリア中央部にある教皇領の支配者である教皇の指揮に従っている、と彼らは断言したのであった。移民がアメリカの有権者になり、潜在的な裏切り者の大きな集団を形成するにつれ、教皇は移民を動かすだろう。また、多くのプロテスタントは、国際的な信徒制と越境的（トランスナショナル）な所在をもつ拡大するカトリック宗教団に、アメリカの独立に対する脅威を見てとった。カトリックの修道女や聖職者は、共同生活や禁欲主義、独特の服装のために、簡単に見分けがつき、かつ非常に目立った。彼らは、ラテン語で礼拝し、カナダ、アイルランド、フランス、そしてイタリアの「母院」が定めた規則や命令に従っていた。とくに、アイルランド系のカトリックの投票者、そして、概してすべてのカトリックの移民の忠誠心に対する不安は、一世紀以上もアメリカ人の間で続いていた。一八五〇年代の移民排斥主義のアメリカン党、いわゆるノー・ナッシング党と一八八七年に創立されたアメリカ保護協会の両方の組織化が、これらの不安によって促進された。外国政府の影響下にある「外国の信仰」が深刻な脅威を引き起こすという考えは、たとえば、一九二〇年代の北部でのクー・クラックス・クランの急速な成長で示されているように、長い間アメリカの排外主義の中心的な特徴でありつづけた。一九六〇年の大統領選挙時になってようやく、『ニューヨーク・タイムズ』の編集者は、「その民主党の候補者（ジョン・F・ケネディ、カトリック教徒）の教派が理由で、数百万の票が間違いなく彼に賛成または反対して投じられることになろう」と結論づけた。[20]

外国の侵略に対する恐怖は、カトリックに対してだけではなかった。第一次世界大戦前の数年間、かなりの数の真面目な学者や社会科学者が、外国人街はいかに自然に出来上がったものであろうとも、いかなる支配者にも従わず、ただ原始的な人種的遺伝の欲求に従う移民という侵略者によって建設されている、ということに同意していた。「まさにすばらしい侵略だ！ とてつもない軍隊だ！」と、とくに芝居染みてはいるが影響力のある専門家は書いて、カトリックのアイルランド人だけでなく、すべての新来の移民の到来を表現した[21]。移民の侵略というこの比喩は、野蛮人の手に落ちる古代ローマの文明という、人気のあるイメージに依っていた。この比喩はたいへん人気が出て、大戦直前の何年かの間の出版物に何度も繰り返し掲載された。一九一三年に、ヘンリー・プラット・フェアチャイルドは、教会、蒸気船の旅行代理店、または人種的な遺伝に影響されてではなく、自分自身で率先して経済的先進国から別の経済的先進国へと移動してくる人びとのために、「移民」という名称は慎重にとっておく必要があるとさえ主張した。そうでないほかのすべての外国人は、もし後進社会からやってきたのならば侵略者であり、先進社会からやってきたのならば征服者であった[22]。移民について議論するとき、アメリカ人は帝国主義の権力の仕組みを逆にして話したので、台頭する世界的列強国の強力な国民である彼らこそが、攻撃にさらされていることになったのである。

大西洋の運輸業で莫大な利潤を得ていたのは、いまやアメリカではなくヨーロッパの商船であるとの認識が高まっていたせいで、一般の人びとの間にも広まっていた移民という侵略者への恐怖は、さらに強まっていった。アメリカ人たちは、外国の運輸業者やサンブーカのダンナの仲間の村人のような副代理人は、「自発的に来ようと決めた乗客」に切符を売るよりも、むしろ「客引きや勧誘」で移民を促したのだと主張した[23]。アメリカに「下層民たちをどんどん送り込む」ヨーロッパの諸政府の亡霊は、影響力のあるイメージでありつづけた[24]。イタリアのマフィアのボスやその移民の「奴隷たち」「白人奴隷」として売春するように騙されたユダヤ人女性たち、そして「苦力」として売られた中国人の契約労働者などは、今日大々的に「違法売買」と呼ばれている。このようなことについての誇張された記事が、あまねく多くの読者を得た。

移民を外国の搾取者の奴隷だと描くことは、人びとのまさに現実の苦しみへと注意を向けさせた。

その苦しみは、国際移民につきものであったかもしれない。移民たちは、アメリカ人や自分たちと出自を同じくする人びとから、ときには自分自身の血縁者からでさえ、搾取されることがよくあったのだ。しかし、移民の外国とのつながりを議論するとき、奴隷というイメージにアメリカ人がよく頼ったことから、移民は、その動機や故郷への愛着がほとんどのアメリカ人とあまり違わない、有能で分別があり愛情に満ちた人びとであると、アメリカ人が想像したくなかったことが伝わってくる。科学的人種主義の魔力と悲劇は、少し前に廃止されたがいまだに継続している奴隷制という制度の遺産に、犠牲者と侵略者を一様に関連させて、移民を侵略してくる軍隊と不運な犠牲者の両方に同時に変えてしまう力であった。そしてその奴隷制とは、実際アメリカをほんの二、三〇年前に戦争状態にある諸勢力へと分裂させたものだった。

侵略、外国人街、そして外国訛りに対するアメリカ人の懸念の中に、移民は移動したときも外国にある故郷とのつながりを断ち切らない、という認識の兆しが見られる。しかし、越境的（トランスナショナル）な移民の生活についての最近の学術研究のほとんどで、出身地との移民の継続的なつながりは、アメリカよりも外国においてより大きな変革的役割を果たしたかもしれない、と示唆されている。たとえば、アメリカから出身国の親戚への送金は、ヨーロッパでも中国でもたいへん重大な結果をもたらす大規模なビジネスになった。イタリアでは、移民からの送金が、イタリアの年間貿易赤字を解消してくれた。アメリカにおけるイタリアの出稼ぎ移民たちは、一九〇六年の九億八一〇〇万リラを頂点に、出稼ぎはもっとも価値ある「輸出品」だとイタリア人も語りはじめるほどの多くの金額を故郷に送金した。(25) いまや経済史の歴史家たちは、結局は送金が世界経済におけるイタリアの地位を変化させ、貧困に陥っている労働力の輸出国から、今日の移民を引きつける豊かな国へと変えたと主張してさえいる。

サンブーカでは、送金が地元に与えた影響は相当なものだった。送金のおかげで、アメリカンハウス（case americane）と普通呼ばれていた家々を買ったり改修できた。送金のおかげで、家族はもっと多くの肉、魚、パスタ、チーズを食べることができ、モダンな服を買い、小さな土地に投資し、娘たちに嫁入り道具を持たせ、ほどほどの作業場を開くことができた。海外にいるサンブーカの人びとが送金してくれたおかげで、以前のウルスラ会女子修道院は孤児院になり、のちには高齢者向けのホームへと変わった。イタリアのほかの場所でも、送金が守護聖人の祝祭、遊歩道や公園などの美化計画、電気や上下水道設備などのインフラへの資金をもたらしてくれた。故郷に戻って来た「アメリカさんたち」は、アメリカの衣服をまとい、多くの場合、少なくともいくらか英語を学んでいた。サンブーカでは、「離れ」とか「屋外便所」という意味である *back- ousa* が待望の新しい家庭内の革新的設備、つまり個人所有のトイレを言い表すのに、好んで使われる言葉になった。こうしたトイレは、このシチリアの街へ戻ってきた人びとが作るアメリカンハウスの標準的な仕様となった。磁器の便器はどこから来たのだろうか？　多くの場合、それらはアメリカで作られ、輸入されていた。

中国南部でも、地元の人びとは送金や帰国者たちの影響をすぐに見てとった。ある評者は、中国系アメリカ人は故郷に年間一〇〇〇万中国ドルを送ったと力説した。中国系アメリカ人は、主に東南アジアなど中国以外に住む中国人人口のたった二パーセントしか占めていなかったが、アメリカの中国人は、総送金額のほぼ半分を送ったと言われている。[26]アメリカの中国人街で、金山業と呼ばれる「金山」関連業は、その多くが食料雑貨店として始まったのだが、ほとんどの村で銀行も郵便局もない中国に送金する仕組みを作った。中国のイータン・チャンの親戚は、彼を礼拝する先祖のお堂を彼の生前から建てて、彼が長年にわたって送ってくれた経済的援助に敬意を払った。そのお堂は、表面上はチャンの血縁のために建てられたのだが、村の子どもたちのための学校としての役目も果たした。[27]送金は、中国に家や村までも作り、それらを改良してくれた。送金が学校に資金をもたらし、子どもたちを教育し、小作人に土地を買ってくれた。中国の移民の家族は現金収入の四分の三を国外から受け取っていたと、学者たちは推定している。職人の作業場ぐらいの小さい事業に投資した移民や帰国者たちがおり、また、中国や海外で販売された故郷の町、一族、そして部族の雑誌の出版や、劇場といったより大規模でお金のかかる投機に資金を出す移民や帰国者たちもいた。中国への帰国者が出資したものでもっとも良く知られている投資の一つは、新民鉄道だった。これは、アメリカに一八六二年に移民し、シアトルで商人として成功したチェン・イーシイ(一八四四〜一九二八)によって着手されたものだ。投資家たちを探して北米と東南アジアを旅したあと、チェン・イーシイは、一九〇九年に計画した鉄道網の最初の路線を作った。また彼は、広東省の彼の故郷の台山に、自分の六人の妻たちのために六軒の隣り合った家を建てた。チェン・イーシイの妻たちは、ほとんどの地元の家よりも背が高く立派な家に住み、「金山」から戻った男の家族として有名になった。[28]カナダからの送金により資金がもたらされ、台山は地域で初の中等学校を誇ることになった。これに負けずに、アメリカの中国人はすばらしい高等学校を建てた。先祖のお堂や学校の材料は、四大陸からの建築や建設の専門知識、そして上等な建築資材に頼っていた。

南イタリアや中国南部、そしてさらにカナダ西部のアメリカ化について、よく知っていたり気にかけていたりしたアメリカ国内のアメリカ人はほとんどいなかった。さらに、このグローバル化がすすむ産業化時代において、移民たちの間で発展したコスモポリタンと言ってもよい想像力について、知っていたり気にかけたりしたアメリカ人はもっといなかった。一九一〇年までに、イタリア出身の文字の読めない男性は、その人自身が移民であろうがなかろうが、“*tutto il mondo è paese*”——「全世界が一つの村」を意味することわざ——を気楽に主張しただろうし、中国人の男性も、“si hai zi nei jie xioing di”——「世界のすべての人びとがきょうだいだ」を意味している——をその代わりに主張しただろう。[29] それにもかかわらず、アメリカ人は、移民を侵略者として、また、移民の住む地区を居留地として否定的な考えで注目したので、実際、どのようにして移動が移民たちに力を与えていたのかについて、認識を新たにするようになった。アメリカ人は、移民たちの移動、収入、そして外国との継続的なつながりから生じる力がいかに政治的なものになり得るか、すぐに知るようになった。外国へ移民することは、アメリカの国際的な勢力と指導力の基礎を作った。危機にさらされると、在外アメリカ人は自分たちの政府に救済や援助を求めることができ、実際にそうした。その結果、彼らの生命や財産を守るために、海軍がしばしば登場した。外国とのつながりや出身国との結びつきというネットワークのある移民たちは、これとは違うのだろうか？

### 移民の外国とのつながりという政治的集結の発見

移民が政治的権力を結果的に与えてくれるということを、もちろん移民たちはずっと知っていた。オハイオでは、大西洋横断の旅やアメリカ的生活についての知識のおかげで、ヴィルヘルム・シュティレは、女きょうだいのヴィルヘルミナの目にさえ、以前よりも賢く見えた。ヴィルヘルミナは、ドイツの親戚に、「あらゆる事業やそのほか諸々についてあらゆる賢い人たち」と話すために「あちこちに」行ったヴィルヘルムのことを一八三〇年代に自慢していた。[30] 移民の手紙の書き手は、多くの場合、あまり教育を受けていなかった。しかし、彼らはいまだにヨーロッパや中国にいる親戚に、旅や外国での生活や習慣に関する忠告を気前良く、物知り顔で施す、密かに影響力のある「知識をひけらかす文字の読み書きできない人」という新たな地位を楽しんでいるようだった。[31] また、手紙の書き手は、故郷の税金や借金、自分本位の地主、遠方にいて感謝の気持ちがない支配者のための兵役などから自由になっていることを、いつも賛美していた。ヨーロッパの移民は、財を成し、宗教的寛容を享受し、そして無料の新聞を読める自由も指摘した。移民すること自体に新しい自由を見い出すものもいた。たとえば、あるスコットランド系移民は、自分自身を「かごから放たれた鳥……閉じ込められるよりも自由のほうが自分にとってどれほどよいか」と表現した。[32] 移民たちが書いたものの膨大な電子アーカイブに集められた手紙や日記、そしてオーラルヒストリーの二〇パーセントは、確実にアメリカに移動した人びとが得ることのできる解放や自由に言及していた。[33] ヨーロッパ移民は、政治的な自由と経済的な機会の国であるアメリカという、全大西洋にわたるイメージを広めるために、アメリカの愛国者によって書かれたすべての政治協定と同じぐらい多くの働きをしたであろう。しかし逆に、セントルイスの中国の帝国副弁務官ウォーン・カイ・カーが一九〇四年に断言したように、「アメリカにいる、またはアメリカから帰された文字の読み書きできない中国人は皆、自分の友人や知人に（アメリカの）不当な待遇についての話を広めている」。[34]

移民することを通じて移民たちが得た力のほとんどが、とてもありふれた目的のために使われた。シチリアでは、サンブーカの人びとが、最近戻って来た手に負えない移民たちについて噂話をした。それらの移民たちは、裕福な隣人の手に口づけしようとしなかったり、父親または母親が結婚相手の決定に権限を持つことを拒んだりした。サンブーカで最初の社会主義者の半分は、一度はニューヨークにいったことがあると興味津々で書く者もいた。[35] 新たに知られるようになった個人の権利の拡大は、いまだに故国の政府からの援助を要求したり、実際に得たりする力にはほとんどならなかった。一一人のシチリア人が、地元の警察官を殺害したかどで裁判を待っている間にニューオーリンズの拘置所で殺されたあと、イタリア領事に公式に抗議するよう求めたイタリア移民は、ロザリー・ケイダン・エヴァンスとほとんど同じ経験をした。だいたいにおいて、移民がひとたびアメリカに住めば、外国政府は効果的に移民たちを守るために、ほとんど何もできなかった。そして、政府はほとんど何もしようともしなかった――または、そうだったとイタリアの急進派は主張した。中国の支配者は、アメリカで中国人が冷遇されていることにいつも抗議していたが、彼らの抗議は、ワシントン以外にはほとんど影響を与えなかった。

それにもかかわらず、明らかに政治的な集結は、アメリカのほとんどの移民集団の生活で継続する当たり前の特徴になった。そして、これらの運動の目的は、そのほとんどがいつも彼らが残してきた国の変革だった。われわれが見るとおり、建国初期のアイルランド革命はまったく独特なものではなかった。十九世紀の後半までに新たになったのは、アメリカ人がそのような集結をますます認識するようになったことであり、また、政治に対して活動的な移民をアメリカの福祉を脅かすものとして見る傾向が強まったことであった。アメリカ生まれの排外主義者は、今日の読者には極端でかなり非合理的な印象を与えうるだろうが、彼らの懸念のもととなっていることを理解するのは重要である。というのも、それは、アメリカの孤立主義の終焉や、アメリカ帝国の台頭、そしてアメリカ人たちの移民制限要求にもっとも強く結びづけられていた急進的な移民たちへの恐怖だったからだ。排外主義者の恐怖を理解する助けとなるのは、一八五〇年から一九一四年の間に起きたいくつかの、とくに論争を呼ぶ、激しくかつ越境的（トランスナショナル）な移民たちの集結に、アメリカがどのように対応したかを概観することである。

すでに一七九〇年代にアメリカの国内政治をかき乱していたイギリスの植民地支配に対するアイルランドの長い抵抗の歴史は、一八五〇年代前後も続いていた。一八四〇年代終わりに病害にあったじゃがいもの収穫の長引く影響で、数百万のアイルランドの住民が、別の場所に糧を求めて出て行かざるを得なかった。重要なことに、ちょうどそのころ、アイルランドでは青年アイルランド党の民族運動が失敗した。それに応じて、アメリカ人とアイルランド人は両者とも、「アイルランドの亡命者」という政治的な罪を負った人物像をふたたび描きはじめた[36]。彼らの前後に出て行った政治的亡命者のように、一八五〇年代のアメリカで、かなりの数のアイルランド移民が故国の運動にかかわりつづけており、この目的の追求に行動を起こそうと思いつづけていた。アイルランド人は、アメリカ在住の多くの移民たちの中でもっとも良く知られ、かつもっとも長期間存在するディアスポラの民族主義者におそらくなったのだった。

一八五〇年代の間、アイルランドの共和主義者は、アメリカやほかの地域でフィアナン（*na fiannam*）、つまり英語が母国語の人びとが呼ぶところの「フィニアン」として再編成された。一八六五年までに、十二万五〇〇〇人もの若いアイルランド移民のフィニアンたちがアメリカの南北戦争で闘い、その多くが、アイルランドの反帝国主義運動のために彼らの新しい軍事技術を使おうと考えはじめた。一八六五年のニューヨークでの年次大会で、ジョン・オマホニーやトーマス・フランシス・バークといったフィニアンの指導者となった移民たちは、戦うためにアイルランドへの組織的な帰国を提唱した。アイルランドに着くと、バークは反逆罪を宣告され、残りの人生のほとんどを監獄で過ごすことになった[37]。しかし、ニューヨークに集められたフィニアンの最大の集団は、別の戦略を唱えた。すなわち彼らは亡命政府として集結し、新しいフィニアンの「陸軍長官」であり、米墨戦争と南北戦争両方の退役軍人であったトム・スウィニーのまわりに集まったのである。これらのフィニアンたちは、カナダ近くにいたイギリス軍をイギリスが守らなければいけないような状況を作ることで、アイルランドでの新たな共和主義者の集結からイギリス軍を分散させることにかかわった。

新しいフィニアンの党首は、この計画を承認した。彼は、アメリカの新大統領アンドルー・ジョンソンに会い、ジョンソンの支持を得たと信じた（多分、理由があったのだろう）。南北戦争時に北部諸州を支持した多くの人たちのように、ジョンソンは、イギリスの戦時の中立が、イギリスの綿織物工業の主な供給源であった南部連合という敵の権力を強めたと感じていた。フィニアンたちは、ニューヨークのタマニー派の民主党員からかなりの支持も得ていると知っていた。もしも軍事行動で、「カナダがフィニアン団の手中に落ち」得るのならば、カナダも、「われわれの代表連邦制の一部」となるだろうと、ある快活なニューヨークの民主党員は書いた[38]。

カナダに対する三つの計画されたフィニアンの襲撃のうち、最大かつ、もっともうまくいったものは、一八六六年六月にバッファローから出発した。カナダのフォートエリーを占領し、商業的に重要なウェランド運河に進軍したあと、武装したアメリカのフィニアンは、急いで組織されたカナダ軍に遭遇した。そのカナダ軍はすぐに強化され、侵略者の一部を捕らえ、またある者たちをアメリカへと追い返すことができた。一八七一年になってやっと、カナダのマニトバの住民は、カトリックのフィニアンのアイルランド系アメリカ人と、カトリックのメティ（*Metis*）、つまり混血（カナダ防衛遠征隊のリーダーによれば、「フランス語が母国語の混血」のこと）によって結成された、アメリカからのまた別のフィニアンの攻撃を撃退したのだ、と信じることができた[39]。

自己の陸軍長官、軍備、そして対外政策の指針を有するこれらの銃を持った移民たちに、アメリカ政府はどのように対応したのだろうか？　イギリスからの要請を受けて、一八六六年に、アメリカはフィニアンが出て行けないようにさらに北東の国境を封鎖した。しかし、カナダでの戦闘が激しくなると、少なくとも表向きにはアメリカは完全に沈黙しつづけた。またアメリカは、カナダから戻って来たフィニアンを迫害しないことに決めた。結局のところ、フィニアンの攻撃はアメリカに向けられたわけではなく、カナダとイギリスに対するものだったのだ。ジョンソン大統領の支持を検討したという点で、フィニアンたちの判断は正しかった。いずれにせよ、連邦政府の反応は、かなり暴力的なものですらある、政治的で越境的（トランスナショナル）な集結を考えていたほかの移民たちを警戒させるようなことには、ほとんどならなかった。

　また、アメリカは、さらにもっと劇的な襲撃に対しても、それほど反応しなかった。それは、この三〇年後にアメリカの記事の見出しを独占した襲撃で、今度は、「祖国なき者たち」と自らを呼ぶ反資本主義のイタリア人によるものだった。一九〇〇年八月二九日に、ニュージャージー州パターソンからイタリアに戻った無政府主義者ガエタノ・ブレーシは、アメリカで購入した銃でイタリア王ウンベルトを暗殺した。彼よりずっと知られているイタリア人の無政府主義者であり、アメリカ人殺害の罪で一九二七年にアメリカで処刑されたサッコとヴァンゼッティのように、ブレーシは労働者を抑圧する資本主義を憎み、労働者を騙して、黙って服従させる組織化された宗教を憎み、同時にすべての国民政府の圧政を憎んでいた。のちに現れるサッコやヴァンゼッティのように、ブレーシも、英語を話すアイルランド系の女性と結婚するほど十分にアメリカ化された、穏やかで思いやり深い善良な男という印象をアメリカの友人たちに与えたことも認識されねばならない。

ガエタノ・ブレーシは、越境的（トランスナショナル）で急進的な政治を知らない人物ではなかった。彼は、アメリカに亡命する前にイタリアで収監されていた。アメリカで、ブレーシはパターソンの絹工場で働き、パターソンの「生存の権利」無政府主義クラブに参加した。政治的な行動として暗殺を明らかに提唱していたかもしれないサッコやヴァンゼッティとは違って、パターソンの無政府主義者たちは、労働者、労働組織、または職場の組織の革命教育や、産業別ストライキ、またはゼネストのような戦略を概して好んでいた。(40) ブレーシのウンベルト暗殺は、パターソンの無政府主義者のコミュニティを驚かせたかもしれない。それにもかかわらず、町の無政府主義者たちは、彼ら同志との結束を即座に表明し、大量の新聞記事とパンフレットや詩で、すぐに彼の擁護にまわった。無政府主義者の出版物や宣伝は、資本家、聖職者、そして圧政を敷く政府の役人たちによる搾取が、慎み深い人びとを向こう見ずな行為へと多くの場合駆り立てるのだ、と伝えた。

イタリアでの国王殺害者へのヨーロッパやアメリカの反応は、ほぼ違ったものだったようだ。ブレーシは、ウンベルト襲撃の前にフランスとスイスを訪問していた。そこで、パターソンの無政府主義者と関係がある無政府主義者の検挙が、スイスやスウェーデン、さらにはエジプトでも続いた。ヨーロッパ政府も、こうした犯罪に応えて逃亡犯罪人引渡しに関する自国の法律をかなりすばやく変更し、議論を交わすとともに、国家の警察記録と情報の交換を続けた。のちにこれらの議論は、無政府主義や共産主義革命活動と戦うための多国間の国際刑事警察機構の形成で最高点に達することになった。言い換えれば、ヨーロッパの反応はすばやく、かつ複数の国が参加するものだった。

対照的に、アメリカ人たちはブレーシの行動にぞっとし、かつ魅了されたようだった。事件から五日以内に、暗殺者像がニューヨークの蝋人形館の「恐ろしい人物の部屋」に登場した。新聞記事は、ヨーロッパ、アメリカ、アルゼンチンの都市のほとんどを結ぶ無政府主義者のつながりを説明した。あるアメリカの記者は、ブレーシは殺害される予定の世界の指導者たちのリストをポケットに入れて持ち歩いていたと、まったく証拠を示しもせずに主張した。また別の記者は、無政府主義者について、ある国で雇われた暗殺者が別の国で実行する殺人について、さらに別の国で計画をたてるという、複雑なテロリストの戦略を説明した。しかしながら、究極的には、パターソンとその地の無政府主義者への徹底的な捜査とアメリカの力強い対応を求めた、ニューヨークのイタリア領事の要求は満たされなかった。パターソンの地元警察は、自分たちはすでに地域の無政府主義者を十分に監視しつづけていると主張した。新たに暴露された移民の脅威に対抗措置をとったのは、ほぼ、アメリカ財務省だけであった。そして、財務省がしたことは、パターソンの無政府主義者の新聞『社会問題（*La Questione Sociale*）』が、受け取っていた多くの外国の新聞の輸入に関税を払わなかったとの理由で、その編集者を告発したあとに、その新聞の出版を一時的に差し止めたことだけだった[41]。

対照的に、二年後、移民の両親を持ったアメリカ生まれで、その名がレオ・チョルゴッシュという暗殺者にアメリカの大統領ウィリアム・マッキンリーが殺されると、アメリカ政府はより迅速かつ断固とした対応をした。一九〇二年の議会で、今後はいかなる無政府主義者もアメリカに入国することが禁じられた。この法律は、アメリカが国際的な治安情報交換にかかわらずに、それを施行するのはほとんど不可能であることが明らかな法律だった。それでもやはり、無政府主義者を排除するというアメリカの決定は、アメリカへ入国を望む人びとの自由に対して権利章典で定められた保護をやめてしまう最初の重要な一歩を表していた。反アナーキスト法を通過させることで、ヨーロッパ諸国とは違って、アメリカ議会はふたたび外国の脅威に単独で対応した。アメリカの議会は、グローバルな無政府主義者のテロリズムの脅威に対抗するために、いかなる国際的な議論や同盟にもかかわらなかったが、その代わり、効果的に施行できない法律を可決したのだった。たとえば、サッコとヴァンゼッティは、反アナーキスト法が施行されたあと、アメリカへ移民した。

対照的に、国務省の対応が、ほぼ間違いなく白人カリフォルニア人か、またはほとんどの議員が望んでいたようなものではなかったにせよ、一九〇五年に連続した中国人商人の集結による影響は、アメリカ国務省に強い印象を与えた。中国人商人が、国境とアメリカの日常生活の両方で繰り返し嫌がらせを受けていたので、中国在住の伝道師やアメリカ人実業家は、大衆が暴力によって抵抗するのではないかと、長年にわたり警戒していた。そのような警戒心を持つアメリカの批評家たちは、すでに一九〇〇年の義和団事件や西洋の伝道師殺害に、アメリカ人自体や、アメリカ人の人種主義と排外主義に対して、ますます反感が高まっている証拠を認めていた。イタリアの急進派のように、中国人商人もアメリカにおける差別について、自分たちの領事や総理衙門、つまり中国の外務省にたびたび不平を訴えていたが、満足できるような結果は何も得られなかった。イータン・チャンの息子が述べたように、「弱小国は語るべき外交がなく」、在外の市民を適切に守ることができなかったのだ。(42)

一九〇五年に、中国から移民してきて、太平洋沿岸諸州に散在していた商人たちは、環太平洋規模でのすべてのアメリカの商品の不買運動を宣言したとき、大いに、しかし、暴力には訴えずに行動した。不買運動という思想は、それまでの二〇年間、太平洋沿岸諸州中の中国語新聞を通して広がっていた。結果として、はるかな距離を越えて越境的（トランスナショナル）に集結する移民たちの力が、つかの間ではあるが印象的に示された。その運動を通して、中国諸都市の商人は、アメリカやハワイ、そして東南アジアの中国商人や労働者の移住地と結びつくことになった。この政治運動は、巨大な中国市場により多くの製品を売りつけるアメリカの輸出業者たちの力を脅かすのに十分なほど、また、中国での自由貿易のためのアメリカの国務省の門戸開放政策をも脅かすのに十分なほど拡大した。不買運動は、中国の知識人、学生、政治家、そして社会改革者が、海外での中国人の扱いをどれだけ多方面にわたって理解し、また憤っていたかを明らかにした。そして、どれほど彼らが不平等条約や治外法権を憎んでいるかも、この不買運動が明らかにした。不平等条約や治外法権は、彼らの都市の一部を、外国人があたかも自国にいるかのように住み、法を免れ、外国人がどちらにせよ蔑みを感じている地元の人びとの文化や言語とはかかわらない植民地に変えてしまったのだ。

中国人商人の不買運動は、アメリカで、すぐに怒りを招いた。『ロサンゼルス・タイムズ』の記者によれば、三月初めのある晩、中国人移民たちは、「自分たちの出身地でいま起こっている蜂起について激しく議論して」いた。それに対し、日本人の傍観者たちの中には千載一遇のビジネスチャンスだと思うものもいた。日本の実業家は、「数多くの小さなアメリカ国旗」を手に入れて、それを自分たちの射撃場に据えつけた。怒っている中国人移民たちは、喜んで入場料を払い、星や横縞めがけて銃を撃ちはじめた。そのような「アメリカ国旗に対する侮辱」は、「ロサンゼルスでは許され」ないだろうと、『ロサンゼルス・タイムズ』の記者は、重々しく社説で論じた。「射撃場の営業許可証の即時取り消しによって、昨日、中国人と日本人集団はこのことを思い知らされた」[43]。効果的に、ロサンゼルスの記者は、実際は海外の中国人によって組織された非暴力の国際的な不買運動を、中国で高まったアメリカへの「反乱」や攻撃にしてしまった。ほかの人騒がせな声もまた聞こえてきた。ボイコットを観察したあるアメリカ人は、「黄色い」民族が「白い」民族に対抗する人種戦争を予想した[44]。比較的すぐに、中国人商人による太平洋沿岸の不買運動は、内部の対立した目的にとらわれてしまい、中国の皇帝からの反対や、一九〇六年のサンフランシスコ大火と大地震の被害のおかげで困難な状態になった。しかしながら、それは驚くべきほどの成功を収めたことがわかった。こうした成功の一端は、経済的なものだった。中国でのアメリカ商人の競争相手であり、ほかの失敗を歓迎するカナダ人やイギリス人は、それを、「アメリカが長い間苦しんでいる商業での最悪の災難」だと断言した。[45] アメリカから中国への輸出は、一八九七年から一九〇五年の間に五七〇〇万ドルへと四倍になった。一九〇七年には、それは二六〇〇万ドルにまで落ち込んだ。しかし、その年に発生したボイコット運動か経済危機のいずれがこの減少のより大きな原因となったのか知ることは不可能である。

フィニアンの侵攻やブレーシの国王殺しと違って、中国人の不買運動はアメリカに直接向けられていた。そして、それは中国人商人たちからしてみれば驚くべき反応を、すぐさまワシントンで引き起こしたのだった。不買運動のことを知ると、セオドア・ローズヴェルトは、自国の商務労働省（財務省に代わりその少し前に移民の管理を引き受けた省）の長官にすぐに口を挟み、所轄の移民係員が、注意深く指示に従い、中国人商人や旅行者、そして学生を不当に厳しく扱わないようにすることを請け合うよう要請した。部署の回覧が発行されたが、それは、「中国人排斥法の目的は、中国人労働者の移民を禁止することであり、中国人の移動の自由を制限することではない」ということを、移民係員に思い出させるものだった。[46] ローズヴェルトは、商人たちの不平はもっともだと思っており、不買運動をありのままに、つまり、中国人商人とすべての中国系の人びとが、太平洋沿岸諸州に法を守って平和に住んでいるときに経験した、情け容赦のない人種的な嫌がらせに対する商人たちの政治的な抗議だと理解していた。ローズヴェルトは、アジアで膨張するアメリカの経済力や貿易に関心をもっており、また、中国に住むアメリカ人商人の生命と福利を守る責任があったので、彼が外交上の互恵主義を尊重したかったのは理解できる。この対応のおかげで、ローズヴェルトは、外交上の利点にほとんど関心がなく、中国人の感情になどさらに関心を持たない、カリフォルニアの反中国派の白人有権者たちの支持を得られなかった。

越境的(トランスナショナル)な移民の政治的集結に関するこれらの例が示すように、数百万のアイルランド系、中国系、そしてイタリア系移民が、自分たちが持っている力をより確信するようになった。そして、場合によっては、アメリカで外国人として在外での生活をしている間に、彼らは民族的なアイデンティティの感覚をも強めたのだった。アメリカを脅かすことからはほど遠く、こうしたディアスポラの民族主義者たちは、たいていの場合、自分の出身国での変化に影響を与えることに集中していた。チャイナタウンやリトルイタリー、そしてアイルランド人地区での数多くの新聞や数百の小さな移民協会が、自分の出身国の政治的変革や、ときには革命を希求した。ニューヨークやニューオーリンズのイタリア人、またはアイルランド人共和主義者たちと、サンフランシスコとホノルルの中国人共和主義者は、イタリア王や大英帝国の支配者、あるいは中国の皇后を追放したいと思っていた。アメリカでの革命を望んでいた人びとの数は、もっとずっと少なかった。移民たちは、代表制という政治形態をとっているという理由で、アメリカにたいてい敬服しており、アメリカは自分たちの残してきた国の政治変化の模範だと考える者さえいた。中国人の共和主義者は、無政府主義者や社会主義者、後には移民の共産主義者とともに、アメリカにしばしば厳しい批判を表明した。アメリカは、彼らにとって人種主義と資本主義両方の悪を象徴している国だったのだ。しかし、ほとんどの場合、これらの活動家でさえも、故国から訪問中の扇動者を賛美し、故国での抵抗運動に対して、知的かつ経済的な支援を与えることに焦点を当てていた。たとえば、ムッソリーニがイタリアで政権をとったとき、多くの亡命者やイタリア系アメリカ人たちは、ファシズムが「アメリカに来る」かもしれない、ということを主として恐れていたようであった。そして、ある人は、もしそんなことが起これば、「それを海へと押し戻す」と断言した[47]。

送金の場合で見たように、移民の越境的(トランスナショナル)な政治は、移民が出てきた国にもっとも大きな影響を与えた。民族運動の多くの指導者が、移民として外国で働いたことがあった。その中には、労働者としてスイスに渡ったことがあったイタリアのベニート・ムッソリーニや、中国の一九一一年の革命の主要な指導者であり、革命家で中国国民党の創始者である孫逸仙（孫文）〔欧米では孫逸仙、中国、台湾では孫中山として知られる〕がいた。孫文は、商人であった兄と一緒にハワイに渡り、一八七九年から一八八三年の間、そこで学校に通った。中国に戻る前に、彼は英語を話せるようにさえなっていた。彼は、ハワイと密接なつながりを持ちつづけ、革命的共和主義の目的を追求しているときに、アメリカやヨーロッパ、日本、東南アジアだけでなく、少なくとも五回以上ハワイを訪問した。中国皇帝が、不法な革命活動を理由に孫文を「お尋ね者」としてブラックリストに載せたとき、彼の母親、妻、そして子どもたちは、孫文が自分たちを連れて逃げねばならないかもしれないとあやぶみ、ふたたびハワイに住まいを移した[48]。一九一一年の成功を収めた（穏便にすんだ）革命のあとに共和国となった中国は、イータンやサム・チャンのような中国系移民の政治的忠誠や経済的支援にたいへんな関心を持ちつづけた。

ほんのわずかなケースでしか、ディアスポラのナショナリズムは、アメリカに直接的な脅威を与えなかった。孫文のように、キューバの亡命者ホセ・マルティや、フランシスコ・マデロ、そしてその兄弟エンリケとリカルド・フロレス・マゴンのように、ポルフィリオ・ディアスに反対して陰謀を企てていた革命家たちは、多くの場合、隣国のアメリカからの資金や支持者を求めたり、故国での変革を計画し、それらを呼びかけたりした。ちなみに、ホセ・マルティは、フロリダのイーバーシティーを訪ね、そこで暗殺者の襲撃を逃れた人物だった。キューバやメキシコでのアメリカ人の力や影響力を考えると、こうした人びとの集結は、しばしば在外のアメリカ人の特権を脅かした。アメリカがプエルトリコやフィリピンで植民地を獲得したあと、これらの島々からアメリカへの人の流れの中には、ディアスポラの民族主義者という、声高に意見を述べる少数派がいた。こうした人びとは、アメリカに居住し働いているプエルトリコ人やフィリピン人に、故国でのアメリカ支配を終わらせるよう、同胞を援助してほしいと望んでいた。

武力や武器を使った暴力を含むような劇的な事件、または射撃場にやってきた移民という事件にさえ、アメリカ人は否定的な目で、非常に注意を払うようになった。アメリカ人は、グローバル経済におけるアメリカの地位の変化や、帝国主義のヨーロッパ諸国とともに国際関係という世界にアメリカが強引に分け入っていくことに、すでに不安になっていた。しかし、移民たちが組織化された武力を用いる暴動を支持するときは、たいてい、その暴動は移民の出身国で勃発し、ほとんどアメリカ人を脅かすことはなかったのだ。テクストに何も書いていないということに魅了された精神分析学的傾向のある歴史家やポスト構造主義の哲学者が、この時期の移民の外国とのつながりについてのアメリカ人の議論から思いついたことを考えずに、そのような議論を読み解くというのはいまだに難しい。アメリカ人の国外での行動と、アメリカ国内の移民に対するアメリカ人の認識の間にある明らかな類似について、いままで認識した書き手はアメリカにはいなかったのである。これは、効果的な「沈黙」であったのだろうか。それとも、実際に双方の集団を良く知っているアメリカ人がほとんどいなかったため、そのような比較をしてみることができなかったのだろうか？　印象的なのは、アメリカ人が、アングロサクソンかゲルマンの北方ヨーロッパ以外からの移民は人種的に劣っていると主張し、しかし、同時に彼らをアメリカの政府や文化、そして人びとを永久に変えてしまう能力を持った侵略者であると考えたことである。アメリカ人が、アメリカ人自身の膨張する国際的な権力を移民たちに重ねて考えたり、また、アメリカ人自身が帝国の作り手として生活し、投資し、働くために移住した多くの国の言語を学んだり、その法律や習慣を尊重したりすることを非常に嫌っていたということを、移民たちに投影していた可能性はあるだろうか？

多分、より理に適っているのは、自分たちの政府が外国の脅威からどれほどうまく、熱心に、かつ効果的に保護してくれるかについて疑問を唱えたアメリカ人が、十九世紀の終わりにはますます多くなったことを記しておくことだろう。上述された非常に印象的な三つの事例で、選挙で選ばれた公職者の公の対応は、対外政策とアメリカの地政学における移民の故郷の地位を反映しており、越境的（トランスナショナル）に集結し、国境を越えて銃を運ぶことができる移民の能力に、正当に、または間違っておびえているアメリカの有権者の望みを反映しているわけではなかった。一八四九年と同様、一九〇〇年でも、アメリカの外交や移民政策の立案や実行の大部分は、いまだに選挙政治やアメリカの有権者の手に届かないところにあった。

移民して国外に住むアメリカ帝国の作り手たちが保護を要求したとき、彼らは多くの場合、即座にそれを得た。われわれが、「黄禍」と呼ばれるものに敵意を抱くようなカリフォルニアの人びとの、目に余る人種主義や排外主義を受け入れないとしても、セオドア・ローズヴェルト大統領が、中国系移民に対する有権者たちの人種的な恐怖に応えることより、中国でのアメリカの貿易圏を強化することにより多くの興味を持っていたようだということを、われわれは認めることができるのである。ますます多くのアメリカ人たちが移民という侵略者の脅威から保護される必要があると信じるようになるにつれ、ますます多くの人びとが、移民を管理する新たな方法も必要だと確信するようになった。その目標とは、かつてはずっと自国を巻き込みかねない同盟や外国からの輸入品のような脅威から、アメリカを孤立させることだった。しかし、その国で、いまやますます多くのアメリカ人が、自分たちを移民たちから切り離すことを求めていた。そして、彼らは、移民がアメリカに入国するのを防ぐことによって自分たちを守るべく、選挙で選出される議員たちをふたたび当てにするようになったのだった。

# 第三章　移民と移民制限——危険な世界での保護　一八五〇〜一九六五年

一八九〇年代の政治について三〇年後に思い出話をして、元議員のリチャード・バルトホールドは、「その時代にもっとも議論された議題は、移民、財政問題、関税だった」と回想した[1]。彼が挙げた事柄から目立って抜け落ちていたのは、孤立主義者の反発や移民の制限でついには最高潮に達したアメリカのグローバルな実行行使への反感の高まりと、帝国の形成についてであった。一八九〇年代にはアメリカの有権者にとって関税や移民は国内問題ではなかったということを、バルトホールドはたぶん当時議会にいた人びとよりも理解していた。議員たちは、この二つの問題を熱心に議論したが、それは、これらの問題が、自国がますますグローバルな実力行使を強めていく中で、彼らが気づいた脅威からアメリカ市民を保護するための戦略と密接に結びついていると考えたからであった。

リチャード・バルトホールドは、世界におけるアメリカ合衆国の地位の変化によって、かき立てられた情熱を理解していた。それは、彼自身が国際情勢に非常に関心を持っている移民であったからでもあった。バルトホールドは、ドイツのギムナジウム（高等学校）での学業を途中で終え、十九世紀の多くのほかの若いヨーロッパの男性のように、家族の連鎖移民へと引き込まれた。一八七二年に、彼は父親の男きょうだいについてブルックリンへ行き、そこでいとこの経営するドイツ語新聞のための印刷工として働いた。のちにミズーリに向かって西へと移動し、その若い移民は記者、編集者、かつアメリカ市民になった。一八九二年に共和党員として議会に選出されたあとで、バルトホールドは、彼が成し得たことを年老いた父親と祝うために、初めてドイツに戻った。それが、帰化したアメリカの議員にとって五〇回以上にわたった大西洋を越える蒸気船の旅の最初のものとなった。

バルトホールドは、アメリカには世界情勢の中で果たすべき特別な役割があると信じている国際的な活動家になった。ますます多くのアメリカの有権者が、法律で定められた移民に対する規制は、外国の脅威に対する必要な保護策だと考えるようになった。一方、バルトホールドは、彼よりずっと若くさえあった外国生まれの少数の議員集団とともに、移民と移民の外国とのつながりを擁護する方法を探った。彼らはグローバルで大きな障壁、ときには個人的な障壁に直面した。アメリカ人の排外主義が彼の政治生命を断ったとき、その障害はリチャード・バルトホールドにとって個人的なものになった。リチャード・バルトホールドはドイツ生まれだったので、第一次世界大戦中、より高位の政治職の候補者として認められなかったのだ。

とくに戦争や経済危機が国際関係を席巻するようになると、アメリカだけでなく、まさに本当に多くの国で、十九世紀の国際移民は反対にあった。いわゆる「アメリカの世紀」は、平和な世紀ではなかっただろう。逆にある歴史家は、二十世紀の戦争や革命を「野蛮さへの堕落」と名づけた。[2] 世界中で政治的な暴力に関連した死者数は、非常に恐ろしいものだった。少なくとも一億人以上の一般市民や兵士が、世紀末までに戦争や革命や内戦で死んだ。アメリカの兵士が戦った一般に知られている戦争(一八九八年の米西戦争、一九一七〜一八年の第一次世界大戦、一九四一〜四五年の第二次世界大戦)という短いリストに、アメリカの軍事介入(一九一五年ハイチ、一九一四年と一九一六年メキシコ、一九五〇～五三年朝鮮半島、一九五四年グアテマラ、一九六一年キューバ、一九六五年ドミニカ共和国、一九五七～七五年ヴェトナム）や、外国に居住していた、または海外で事業をしていたアメリカ人に影響を与えた暴力革命（一九一〇年メキシコ、一九一七年ロシア、一九四九年中国、一九五九年キューバ、一九七三年チリ）のもっと長いリストが加わる。一九四五年から一九八九年のソヴィエト連邦との五〇年間にわたる冷戦は、国内の安全保障に関するアメリカ人の不安を増した。一九三五年以降、世界規模での自由貿易と関税率引き下げが、グローバルな平和と国際協調のための公のアメリカの方針となるにつれて、そして、国際移民が地球規模で減少するのにつれて、移民の数をさらに減らすことはいつも支持され、ときにはかなり多くの一般の支持を得ていたということが、アメリカ国内の世論調査結果で裏づけられている。

アメリカの孤立という神話が長く象徴的に支配していた間、おそらく移民はアメリカを世界に結びつけるという点において、対外貿易または国家の公の国際関係と同じぐらい重要でありつづけた。二十世紀の間、グローバルなアメリカを形成していく上で、移民の重要性は大きく減じた。移民制限を国内の人種主義の産物として検討する歴史と違って、グローバルな視点からみるアメリカ移民史は、移民制限を押し進めた人種主義や排外主義を、アメリカの対外政策とその管理をめぐる一世紀にわたる政治的な対立の中に位置づけている。その対立は、アメリカがグローバルな強国として興隆していったことと、孤立主義の神話を捨て去ったことに始まった。国際主義者と孤立主義者の争いのせいで、行政府、とくにアメリカ大統領は繰り返し議会と対立した。国際関係を連邦が管理すること、移民や貿易の管理における行政府と立法府の力の均衡、さらに、ひとたび移民数が制限されたなら、移民を選別するのに適切な方策、以上をめぐる対立が、三つの根源的な政治的対立であった。これらを検討することで示唆されるのは、高い関税率と比較的自由な入移民を許していた孤立主義の国から、入国を管理し制限しようとする一方で、自由貿易を提唱する世界規模の強国へと、いかにアメリカが変化したか、ということである。

貿易政策は、行政府のますます広範囲で多国にわたる地政学的戦略になり、移民政策は、ますますアメリカ側だけで一方的に施行され、国内の問題として立法府が管理するものになった。それにつれて、数十年にわたる対立は、アメリカの国際関係の管理に新たなメカニズムを作り出した。これら二つの以前はからみ合っていた対外政策の要素が分かれていくにつれて、外国にいる友人や血縁者、そして故国のための移民たちの集結もまた、その焦点をずらしていった。最初は、移民の有権者は、国内の選挙政治と議会でのロビー運動を通じて集結した。しかし、新来の移民出身の政治的に有能な市民たちは、対外政策に関してアメリカ大統領が関心を持っていることから、移民制限法の影響に対抗するのに、ときには行政府が有能な同盟者になり得るだろうとすぐに悟った。一九六五年までに、大統領と移民出身の移民政策改革派が手を組むことは、いくらか成功を得ることさえできた。それでも、移民たちが自分の血縁者への優遇をますます求めるようになるにつれ、十九世紀によくあったような、ある種の越境的(トランスナショナル)な政治的集結を通して構造の変革を求める、という可能性は低くなってきた。

### 変わりゆくアメリカの国際関係——州の管理か連邦の管理か?

合衆国憲法が、国際関係の管理を明確に連邦政府に限定していたにもかかわらず、貿易と移民の両方を連邦が管理することは、繰り返し諸州からの反対にあった。サウスカロライナは、一八三二年に連邦による関税をめぐって、連邦からの脱退を迫った。一八四九年に最高裁判所が、州や地方の移民法を無効にすると、諸州の権利をめぐり次第に悪化し、最終的には武力紛争となった激しい地域紛争のただ中で、同州は連邦から脱退した。移民制限によって市民の保護を図ろうという努力をやめるよう諸州を説得するには、たった一度の、しかも五分五分に分かれた最高裁判所の判決では、十分ではなかったのだろう。

一八五〇年代の南部人が、奴隷制を維持し、関税を低くし、市民の権利を守る州の権利、言い換えれば、主権者として振る舞う権利を求めつづけていたとき、移民や帰化を規制する州や地方の努力もまた続いていた。ニューヨークの人びとは、運輸業者や乗客に課された人頭税やほかの料金を徴収することで、州が運営する移民入国管理局のキャッスル・ガーデンを支えるための歳入を、またもや増やそうとした。一八四八年の米墨戦争のあと、そしてその結果、アメリカが肌の色の濃いカトリックの住民という新たな人口を得たあとで、国の多くの場所で排外主義の有権者たちは、ノー・ナッシング党と普通呼ばれていたアメリカン党から役人を選出しはじめた。この党は、カトリックや外国人が、帰化や市民権や公職を得ることを制限する法律を通過させると公約していた。カリフォルニアの白人たちは、外国人の坑夫に人頭税をかけ、商船には中国人移民のために保証金を支払うよう求め、中国人の事業には税金をかけた。裁判所の判定にもかかわらず、諸州の挑戦は南北戦争まで続いた。

一八六〇年以降、分離した南部諸州がもはやワシントンに代表をおいていなかったので、連邦政府は、南部の叛徒に対する戦争に資金を調達するために関税を引き上げるのと同時に、移民に対する管理をよりいっそう強化しはじめた。長続きはしなかったが、エイブラハム・リンカンは、ヨーロッパから移民労働者を引き込むために、すぐになくなってしまったものではあるが、移民局を作った。一方、連邦議会は、「苦力」（年季奉公の中国人）がアメリカ所有の船でアメリカへ輸送されるのを禁じた。また、いまだに白人にのみに限定されていた特権ではあったが、帰化する意図を表明した外国人は、西部の入植者用の土地を申請する資格があると明示した。

南北戦争後の憲法修正や連邦の市民権に関する法律制定は、新たに解放された奴隷の身分を定め、連邦と州のこれらの対立を解消することをめざした。一八七三年の大統領への報告は、「市民権は国全体のものであり」、「各々の州ではなく、国家の主権」の事項であるとの宣言で始まって、次のような言葉で締めくくられた。新たに解放された奴隷と移民双方にとって関心のある問題、すなわち、「市民にしたり、させなかったりできるのは国家であり、国家だけである」[3]。その後すぐに、最高裁判所はニューヨークの人頭税をふたたび無効とし、同時にいくつかの太平洋沿岸諸州の中国人排斥法も、あるものは通商条項を破っているという理由で、またあるものは連邦の市民権法、つまり、憲法修正第十四条を侵しているという理由で、または、西部の中国人排斥法の場合には、一八六八年のバーリンゲイム条約を侵しているという理由で、無効とした。州が移民を規制することをめぐる対立の終結として、自分が間違いなく望んでいることを要約して、ある連邦の裁判官は、「これ（アジア系移民に対するカリフォルニアの法律）と、『サムター砦に発砲すること』の間には……直接と間接の違いがあるだけで、それ以上のことは何もない[4]」と論じた。

移民を管理しようとする州レベルの努力は、一八三〇年代の連邦の関税に対する南部人たちの挑戦と同じように行き詰まった。州権からの挑戦が終わるにつれて、連邦の移民に対する管理、監督は、国務省から財務省へ、さらに商務労働省へ移されて、移民の審査は税関職員の管轄から除かれた。一八九一年に作られた新しい移民局が、ニューヨーク港のエリス島の移民入国審査場（一八九三年に開所）やサンフランシスコのエンジェル島の移民入国審査場（一九一〇年に開所）を監督した。

一九〇六年に、連邦議会は統一の帰化手続きを決め、帰化手続きを連邦裁判所に限定し、入国と新たな市民の創生の両方を管理するために、移民・帰化局を加えた。

しかし、関税・貿易政策と移民政策の両方のケースで、連邦レベルでの整理統合は、長く続く軋轢の舞台を単に変えることになっただけだった。一八六〇年以降の十九世紀の残りの大部分の間、関税や移民制限はアメリカ人を外国の脅威から守るかどうか、そしてどのように守るかについて、対立が高まりつづけた。一方で、貿易政策と移民政策を結びつける連邦政府の体制が、ワシントンで崩壊しはじめた。

## 変わりゆく国際関係――関税を行政府が管理するか、立法府が管理するか？

二十一世紀の視点から見れば、関税という話題について、十九世紀終わりの政治家、編集者、そして有権者から「吹き出す」大げさな言葉の「完全な量」を理解することは、非常に難しいかもしれない。[5] 移民制限を求めるこれらの議論の妥当性を理解することは、さらにもっと難しいかもしれない。しかし、関税は、否定的な外国からの影響から保護を求めるアメリカ人の願望を、十九世紀にはもっとも顕著に表すものだった。そして、対外貿易や移民もまたアメリカの外交政策の管理において、密接に結び合っていた。関税をめぐって繰り返された激しい議論は、移民制限の歴史をわれわれが理解するのに重大であるだけでなく、どのように移民たちが国内問題と見なされ、規制されるようになったのかについて、手がかりを与えてくれる。事実、まさに十九世紀終わりと二十世紀初めの関税に関する論争において、対外貿易と移民の管理が切り離されはじめたのだった。

十九世紀を通じて、高い関税によって経済を保護するという考えを支持する人びとは、自分は自由貿易の提唱者であるとますます自称するようになった、低関税、または免税を支持する人びとと対立した。しかし、激しく競った選挙後でさえ、議会によって立法化された関税の変更は、普通は少しずつしか進まず、多くの場合、特定の国ぐにからの特定の品目の輸入関税率をたった〇・二〜三パーセントだけ上下させるだけだった。比較的小さな変更でさえ激しく議論され、関税問題に対する候補者の立場が、選挙の年の議論では注目されることになった。議席が政党間の勢力を変化させ、政党の勢力のバランスが政党から政党へと揺れ動いたので、多くの場合、有権者は関税率の増減の長期的な傾向を知ることができなくなった。関税はしばしばかなり高くなったが、関税を平均二七パーセントに固定した一九一三年のアンダーウッド・シモンズ関税法でも、税率は一八五五年の水準をちょうど越えた程度だった。絶え間なく関税率が変更されることで、議会は疲弊し、選挙の年にはののしり合いの論争となった。そのため、多くの人びとが、明快な解決策がないように思える、いまや明らかな政治的行き詰まりを認めたのであった。ある疲れきった支持者が、回想録を書こうと準備している議員のリチャード・バルトホールドに次のように警告したのは、不思議ではない。「あなたが何を書こうとも、関税のことについては書くな。あれは、あまりにも退屈で陳腐な話題だよ！」[6] そして、実際それは、十九世紀の関税論争について、今日の多くの読者が感じることなのだ。

しかし、関税についてのこの政治的な行き詰まりの解決から、どのように移民政策が国内のものとされ、対外貿易の規制から切り離されるようになったかを知ることは、可能である。一八五〇年代に、ホイッグ党の評者は、関税はアメリカの賃金を引き上げ、そのことが、逆に海外からの労働者を引きつけるから、「関税が高くなれば、移民数も増大する」と主張した。[7] 一方、一九〇九年にある編集者は、「商売の方法を管理している賢い人びと」は、「労働の産物に課される関税が労働者自身にとっての保護だと、一般庶民の有権者たちに教え込むほど、十分ずるがしこい」と憤った。そして、その書き手は、その代わり、「アメリカの労働を直接守る手段として、移民への課税」を要求した。[8]つまり、アメリカの労働者の立場にとって真の脅威は、輸入品ではなくむしろ移民たちに由来するから、関税はアメリカの労働者を守りはしないと、評論家が議論しはじめたのだ。一九一三年までに、フランク・ジュリアン・ウォーンが、「啓蒙されたアメリカの勤労者」は、彼が侵略だと見なしている「移民の無制限または自由な取引に反対する」と結論づけたとき、アメリカ労働総同盟は彼に同意した。ウォーンは、労働者は輸入品ではなく移民からの保護を望んでいると強調した。[9]言い換えれば、彼がこれを書くときまでに、外国の脅威からアメリカ人を保護するための優先される仕組みとして、保護関税をめぐる議会の論争は、すでに移民の制限をめぐる議論にとって変わられていたのだった。

対外貿易の管理から移民の規制を切り離したのは、輸入品ではなく移民たちをアメリカ人がもっとも恐れる侵略者にした、保護主義をめぐるこの新たな理解にもとづいていた。とくに、一九一三年の連邦の所得税の成立で、以前関税によってもたらされていた歳入の埋め合わせが約束されてから、連邦議会が、移民からアメリカ人を守ることにますます焦点を当てるにつれ、議会は対外貿易の管理についても再考できた。

アメリカの商業の膨張と国際的な指導力を支持する議員、大統領、そして国務省の役人たちは、ある経済史の歴史家のうまい言葉で言えば、関税を「国の生き残りの道具」から「国際的な統合の道具へと」変えるために働いた。[10]国内政治のぶつかり合う利害が、いとも簡単に政治的な行き詰まりになる議会の手から、彼らはますます関税の決定や調整の権限を取り上げようとした。彼らの目的は、過去の通商条約とは異なり、とくに関税を下げるように意図されていた、互恵的または二国間条約の協議における国務省の役割の拡大に対し、議会の同意を得ることであった。関税を強く支持していた共和党の議員、ネルソン・アルドリッチは、そのような「現代の外交上の干渉」を嫌悪した。[11]下院で相当な反対があったのにもかかわらず、一八九〇年のマッキンリー関税法は、ヨーロッパ諸国がアメリカの輸出品への税率を上げたときに、アメリカの関税を引き上げる権限を行政府に与えた。一八九七年のディングリー関税法も、行政府の交渉権を拡大した。そして、民主党の大統領、グローヴァー・クリーヴランドは、外交官が協議する可能性もある、ある種の双務的な関税削減について大統領に進言する「互恵委員会」を任命したのである。歳入を増大させることに議会が負っている責任が、連邦の所得税によって果たされると、関税をめぐる政治的な論争のもう一つの土台も崩れ落ちた。

そのため、一九二二年や一九三〇年にそうであったように、議会が関税率をふたたび引き上げたときでさえ、外交上の必要があれば、行政府が税率を変えることに議会は承認を与えたのだった。民主党の大統領フランクリン・ローズヴェルトは、一九三〇年のスムート・ホーリー関税法により、壊滅的な貿易戦争が突然起こり、地球規模での大恐慌が国内へ与える影響も大きくなったのだと論じた。[12]その後、彼は、関税に対してより大きな権限を得た。一九三四年に連邦議会は、関税の管理権をさらに行政府へと移す互恵貿易協定計画（ＲＴＡＰ）を成立させた。ハリー・Ｓ・トルーマン大統領は、高い関税が第二次世界大戦を避けられないものにしたと論じつづけた。新たな「経済『戦争』」を避けるために、アメリカは「関税の削減を率先しなければならない」と、一九四七年初めに彼は述べた。[13]共和党の大統領ドワイト・アイゼンハワーは、多国間の自由貿易協定が世界の平和の最善の基礎になることに同意した。一九四五年の国際連合と一九四九年の北大西洋条約機構（ＮＡＴＯ）から、関税及び貿易に関する一般協定（GATT——世界貿易機関（WTO）に一九九五年に引き継がれた）まで、戦後の国際機関は、自由貿易の提唱においてはアメリカの指導に従った。一九六五年までに、アメリカの関税率は半分以上も減少した。しかし、二十世紀を通して、議会は、関税を設定する権限を失っていくにつれて、代わりに移民を制限して保護主義の役割を果たそうとした。

### 変わりゆく国際関係——移民を行政府が管理するか、立法府が管理するか？

関税の管理が行政府へと移されるにつれて、移民の管理は、通商外交における係船所から議会へと移った。この変化は、簡単でも迅速でもなかった。議会と行政府の長期にわたる全面衝突により、法律制定によって移民を制限する土台が準備され、また、議会は入移民に関する改革を求める人びとのための主な牙城となった。

行政府と立法府の最初の衝突は、一八六八年のバーリンゲイム条約の規定下にある中国人移民についてであった。上院は、その条約を再建期の間、承認していたが、その時期は、議会から排除された、主に民主党員から成り勢力を増していた元南部連合支持者に、平等主義者の急進的な共和党員が、短期間ではあったが合流していた時期だった。よく知られているように、バーリンゲイム条約は、ヨーロッパとの以前の通商条約の特徴となったのと同じ移動、交易、居住の自由を、中国人にも広げたものだった。中国の支配者たちは、長い間、西欧諸国にそのような互恵主義を求めてきたが、ほとんどそれを得ることができないでいた。西部諸州の有権者からのバーリンゲイム条約に対する抗議は即座に起こり、しかも非常に激しかった。一八七五年に、議会はアジアからの移民を領事が監査することを求め、売春婦や年季契約労働者（「苦力」）、有罪歴のある者を（しかし、これらの諸問題の原因としてとくに中国という名を挙げずに）排除する法律で、カリフォルニアの有権者をなだめた。中国との貿易拡大を望んでいたので、行政府は、中国からの移民だけを制限することで中国皇帝を侮辱することに反対して、議会に警告を与えた。

一八八〇年に、カリフォルニアの最新の憲法会議は、彼らが言うところの中国系移民の致命的な影響をさらに除いてくれるよう、議会に要請した。その後すぐに、とくに率直な『ニューヨーク・タイムズ』のある論説委員は、法律による移民制限と通商外交がますます相反することに関して、自分なりの皮肉を含んだ解決法を示した。彼が見るところでは、過去、アメリカは、「北西部の有権者が……土地を獲得したいと望んだときはいつでも、インディアン部族と数えきれないほど多くの条約を結び、それを破った」。それゆえ、「われわれの政府の基本的な原則の一つ」は、世界の「弱く力のない」国ぐにとの「条約を守る義務はないということだ」と彼は述べた。逆に、と彼は続けた。「われわれは、われわれ側の不誠意や不正行為に激怒し得るイギリスやフランスのような国ぐにと結んだ条約を守る。しかし、われわれは、インディアンたちをおとがめなしで騙せるのだ。われわれは、同じ論法を（中国との）条約に適用できる」。中国は、「強力な海軍でわれわれの海岸を侵略することなど」できないし、「われわれの町を襲う」こともできない。彼の考えでは、中国の弱さが、バーリンゲイム条約の尊重を、ただの「感傷的で無意味なこと」にしてしまったのだ。[14]

他方、国務省は、外交上の「感傷的で無意味なこと」にかかわりつづけていた。しかし、一八八〇年に中国と取り決めた新条約が、一八八二年に始まる一〇年間、議会が、中国からの労働者を排斥する道をまさに開いてしまったのである。同条約は、商人の移動し居住する自由を保護しつづけていた。議会は、一八九二年にふたたび中国人労働者に対する入国禁止を更新した。一九〇二年に、再燃した中国からの外交上の抗議をめぐって、議会による中国人労働者の入国禁止は恒久的になった。気が大きくなって、議会はすべての移民に人頭税も課した。議会は、貧民、精神異常者、聾唖者、盲人、罪人、働くことができそうもなく公共の負担になりそうな虚弱者やそのほか（たとえば、単身で渡航してきた女性や幼い子どもたち）もあわせて、入国禁止とした。

最高裁判所は、移民の管理への議会の役割の拡大を支持しただけでなく、ほとんどすべての憲法上の再審理や制限なしで、議会は移民に対して権限を持っていると宣言した。この重大な決議の判例となったのは、留置された中国人労働者であるチャオ・チャン・ピンが起こした一八八九年の裁判であった。[15] 西部人だという理由でリンカンが裁判所に任命した、陪席裁判官のステファン・ジョンソン・フィールドは、この裁判で多数派の意見を書いた。それは、議会が脅威だと見なすいかなる人や集団もアメリカの領土から追い出せるという、アメリカの権限を承認するものだった。フィールドは、条約は議会ほど移民に関する権限を有していないと論じた。いまや議会が権限を有している。それならば、移民を規制する議会の権限をひとたびアメリカの裁判所が認めたならば、裁判所は、特定の事例への法律の適用に介入するだけにして、移民の制限、追放、そして入国禁止に関する議会の権限に、これ以上異議を申し立てるべきではない、と彼はさらに論じた。意義深いことに、一九〇五年の不買運動が起こったのは、まさに苦しむ中国人商人の裁判の審理を、最高裁判所が拒否したからだった。

フィールドは、一八四九年の旅客訴訟事例において挙げられた多くの論点を、繰り返し述べた。国際法は自国の臣民または市民を守るよう諸政府に求めていると、彼は指摘した。しかし、いかなる理由であれ、脅威を与えていると考えられるどんな人物でも、国の領土から閉め出せるという権限を含む保護政策を、フィールドはより露骨に表現した。実際、排斥する権限は、自国の領土に対する司法権の基礎である、とフィールドは続けた。その権限は、「国の独立の一部であり」、国の存続の一部であり、それゆえ、国の主権にとっての鍵なのだ、と彼は主張した。フィールドの明確な記述では、政府の保護義務は、憲法の条文に先立ち、かつそれを超えて存在していた。それは、立法措置で奪うことができないものであり、外交官の協議で取り去られるものでもなかった。それは、裁判所によっても制限できないものだった。フィールドは、どの外国人も侵略者だと、強くほのめかしていた。彼の議論の多くで、外国人を追い出すことに対して議会が有している権限が、宣戦布告に対して議会が有している、憲法上規定された議会の権限と比較されていた。これにもとづき、議会は、一九〇二年に無政府主義者の入国拒否・退去強制は問題ないと、すぐに考えた。無政府主義者の排斥は、イデオロギーにもとづく最初の移民の排斥であり、さらなる規制がこれに続くことになった。

ピン対アメリカは、移民の外国人にのみ適用されるように思えた。しかし、外国の脅威から国家やその領土、そして市民を守るための議会の無制限の、いわゆる絶対的な権限または全権を議会が主張したことは、植民地化された国外の領域に住む外国人をアメリカが統治することに関しても、重大な意味を持った。いわゆる島嶼問題は、いかに絶対的権限が移民の統治と帝国を結びつけたかに注意を向けさせてくれる。アメリカの膨張の支持者であった、上院議員のジョセフ・B・フォラカーが説明したように、一九〇二年の島嶼問題のもとでは、「合衆国憲法は、国旗に従わない」のであった[16]。合衆国憲法とそれが保証する権利は、北米、アラスカおよびハワイのアメリカの領域でのみ当てはまる。いかなる外国人も、これらの領域内に入ることを拒否され得る。また、逆に、移民として入国を認められた外国人は、これらの領域内でのみ憲法上の保護を享受できた。それ以外のアメリカが支配する国外の領域で、それらの「外国」の地の地元民である植民地化された「外国人」には、憲法上の権利はないだろう。同様に、アメリカへの移民として、北米やハワイへの入国許可を求める外国人は、憲法に保護されないままであった。移民の外国人が、実際に北米のアメリカの領域への入国許可をもらって入国するまで、彼らの憲法上の身分は、外国に作られたアメリカの居留地の中に住む、地元出身の外国人とほとんど違わなかった。

ひとたび裁判所が、移民管理に対する議会の権限の驚くべき拡大を是認すると、この後に続くアメリカのほとんどの大統領や国務長官は、議会がのちに可決した移民制限の多くに対してと同様に、それに対しても異議申し立てをする理由を見い出した。移民に対する制限は、行政府や領事たちが親善と、たいていの場合は貿易の機会も保ちたいと望んでいた国ぐにを、しばしば侮辱した。中国在住のアメリカ人への悪影響を恐れて、国務省は、中国人の商人、学生、聖職者へ制限を拡大することに繰り返し反対した。アメリカが、太平洋地域で興隆し急速に近代化する強国として日本を認識したころ、サンフランシスコの日本人の子どもたちの隔離に関する日本政府からの公の遺憾表明も、一九〇六年にセオドア・ローズヴェルトの耳に届いた。略式協議の結果、日本が以降の労働移民を禁止する内容の非公式の紳士協約が結ばれた。しかし、ローズヴェルトは、アメリカに入国し、居住することを承認された日本人や外国人の権利の保護では、「憲法が第一である」ということを、カリフォルニアの立法者たちに警告する必要性を感じた。(17)

ローズヴェルトの国務長官エリフ・ルートは、立法者が移民を新たに管理することをもっと率直に批評した。「外交の実践は、数人の学識ある人びとにとどめられている謎ではなくなった」と、彼はおおっぴらに嘆いた。「そして、それは大勢の市民の意見や意志に応える代議制(立法)の結果となった」[18]。要約すれば、移民の管理がよりアメリカの権限だけがふるわれ、かつ法律によるものになるにつれて、それはより民主的になった。この民主的な管理は、世界のほかの地域との関係を維持したい、または拡大したいという移民や行政府の望みを、ほとんど尊重しなかった。多くのアメリカ人有権者に人気の科学的人種主義と孤立主義が、すぐに議会の議事堂にあふれかえったのである。

東海岸の科学的人種主義者は、一八九四年にハーヴァードの著名なニューイングランド人によって創立された移民制限同盟として集結し、「市民権にふさわしくない、または、われわれの国民的な特質に害をなす要素」の制限を求めて、議論しはじめた。識字テストは、民主的な統治を受け入れる能力が人種的にもっとも低い集団、つまり、アジア人、メキシコ人および東欧、南欧の人びとを主に排除するだろうと、彼らは言った[19]。議会で移民制限を支持する人びとは、自分たちは民主主義を擁護したいのだと主張して、移民しようとするすべての人びとに、識字能力を必要条件として課すことを繰り返し求めた。しかし、彼らが見たのは、民主党の大統領グローヴァー・クリーヴランド（一八九七年）とウッドロー・ウィルソン（一九一四年と一九一七年）、そして共和党の大統領ウィリアム・ハワード・タフト（一九一三年）も、彼らの求める法律制定を拒否したことだった。一九一七年のアメリカの第一次世界大戦参戦前夜に、ウッドロー・ウィルソンは、アメリカの同盟国になりそうなヨーロッパ諸国出身の移民を制限することが意味するやっかいなことに対処しようと、拒否権を使った。移民制限は、もともと移民であったアメリカ市民に対する侮辱であると語ったのも、大統領やときには外国生まれの議員たちであった。

アメリカがヨーロッパでの戦争に参戦したとき、アメリカ人のいまだに強い孤立志向は、外交問題に対する行政府の統轄と立法府の統轄をふたたび調和させようとすることと、かなり結びついていた。第一次世界大戦中やその直後に、移民制限が勝利したことは、偶然ではない。ドイツを倒すために、ヨーロッパの同盟国の一部として、フランスとイギリスとともにヨーロッパで戦った対外戦争ほど、アメリカが孤立主義や孤立主義の神話を捨て去り、ヨーロッパと継続的にかかわり、外国の脅威に市民をさらしたことを象徴しているものはない。民主党大統領ウッドロー・ウィルソンの「国際主義の」方針、つまり、関税を下げ、「世界を民主主義のために安全なものにする」ための軍事行動[20]、そして、戦後の国際連盟の提案といった行動指針が混乱を招くような影響を及ぼしてきたと、長い間、学者たちは認めてきた。戦争終結までに、議会の政策を観察していた人びとは、新たな「孤立主義」について遠慮なく書いた。実際、この用語が考案されたのは、そのときだったのだ。いわゆる孤立主義者は、ウィルソンの地政学的戦略のどの原理にも反対した。ウッドロー・ウィルソンの国際主義と議会の反対勢力の新たな孤立主義は、国際連盟についての議論だけでなく、移民制限が勝利したことにおいても、際立っていた。

移民制限への孤立主義の影響がはっきりと見て取れるのは、ヘンリー・カボット・ロッジによる、両問題への頻繁な干渉においてである。ロッジはマサチューセッツの上院議員で、移民制限同盟の初期からの支持者であるばかりでなく、一九一九年から一九二四年までの上院外交委員会で大きな影響力を持った委員長でもあった。彼は典型的な孤立主義者ではなく、アメリカの膨張を支持しており、一八九八年にはスペインから新たな領土を獲得することも支持していた。また、彼は、一九一七年にドイツに対してアメリカが宣戦することに反対票を入れた五七人の議員の中には、加わっていなかった。一九一七年四月に、この六十七歳の上院議員は、少なくともロッジの話では、彼が宣戦布告を支持したという理由で彼を臆病者呼ばわりし、殴ろうとしたある不戦主義者を殴り倒した[21]。それにもかかわらず、ロッジは、ウィルソンの国際主義をアメリカの主権への脅威と見なして嫌っていた。一九一九年に、ロッジは、「われわれの主権の多くを犠牲にするのを、われわれはどこまで正当とするのか？」と訝った。また、彼は、アメリカ国旗への忠誠を「連盟のために作られたごちゃ混ぜの旗」にも分たなければならないという考えを、どれほど嫌だと思っているかも強調した。移民と外国の国旗の両方を表現するのに、「ごちゃ混ぜ」という言葉をロッジが使ったことは、どのように移民制限、科学的人種主義、そして孤立主義が時にはからみ合っていたかを、見事に示している。ロッジは、国際主義の人道主義的な諸目標に対していかなる敵意も感じていないと言った。しかし、アメリカが、「主要な付帯条件（条約）に加盟したり、自己の政策や主権を他の諸国へ委ねたりしないことで」、平和や文明をもっともよく促進できると確信していると、彼は述べた[22]のである。

数カ月以内に、ロッジは、「ごちゃ混ぜの」連盟に対して「懸念」を表明した。その懸念には、アメリカの連邦議会だけが、「国内司法内にあるいかなる問題も決定する権利」を有するという彼の信念があった。「国内問題に完全に、または一部が関連している国内の政治問題」だとロッジが理解していたものは、「移民、労働、沿岸部の交通、関税、（そして）通商……」を含む長い項目に及んだ。ロッジの考えでは、そのような国内または内部の問題は、「もっぱらアメリカの司法権の中に」あった。それらは、外交問題に対する行政府の管理の一部として、二国間または多国間の協議または条約に支配され得なかった[23]のである。要約すれば、それらは議会によって管理される問題だったのだ。

国内政策と議会の権限についてのロッジの拡大解釈は、一八九八年と一九一七年に、戦争に反対していたより伝統的な孤立主義者を彼のまわりに集まらせる原因となった。一九二〇年に、アメリカ上院は、国際連盟の条項を含んだヴェルサイユ条約の承認を拒否した。アメリカは、その後、長期間にわたり、完全な孤立主義には確かに戻らなかった。しかし、新たな孤立主義の政治的勢力は、アメリカの国際的な行動主義が、帝国というかたちであれ、対外戦争のかたちであれ、あるいは国際組織への参加というかたちであれ、どれほど論争を呼ぶものであったか、ということを思い出させるものだった。移民に対してなおいっそう厳しい新たな規制が可決され、また、長期にわたってそのような規制が維持されていくことに、孤立主義者が非常に重要な役割をすぐに果たすようになった。

第一次世界大戦後、多くの孤立主義者、とくに、以前は自由な人の移動、自由貿易、低い関税を支持していた南部出身の人びとが、その時からずっと、移民制限の強力な支持者となった。移民制限を求めたロッジの持続的な運動は、国際連盟結成への彼の反感を強く反映していた。ロッジの目には、移民の「ごちゃ混ぜ」は自治の伝統を欠いていたので、国際連盟同様、強力なアメリカの連邦議会にもっともよく象徴されるアメリカの自治と民主主義に対する脅威となったのである。ロッジやほかの議員たちは、一九一七年のウィルソンの拒否権を覆し、母国語での読み書き能力を提示するよう、移民たちに命ずる法律を制定しただけでなく、「禁止区域（ゾーン）」と呼ばれたアジアの大部分からの移民を禁止した。一九一七年に上院移民委員会の委員長であったサウスカロライナのエリソン・スミスにとって、まさに主権国家としてのアメリカの存続は、科学的人種主義の言葉で言えば、「純粋で均質なアメリカの人びと」と彼が呼ぶものの維持と、人種的に劣った人びとの排斥次第であった[24]。一九二一年と、ロッジが死んだ一九二四年に可決された議会の法律は、アジアの全地域からの移民を禁止し、入国が許可される東半球のそのほかの地域からの移民の総数を一五万人まで減少させ、南欧、東欧からの移民よりも西欧、北欧からの移民に特権を与えた国別割当法にしたがってビザを配分した。外国の脅威から距離を置きたいというアメリカ人の願望を、これより明確に述べているものはない。

西部の共和党員で、下院での一九二四年移民法の主唱者であったアルバート・ジョンソンが、それを「アメリカの第二の独立宣言」と呼んだとき、彼は孤立主義者にとって移民制限が重要であったことを理解していた。上院が国際連盟を否決したことが、アメリカをウィルソンの国際主義から引き離したのと同じぐらい確実に、移民制限は、移民のヨーロッパやアジアとのつながりを断ち切ろうとした。移民制限と孤立主義が合わさって、アメリカの独立を守り、外国の混乱から保護してくれると、ジョンソンはほのめかしているようだ。ジョンソンは、移民を制限することで自己の主権を守れないような国は襲撃されると、「アメリカ革命の娘たち」の会合で警告した。日本人移民排斥に対する日本の反応は、効果的かつ即座にアメリカからの輸入品に一〇〇パーセントの関税を課すというものだったが、ジョンソンは、それ自体が戦争の脅威を生ぜしめるものと考えてさえいた。彼は、日本におけるアメリカ人の事業が、結果として損なわれることを後悔しなかった。そのような損失は、「われわれの海岸で移民を管理するわれわれの主権」とジョンソンが呼ぶものを守るための代価であったのだ。[25]

ジョンソンは虚勢を張ったが、移民問題は、議会によって一方的に管理できる純粋な国内問題へと簡単には変わらなかった。孤立主義者が成功を収めたことで、実際にアメリカがグローバルな舞台から身を引く、ということもなかった。この時代の多くの議員たちでさえ、それは不可能であると知っていた。たとえば、一九二四年移民法を議論したときに、連邦議会は近隣諸国を愚弄する危険性について深く考慮し、南西部の雇用主たちからの強い支持で、南北アメリカ諸国（西半球）には国別割当法を課さないことに決めたのだった。ヨーロッパとの外交上の密接なかかわりを嫌った孤立主義者たちでさえ、「棍棒」砲艦外交よりもよい選択肢として、汎アメリカ的親善をときには支持した。アメリカが、ラテンアメリカ諸国が「自己の運命について自由かつ無制限な決定をすること」に対し、もはや軍事的に介入しない、または妨げないというフランクリン・ローズヴェルトの一九三三年十一月の声明のあとで、ハーバート・フーヴァーによって偶然名づけられた「善隣外交」は、いっそう大きな意味を持つようになった。そして、少なくとも部分的には、その政策は、移民制限という屈辱からアメリカ諸国を除外することで支えられていたのである。[26]

一九二四年以降、行政府も移民政策に対する役割を完全には放棄しなかった。連邦議会は、四〇年前の中国人労働者排斥の場合とちょうど同じように、制限的な国別割当法の日々の執行を、在外のアメリカ大使に委ねた。国境で限られた数のビザを移民審査官に発給させるよりも、国務省は、規制業務を外国で行なった。それ以降、学者たちは、移民制限を領事が管理することを「遠隔操作」での執行と呼んでいる。遠隔操作は、送還される人数を減らすことで、国境で起こり得る問題を取り除けるという利点があった。しかし、それはまた、国務省が継続して移民を管理する役割を負うことを保証した。[27]

ときとともにアメリカの地政学的戦略が変化するにつれて、議会による移民制限に対する行政府の不平の理由も変化した。もう一人の強力な国際主義者で人道主義者のフランクリン・ローズヴェルトは、ナチズムのドイツがますます軍事化を進めていることと、ドイツのユダヤ人たちに対する迫害が高まっていることに、アメリカは対応しなければならないと、すでに一九三〇年代に信じていた。しかし、一九二四年に、移民制限支持者で人種主義者のアルバート・ジョンソンは、移民制限が、「アメリカが世界の抑圧された人びとにとっての避難所であるという考え」の終わりを意味しているのだと、断言した。[28]ローズヴェルトと同時代人のテキサス州の民主党員マーティン・ディエスは、さらに厳しかった。彼は、嫌疑をかけられた共産主義者やほかの外国人の急進主義者の取り調べをのちに指揮した人物であった。一九三四年に、彼は次のように述べた。「われわれは、むせび泣くセンチメンタリストや国際主義者の涙を無視しなければならないし、新たな移民の波に対してわれわれの国の門を永久に閉ざし、鍵をかけ、かんぬきをして、それから鍵を捨てなければならない」[29]。高い失業率でやる気を失っていた有権者市民にとって、ディアスの言葉は真実に響いたのかもしれない。しかし、鍵を捨て去った結果は、外国人のみに実感されたわけではなかった。というのも、多くのヨーロッパ人は、アメリカ人の外国にいる親戚だったからだ。当時孤立主義が支配的であった連邦議会や懐疑的な国務省よりも、ローズヴェルトは、ドイツのユダヤ人難民の苦境により同情的であった。議会や国務省では、声高な反ユダヤ主義者やキャリア外交官が、「公共の負担になりそう」だとして、領事にユダヤ人難民にビザを与えさせなかった。ローズヴェルトは、フランスでの一九三八年のエビアン会議を後援し、国際的な反応が起こることを望んでいた。不運なことに、国際難民政策学者が結論づけたように、アメリカは、「ユダヤ人難民の子どもたちの入国を許可するという程度のことでさえ、自国の移民法を変えるための新たな協定を成立させられなかった」[30]。あからさまに人種主義的で、排外的な議員の影響が大きいままであった。一九三九年にヨーロッパ難民の危機が高まる中、死物狂いのドイツ系ユダヤ人が、ほとんどどこでもよいので避難先を探して船に乗るために大金を払っているときに、アメリカの遺伝学者ハリー・H・ローリンは、カーネギー協会で、自分の立場から新たな報告書を出した。その報告書では、またもや移民や難民が、劣った文化からの侵略者として描かれていた[31]。ヒトラーのナチの軍隊がヨーロッパを占領し、ヨーロッパのユダヤ人に対する大量虐殺という「最終的解決」が始まったときでさえ、アメリカの国境は、ヨーロッパの難民に対して閉ざされたままでであり、ドイツに対する既存の移民割当には欠員が出る始末だった。

人道主義が、行政府によって続けられている移民管理への干渉を後押しする唯一の力であったわけではない。一九四〇年にローズヴェルト大統領は、多くの場合、共産主義者であった嫌疑をかけられた外国人や法律違反者の退去強制を容易にするために、移民帰化局（ＩＮＳ）の管理を労働省から司法省へ移した。さらに、ひとたびアメリカが参戦すると、司法省は、出身や政治的志向にかかわらず、すべての外国人の警察への登録を求め、不忠誠な「第五列」（敵国政府に忠実な組織された集団）の形成を阻止しようとした[32]。人種的で排外的な偏見が戦時に悪化した事例で、もっとも悪名高いものは、ローズヴェルトの一九四二年の大統領令であったが、それは、すべての日本人移民とアメリカ市民であったその子孫を、内陸の収容所に送ることで、日本の真珠湾攻撃に応酬するものだった。戦時にアメリカに住む敵国人の脅威を認識し、厳しい治安維持の規定を設けた一七九八年の外人法・治安法でさえ、敵国出身の外国人への適用を制限しており、市民が迫害されないようにしていた。しかし、ローズヴェルトのような国際主義者で人道主義者であった者さえ、日系アメリカ人市民が、自分の両親の人種的な遺産と外国への忠誠を生物学的に受け継いでいるのではと、恐れずにはいられなかったのである。

それにもかかわらず、移民制限に対する異議は、一九四〇年代と一九五〇年代の熱い戦争と冷戦の間中、行政府から出されつづけた。第二次世界大戦が終結するころ、ヨーロッパの人道主義の危機に直面して行動を起こそうと躍起になって、フランクリン・ローズヴェルトは、大部分がユダヤ人難民であったイタリアの収容所からの象徴的な輸送に対し、アメリカへの「一時的な入国を許可する」ため、新たな行政府の権限を大胆にも考案した[33]。ハリー・トルーマン大統領は、国家にとっての国際的な利益に反するとして、ふたたび「さらなる移民を禁止する、または厳しく削減する」ことになる新たな法律を通過させないよう、一九四五年に議会の孤立主義者たちに警告を与えた。[34] 軍最高司令官として、民主党のトルーマンも、共和党のドワイト・アイゼンハワーも、国外で従軍中に出会った女性たちと結婚したいと考えていたアメリカ兵たちからの要求に応えた。初めは、南部や西部の民主党員が、日本人の「戦争花嫁」の入国をしぶったことで発案が無効にされそうだったが、両大統領は、なんとか連邦議会を説得し、要求されていた法律を成立させた。[35] 連邦議会に難民の入国を許可させるのは、さらにずっと難しかった。トルーマンは、難民の入国許可は、反共産主義のヨーロッパとの同盟を構築し、連合国救済復興機関でのアメリカの指導力を確立するための基礎だと見なしていた。一九四八年になってやっと、連邦議会は、ヨーロッパの故郷を追われた人びとのために二〇万の割当外ビザを渋々認めた。しかし、一九六〇年まで、アジアの数百万の難民にはビザがまったくなかったのである。

トルーマンもアイゼンハワーも、移民制限は、グローバルな民主主義のため、また、アフリカ、アジア、ラテンアメリカ、そしてカリブ海で以前は植民地化されていた場所で、のちに「第三世界」と呼ばれる諸国となって生まれてきた新興諸国に対するアメリカの指導力のために、両大統領が展開していた作戦の邪魔だと考えた。連邦議会の孤立主義者、科学的人種主義者、そして反共産主義者は、心を動かされないままだった。一九五二年のウォルター・マッカラン法では、「旧世界」からの移民数の上限が年間二七万人にまで引き上げられた。他方、アジア人には非常に少数の割当が与えられたのみで、アジア人に対する人種にもとづいた排除は終わりということにされてしまった。トルーマンの望みに反して、この法律は、ヨーロッパにとって非常に制限的な国別割当法が利用されつづけるようにした。南北アメリカからの移民も、人数制限から除外されたままだった。この法律は、ある範囲の親類を人数制限から除外しつづけたが、いまや高度な技術を持った移民の入国を優先し、共産主義に賛同する者には入国を禁じた。その法律は、難民には少数のビザしか出さず、行政府よる難民の一時的入国許可を認めてはいたが、大統領ではなく、大統領の司法長官に許可の権限を与えており、その後、一時的入国許可は緊急の場合のみになった。トルーマン大統領は、国際的な共産主義の封じ込めで同盟諸国となる可能性のある国ぐにを侮辱する、国別割当法の継続に憤怒して、ウォルター・マッカラン法に拒否権を発動したが、無駄だった。連邦議会はトルーマンの拒否権を覆したが、共和党の大統領候補であったドワイト・アイゼンハワーでさえ、国際的に他国を不快にさせる人種的、民族的排斥を内包するウォルター・マッカラン法よりも「ましな移民法」を、国は必要としているのだと論じた[36]。アイゼンハワーは、共和党が支配的であった議会をなんとか説得し、特別立法によって追加された難民に入国許可を与えたが、彼もこの目標を達成することができなかったようだ。差別的なアメリカの移民割当法や、国内のジム・クロー制度の存続が国際的に幅広く認識されていたことを考えると、大統領や国務省は、ソヴィエト社会主義共和国連邦にいる共産主義の冷戦の敵対者に対して、資本主義や民主主義、そしてアメリカの生活様式がよりすぐれていると外国で論じるときは、いつも決まりが悪い思いをしただろう。

一度確立されると、行政府による一時的入国許可は、キューバや東欧や東南アジアの難民に入国を許可する重要な仕組みでありつづけた。一九五六年に、アイゼンハワー大統領は、ソ連の軍隊への革命が失敗し、そこから逃れて来た三万人のハンガリー人への一時的入国許可を命じた。一時的入国許可の身分は一時的で、のちに無効になり得たが、難民の大部分が、ひとたびアメリカに入国すれば永住権を獲得し、帰化や市民権を入手することに成功した。しかし、アメリカに避難場所を見つけたのは、ほとんど共産主義革命や共産主義支配の国ぐにから逃げて来た人びとだけだった。一九八〇年まで、アメリカは、難民をより広く定義した一九五一年の国連の条約を無視した。[37] ときには、連邦議会の反共産主義者でさえ、入国が認められる反共産主義者の難民数の増大に反対した。一九五二年のウォルター・マッカラン法の支持者であったフランシス・ウォルターは、一九五六年に反体制運動の活動家としてアメリカへの入国を許可されたハンガリー人の一部は、「かつては赤だった」と、確信していると明言した。[38]

それゆえ、連邦議会が移民政策を採り入れ、移民制限を制定することに対するアメリカの有権者の影響力が増されたあとでも、行政府は、移民を継続し、それを増大させることに強い興味を持ちつづけた。新たに帰化した数百万の移民たちもそうであった。彼らのうちの多くが、有権者市民になり、自分やアメリカを外国に結んでいるネットワークの中で、市民権を持つ自分の子どもたちを育てた。公の外交の遂行に責任を負っている役人たちと移民双方が、最高裁判所の判決によっても、おびえているアメリカの有権者によっても、あるいは議会の絶対的権限によっても、移民を厳密に国内の問題にすることはできないと知っていた。しばしば矛盾してはいるが、移民と行政府は、連邦議会が生み出した規制に反対する運動の潜在的な同盟者として、少しずつお互いを意識しはじめた。彼らは、入国管理の改革を提唱する新たな連携を結んだ。移民制限の結果をもっとも直接感じているアメリカ人として、移民たちは、議会が移民政策を管理している中で、自分たちの外国とのつながりを守るための選択肢を探りはじめたのだった。

### 管理の新たなルール——三つのライフストーリー

多くの移民たちは、移民制限を恐れた。故郷で独裁的な支配や冷淡な政府に慣れっこになっていた移民たちは、とくにそれを恐れた。ネーティヴアメリカンやアフリカ系アメリカ人は別として、そのころやってきた移民たちほど、どのように政府当局者が彼らの生活を根本から奪うのかを、個人的に理解しているアメリカ人はいなかった。太平洋沿岸諸州では、拘留されていたアジア出身の移民が、エンジェル島の壁に哀れを誘う怒りに満ちた詩を書き残した。[39] 東部では、ヨーロッパからの移民は、引き離された家族の話や、入国を拒否されたり、拘留されたりした人の話をあまりに多く聞いたので、彼らはエリス島を「涙の島」と呼びはじめた。[40] 一九一七年以降、より慎重に範囲が定められた、無害であるまたは入国許可に値すると考えられている分類項目に、移民がきちんと当てはまることを証明する書類、旅券、ビザを、移民たちはますます求められるようになった。移民制限のもと、入国の窓口となっていた以前の港は、中国人にとって長い間そうだったように、ヨーロッパ人にとっても拘留と退去強制の場となっていった。

一九一九年十二月二十二日に、エリス島に拘留されたロシア生まれの移民、ドーラ・リプキンは、制限し排斥するアメリカの法律の力を身にしみて思い知った。彼女は、危険ということになっているほかの二〇〇人の急進主義者と一緒に、力ずくで国外退去させられた。その前の月のロシア革命二周年に、リプキンは、ロシア労働者組合の後援を受けたマンハッタンでのパーティーで、自分の連れの男性とともに逮捕された。政府打倒を支持する外国生まれの人びとの退去強制を認めた一九一八年の外人法について、ドーラ・リプキンは、耳にしたこともなかっただろう。それにもかかわらず、リプキンは、アメリカ船バーフォードに乗せられてソヴィエト連邦に船で送り返された二〇〇人のいわゆる赤たち（左派急進主義者、共産主義者）の中にいた、たった三人の女性たちの一人になった。彼女と相部屋だったのは、ロシアに着くとすぐに共産主義の独裁政治を糾弾することになる、率直で有名な無政府主義者エマ・ゴールドマンだった。

リプキンと違って、ゴールドマンはアメリカ市民だった。ゴールドマンの退去強制を容易にするために、彼女の帰化が取り消されていた。二人の女性の退去強制の手続きは、メソジスト派の牧師コンスタンティン・パヌンツィオが厳しく監視した。パヌンツィオ自身もイタリアからの移民で、「思想の持ち主だという理由だけで」、人を退去強制することに疑問を投げかけた人物であった。[41] しかし、誰がドーラ・リプキンに彼女の思想について問うただろうか？ 明らかに誰も質問していなかった。ロシアの組織が後援し、ロシア革命を祝うパーティーに居合わせたということと、無政府主義者の恋人との関係が、彼女の場合、「政府の転覆の支持」に等しくされたのだった。リプキンは、自分が幼いころに出てきた国に送還された。第一次世界大戦後、そして、のちには国際的な戦争の時期の間も、世界での危機に不安なアメリカ人は、ゴールドマンのような指導者であれ、リプキンのような追従者であれ、アメリカに住む移民や外国人は、アメリカ人たちが自分たちのためには要求する権利を否定され得るという考えを、疑問を持たずに受入れはじめた。

リプキンの逮捕の三年前に、ニューヨーク港で起きた爆発が、ドイツ人スパイのせいにされていた。数カ月前には、ニューヨークの証券取引所が、おそらく移民のイタリア人無政府主義者によって爆破された。もちろん、リプキンは、これらの事件になんらかかわりを持っていなかったが、こうしたことが連想されて、彼女は有罪となったのだった。その時代のある風刺画は、多くのアメリカ人が完全に適切で自国の防衛のための対応だとして受け入れていたことを描き出している。風刺画で表されたのは、「赤たち」を放り投げて、アメリカの巣を守っている力強いアメリカのワシのイメージであった。この穏やかではない表現の中で、外国人や彼らの思想の両方は、文字どおりごみにされていた。そして、このような描写は、人種主義や民族主義のプロパガンダにおける古典的な表現であったのだ。反対すべき思想（「ごみ」）を抱いている人びとの退去強制が、結局は、アメリカ人自身の言論の自由の権利を蝕んでいるということは、当時は、完全に気づかれないままだった。リプキンの逮捕の翌年である一九二〇年には、アメリカ自由人権協会が設立された。しかし、そのときまでに、リプキンのアメリカでの生活は終わってしまった。モスクワでゴールドマンに別れを告げたあと、ドーラ・リプキンは、歴史の記録から永久に消えたのだった。[42]

リプキンの移民制限との出会いは極端なものだが、しかし、西部諸州の数千の中国人商人や労働者が、税関役人や、「黄禍」の存在を絶とうと心に決めて騒ぎたてる労働者階級の自警団と不愉快な出会いをしたときと同じように、それは、良くないものだった。アメリカ人が移民たちの移動の自由を否定し、アメリカが移民たちの出身国に対して友好的なままである平時においてでさえ、ますます移民たちを、外国人の敵兵のように扱われるべき潜在的に危険な侵略者と見なすにつれて、外国人の思想や言論の自由を否定することは日常茶飯事になってしまった。

移民が移民制限に強く反応したこと、または、移民たちがその最悪の影響からできるだけ自分たちを守ろうとしたことは、驚くに値しない。二人の外国生まれのアメリカ人議員の政治史は、どのように移民たちがそうしようとしたのかを明らかにしてくれる。その二人の男性は、移民制限自体や、すべての規制に対して反対するのではなく、自分自身や親戚、そして自分を選出してくれた選挙区の有権者たちをもっとも脅かすと彼らが考えていた移民制限に主に反対していたという点で、典型的だった。自分の親戚に関心を寄せていたので、たいていの場合、移民たちは、排外主義者や孤立主義者であるより、人道主義者であり国際主義者となったが、彼らの人道主義には限界があった。

一八九〇年代に、移民と関税論争の関連をたまたま目の当たりにした人物であり、その友人から退屈な関税についてあまり書かないようにと注意された、例の議員リチャード・バルトホールドを考えてみよう。友人の警告にもかかわらず、バルトホールドは、一八九二年から第一次世界大戦の時期の保護関税と移民制限をめぐる議会での多くの争いに、直接かかわった。議会での一〇期にわたった任期のほとんどの間、彼は、たいていの場合かなりやんわりとだが、アメリカの産業と労働者の職を守るために関税を支持して発言していると考えていた。彼は、世界は自由貿易へ「ゆっくりと向かっていく」と認識していた。しかし、保護主義が「当分の間は」最善の政策であると信じていたので、自分が「いつも保護主義側のほうに票を入れていた」ことを誇りに思うと、彼は晩年に述べている[43]。対照的に、移民制限が、議会で検討されるようになると、バルトホールドの声はより大きくなり、より積極的かつ頻繁に口を出すようになって、彼の同僚たちも、増大する移民出身のアメリカの帰化市民のための代弁者として、彼の権威を認めたのだった。

一八九六年の三期目へバルトホールドが選出されたすぐあとで、連邦議会は移民制限同盟の支持者たちによって紹介された識字テスト法案を検討した。連邦議会では比較的新入りであったが、リチャード・バルトホールドは、その法案について下院の公聴会の議長を務めた。彼は、同じ年に、アメリカは「移民の国である」と議会で初めて宣言した少数の外国生まれの議員の一人になった[44]。当然のことだが、バルトホールドは、識字テスト法案を否決するよう、下院の大多数を説得できないのではないかと恐れていたが、その代わり、反中国派のカリフォルニア人である議員で、のちには、サンディエゴの税関役人となり、そこでイータン・チャンを審査することになったウィリアム・ウォレス・ボワーズを馬鹿にして喜んだ。数年後、バルトホールドは、「大勢の外国人への入国許可の結果として推定されるアメリカの人びとの身体上の質の劣化」についての公聴会の間、どれほどボワーズが嘆いていたかを詳述した。そのとき、バルトホールドは、公聴室の外にいるように頼んでおいた長身のスウェーデン人を公聴会室に呼び入れた。彼は、「その直前の発言者が、その特徴をとてもよく述べていた移民の肺病質的な人びとの実例の一つ」として、そのスウェーデン人を紹介するのに適当な瞬間を待っていたのだ。[45] バルトホールドの実際的なジョークは、ボワーズが人種主義者で排外主義者だということを明らかにした。ボアーズはこの侮辱を忘れなかった。その後、ボワーズは、バルトホールドのような外国生まれの市民が公職につくのを禁止する法案を提案したが、その法案は成立しなかった。[46] 北欧系のバルトホールドは、アメリカの人種主義で過激に表現されることはあまりなかったのだが、ほかの外国生まれの選出された役人たちのように、バルトホールドも十九世紀後半に高まっていた排外主義の影響を自ら経験していた。その時代の主要な反カトリック組織であったアメリカ保護協会は、プロテスタントのバルトホールドが、一八九九年に自分の選挙区を遊説している間に、聖職者のもてなしを受けると、彼が「カトリックの影響」を受けるようになったと断言したのである。[47]

バルトホールドは、移民制限自体を批判するというより、むしろ制限を課すのに適切な仕組みとして識字能力を問うことを批判した。実際、彼は、望ましい移民と望ましくない移民をむしろいつでも区別していた。彼は、中国人労働者の排斥も支持しており、彼らを異教徒で野蛮人として描くこともあった。たいていの場合、実践的であったバルトホールドは、自分の回想録の中で、アメリカ人は、「東の門を通って来たいと思っている人びとに対する態度を変えなければいけない、さもなければ、東洋人たちが大量になだれ込んでくることができるように、西の門を開けなければならない」だろう、と警告した。[48] そして、たとえ彼が移民の無政府主義者の排斥に反対して発言したり、ドーラ・リプキンのような移民の退去強制について話しても、彼の異議申し立ての記録は見つからないのである。

国内政治にかかわっているにもかかわらず、リチャード・バルトホールドは、その思想では明確に国際主義者であった。彼は、自分の生まれた大陸に一生を通じて特別な興味を持ちつづけた。バルトホールドは、列国議会同盟の会議に出席するために、ヨーロッパに頻繁に渡った。ロッジなら「ごちゃ混ぜ」と言ったかもしれないが、この集団は、ヨーロッパと北アメリカの議員の混成集団が立ち上げた非政府組織（ＮＧＯ）であり、調停を通じて国際的な争点の平和的な解決の促進に力を尽くしていた。これは、国際連盟も実現しようとしていた目標であった。バルトホールドは、アメリカの学校がエスペラントを教えることを、ある時期には望んでさえいた。エスペラントとは、国際的なコミュニケーションと世界平和を促進するために、一八八七年に考案された言語である。バルトホールドが、平和を支持し、ドイツのナショナリズムを毅然として拒否したことを考えると、彼は、第一次世界大戦中とその直後、ミズーリの有権者の中で反ドイツの排外主義的気運が突然高まったせいで、自分は公職から不当に閉め出されたのだと、当然のことながら感じただろう。彼は一九一二年に下院を退いたあと、上院に出馬することを望んでいた。しかし、すぐに彼は、公職への推薦をもう二度と確保できないと気づいたのだった。

移民制限に反対する外国生まれの人びとが、議会でバルトホールドにとって代わったが、一九二〇年代以降、その数は次第に減少していった。この一団の中にはシカゴの民主党員アドルフ・ヨアヒム・サバスがいた。彼は、のちにチェコスロヴァキアの一部になる（今日ではチェコ共和国内）オーストリアの町ザーボジー出身のユダヤ人弁護士であった。一八八一年に十五歳でサバスはシカゴのいとこのもとへ移民していった。公立高校に通っている間、彼は、両親や兄弟姉妹の蒸気船の切符代を支払うために臨時の仕事をしたので、彼の両親や兄弟姉妹は、シカゴで家族全員でそろうことができた。その後、法律を勉強し、不動産を扱ったあとで、サバスは、彼を治安、警察判事に任命してくれたイリノイの州知事ピーター・アルトゲルドに政治活動でも後援してもらえるようになった。サバスは、すでにそれまでの数年の間で、シカゴの排外主義者から否定的な目を向けられるようになっていた。というのも、必要であれば、彼は自分の前に現れた原告が話す多くの言語で、法廷業務を執り行なったからだ。[49] 多くの中欧の移民と同様に、サバスが多言語話者だったという事実は、彼が一九〇七年に連邦議会への出馬を果たしたときに、帰化移民の支持を得るのにも間違いなく役立った。

バルトホールドのように、サバスは、移民の総数を制限するために、移民を選別する手段として識字能力を求めることにいつも反対した。彼は、リプキンの退去強制を引き起こした外人法に反対し、イデオロギーのためのいかなる種類の排斥にも懐疑的でありつづけた。サバスは、バルトホールドよりも非白人の移民たちに反感を持っていなかった。彼は、アジア人の排斥に反対して発言することはほとんどなかったが、アジア人を排斥するどの法案にも反対票を入れた。一九二四年に、サバスは自分が移民制限に反対していることに対し、大っぴらに人種主義者であったテキサスの議員ジョン・ボックスに批判された。ボックスは、当時議論されていた国別割当法から、メキシコ人が除外されることに反対していた人物であった。ボックスは、自分の反対者がメキシコ移民によってもたらされる脅威を認識できていないこと、「国境を防衛する」[50] 重要性をわかっていないこと、そして、「彼ら（メキシコ移民）が好きなところに行き、好きなところに滞在するのを防いでくれるもの」を是認しないことを非難していた[51]。サバスは、移民の人数制限を受け入れるつもりだということを明らかにしたが、そうするのは、制限がすべての国ぐにに平等に適用される場合のみであった。

サバスが主に焦点を当てたのは、東欧、南欧出身の汚名を着せられた労働者階級の移民に対して、わずかな移民割当数しか割り振らないということは、不当だということだった[52]。これらの人びとは、シカゴにいる自分の親類や選挙区の有権者たちであった。彼らは、サバスをワシントンに何期も送ってくれた有権者たちだったのである。一生の間、サバスは、国別割当法に反対し、アメリカ以外で彼がもっとも深い関心を寄せていた二国であったチェコスロヴァキアとイスラエルへのアメリカの支援を支持する、非常に際立った演説をした。彼の人道主義も広範囲にわたるものだったが、しかし、限界がなかったわけではなかった。初めはフーヴァー大統領、次にローズヴェルト大統領が、大恐慌時代の領事たちに生産年齢層の成人へビザを与えないよう指示したときに、サバスは反対した。これらの人びとは、移民であるので失業者に加わるかもしれず、それゆえに、「公共の負担になりそうだ」というレッテルをはられていた。一九三〇～四〇年代に、サバスは、ローズヴェルトにヨーロッパのユダヤ人のために大統領令を発するよう圧力をかけるユダヤ系組織と一緒に働いた。結局は可決されはしなかったが、彼は、ドイツからの難民集団の入国を許可するいくつかの法案の提案では、仲間のユダヤ系議員たちと協力した。しかし、サバスは、ほかの移民や難民の問題には、それほどの関心は示さなかった。たとえば、季節によって失業状態になるメキシコ人の農業労働者を、彼らのアメリカ市民となっている子どもたちと一緒に「送還すること」または「退去強制すること」を推し進める、アメリカとメキシコ両国にいる西欧人のソーシャルワーカー、雇用主、政府の役人による例年の組織的活動を、彼が知っていたり、気にしていたりした形跡はない[53]。カリフォルニアやテキサスの救済機関は、少なくとも三万件のそのような退去強制や送還に補助金を支給していた。代表制民主主義の決まりごとも、そのような狭量を助長した。というのも、カリフォルニアでもテキサスでもなく、シカゴの市民こそが、二年ごとのサバスの立候補に対し票を入れたからだ。

第二次世界大戦後、連邦議会は、ヨーロッパの故郷を追われた人びとのために二万の割当外のビザを認可することを嫌々ながらも検討した。そのとき、サバスは、いっそう多くの人数の入国許可を求めて議論した。戦後すぐの数年間、ほとんどすべてのユダヤ人は左派の主張を支持しており、それゆえ潜在的な安全保障上の脅威であると、あまりに多くの孤立主義者と保守派が考えたので、サバスは、絶え間ない批判や非難の的になってしまった。サバスが、合衆国憲法を侵害しているとしてマーティン・ディエスが率いる下院非米活動委員会による調査に反対したり、南部の同僚たちの人種主義や排外主義を批判したりしたとき、彼は、自分が「アカに友好的だ」と非難されていることに気づいた。[54] 彼は、一九五二年に八十二歳で死んだ。彼は、下院にもっとも長く務めた議員であった。そのあと同年に、連邦議会は、安全保障を重んじ反共産主義の共同提案者であったパット・マッカランとフランシス・ウォルターにちなんで名づけられた移民法案を、トルーマンの拒否権を無視して可決した。[55]

バルトホールドもサバスも、自分が生きている間に、アメリカの民主主義の限界を鋭敏に観察するようになった。サバスは、とくに人種的偏見を認識していた。移民制限のせいで、これら二人の男性は、自分の出身地や外国にいる友人や親類、または国際問題全般への興味を失うことなく、移民をめぐる論争にかかわる気になった。両者とも、規制への声高な反対者になり、自分たちは、自分たちのように主にヨーロッパ出身の外国生まれ、または外国に出自がある多数の有権者を含む選挙区民を代表していると考えた。サバスは、ヨーロッパ人とアジア人が、移民制限と排斥の中でわかちあっている共通点に対して、明らかにより共感を寄せていたが、彼の議会での活動は、地元のシカゴを基盤とした政治に深く根を下ろしたままであった。彼は、太平洋沿岸諸州のアジア系移民や南西部のメキシコ系移民のために語ろうとはしなかった。最後に、サバスとバルトホールドのどちらもが、議会にその政治生命を捧げていたが、サバスは最後の三〇年間は、難民に対するより人道主義的な入国許可政策の重要性と、国別割当法の廃止の必要性について、多くの場合、行政府と意見が一致するようになっていた。

**移民の外国とのつながりを守るための行政府と立法府のそれぞれの戦略**

リチャード・バルトホールドとアドルフ・サバスのような移民は、彼らの移民出身の支持者とともに、選挙政治や議会の立法を移民制限の最悪の影響から移民たちを守る、最初の、かつ最善の戦略と見なしていた。憲法のおかげで彼らのどちらも大統領になる野心を持つことができず、いずれにせよ、一七八九年以降、新たに市民権をとった有権者にとって、立法機関が政治活動へのもっとも重要な入り口でありつづけた。しかしやがて、サバスのような移民たちは、多くの場合、自分たちにとってもっともよい連携相手は議会の議事堂よりもホワイトハウスの大統領執務室にいると気づくようになった。

バルトホールドとサバスは、選挙で選出される公職や政治的影響力を追求した、多くの帰化移民の中で最初の人物でもなければ、もっともよく知られた人物でもなかった。連邦議会で任期を勤めている外国生まれの男性たちの割合は、彼らがアメリカに来るよりもずっと前に頂点を迎えていたということを、彼らはたぶん知らなかっただろう。しかし、彼らは一八九〇年代以降、外国人の権利を守るために議会で同盟を形成する際の困難さを、間違いなく認識していた。十九世紀において、バルトホールドは、主にミズーリ、ミネソタ、ウィスコンシン、イリノイといった中西部の地方と、ニューヨーク出身の少数の外国生まれの下院議員の一員だった。一九三三年までに、サバスは、アメリカ連邦議会には非常に少数しかおらず、たいへんな選り抜きの帰化市民の人びとの一人に数えられるようになった。こうした議員たちのほとんどが、北東部や中西部の都市部出身であった。彼らの同僚の議員のうち、たった三パーセントしか――二名の上院議員（カナダとドイツ出身）と一三名の下院議員（イギリス、イタリア、スウェーデン出身が各二名ずつ、カナダ、チェコスロヴァキア、ドイツ、アイルランド、ノルウェー、スコットランド、ウクライナ出身が各一名ずつ）――外国生まれでなかった[56]。数では圧倒的に負けてはいたが、この少数の外国生まれの立法者たちは、人種、階級、そしてイデオロギーにもとづいて排除するための区分を用いることに、連邦議会においてもっとも断固として反対した人びとの大多数を占めていた。

奇妙に思えるかもしれないが、移民制限のせいで、二十世紀の在米の移民たちは、それ以前の時代の人びとよりも、ずっと政治に対して活動的になろうという気になっていた。しかし、国際的なことに強い興味を持った移民の選挙候補者たちも、リチャード・バルトホールドの話が示すように、第一次世界大戦後、選出されることがずっと難しくなるという経験をもった。これは、そのころの移民たちが、クレヴクールやヴィルヘルム・シュティレの時代の移民たちよりも、ずっと緩やかな速度で帰化したからでもあった。彼らが制限的な法律が制定されることに対して効果的な非難ができなかったのは、さらに別の厳しい現実を反映していた。それは、移民たちや移民たちの子どもたちの目的がときとともに多様になった、という現実であった。たとえば、バルトホールドは中国人移民びいきではなかったが、識字能力を求めることには反対した。一方、サバスに報復した相手であり、一九五二年のウォルター・マッカラン法の起草者の一人であったパット・マッカランは、アイルランド系移民の息子であり、強硬な移民制限論者であった。より重要なことに、排外主義と人種主義が孤立主義と反共産主義と組み合わさることで、外国生まれの候補者に公職へつくための大きな障害が生み出された。彼らの子どもたち、とくに、ニューヨークやサンフランシスコのような大都市の外国人街で育った子どもたちのほうが、より推薦や選出を勝ちとることができたようだ。こうした人びとは、地元ブルックリンのユダヤ人やイタリア人と一緒に育ち、ユダヤ教徒とキリスト教徒の祖父を持つエマニュエル・セラーのような人びとだった。しかし、移民を両親にもつ候補者たちでさえ、いつも排外主義的で人種主義的な反発に直面した。カトリックで民主党の候補者、アル・スミスの一九二八年の大統領選について研究するある歴史家は、スミスの共和党の対戦相手であったハーバート・フーヴァーの妻に書き送られた友人からのメッセージについて述べている。そのメッセージでは、スミスの選出を期待して、教皇がアメリカに秘密でやってきたこと、そして、「教皇が海軍と陸軍と海への出口を望んでいる」ので、スミスは、ニューヨークとニュージャージーを結ぶホランド・トンネルを開通させたと主張されていた[57]。

排外主義で主張されることが、この手紙の例のように非合理的であっても、二世の候補者を目の当たりにしていたアメリカの有権者たちは、排外主義の影響を受けつづけた。地方に住む多くの地元のアメリカ人たちは、都市のアメリカ人と深い結びつきがあったり、ユダヤ人やカトリックの「エスニックな投票区」とのちに呼ばれるようなものとつながりがあったりする候補者に、投票しようという気にはなれなかった。一九六〇年になって初めて、アメリカ人は大統領職にプロテスタントではない人物、ジョン・F・ケネディを選ぶことになった。そして、アメリカ人がそうしたのは、いまのところただ一度だけである。米国聖公会のジョージ・W・ブッシュは、カトリックの顧問に取り囲まれていたので、この国の二番目のカトリックの大統領になった、とのちに専門家はジョークを言うことになった。[58]

気力をくじくような勝率であるのにもかかわらず、移民に出自を持つ市民たちは、移民制限からの救済策について、連邦議会を当てにしていた。それというのも、二十一世紀までに連邦議会は、移民を管理する規則のほとんどを制定していたからだった。移民制限自体に反対するよりも、むしろ彼らは連邦議会が課した多くの規制の中のほんの一握りにだけ集中的に異議を唱えた。十九世紀の通商条約や通商外交が作り上げた移動、居住、貿易の自由を復権させるような法律を提案する者は、誰もいなかった。彼らの目標はより穏当であったが、しかし、非常に穏当な目標でさえ、達成するのが難しいということが明らかになった。しばしば、連邦議会に影響を与えるためにロビー運動をすることのほうが、公職に推薦され、選出されるための努力よりも、より見込みのある戦略のように思えた。

すでに一八九〇年代に、識字能力を求めることで移民を制限することに反対する「移民保護連盟」の設立に際して、移民を出自とする市民たちは、ヨーロッパの海運業者やジョセフ・H・セナーと力を合わせた。このセナーという人物は、『ニューヨーク州新聞（*the New York Staatszeitung*）』の前編集者であったオーストリア人で、ニューヨークで移民長官の任務に就いていた。[59] 移民を守り保護する同じような集団は、識字テスト法案に関するのちのすべての議会公聴の間、反対の意を表明した。これらは、最初の「民族的少数派の圧力団体（ロビイスト）」であった。識字テスト法や一九二一年、そして一九二四年の制限移民法への反対を率先して進めたのは、ユダヤ人に対する理解を促進し、反ユダヤ主義の神話から自分たちを守るために一九〇六年に設立されたアメリカ・ユダヤ人委員会の会長、ルイス・マーシャルのような人びとだった。マーシャルは、一九一七年の識字テスト法の通過を妨げることはできながったが、読み書きのできない宗教上の難民たちが識字能力の証明という必要条件から除外されるよう保証するのに、多くの議員たちの中で運動をし、そして成功を収めた。一九二一年と一九二四年に、アメリカ・ユダヤ人委員会は新たな協力者を見つけた。ほんの二、三例を挙げると、アメリカ・ユダヤ人会議、ポーランド系アメリカ人同盟、イタリア同盟、チェコスロヴァキア民族会議、リトアニア民族同盟、クロアチア民族協会などである。しかし、このさまざまなエスニック集団の同盟は、国別割当法に反対する意志のある議員を、ほんの少数しか見つけられなかった。そして、それらの議員のほとんどは、北部の大都市のカトリックとユダヤ人移民の選挙区民を代表する議員たちだったのである。

移民制限をめぐる戦いが一九二四年に敗北を喫しても、議員たちは、自分の選挙区民の中の移民を出自とする有権者たちの要求に応えつづけた。あまりに多くの帰化市民の外国生まれの友人や親戚の一九二一年までのアメリカへの入国記録がなく、また、あまりに多くが、彼らの代表者である議員たちの支援を求めたので、一九二一年に連邦議会は、外国人は二〇ドルで入国記録を購入できると決定した。移民制限のせいでビザを取得することがますます難しくなると、適切な証明書のない移民の数は増大した。こうした移民が退去強制されることで、新しい移民の家族が長期間離ればなれになってしまう恐れがあったとき、そのような家族の中の有権者市民も、彼らが選出した議員に頼った。移民制限を支持している議員たちでさえ、潜在的な有権者たちからの要求を拒むのをためらった。多くの議員が、移民帰化局のコネで、証明書のない親戚たちがカナダに出国してから合法的にアメリカに再入国できるよう手配した。対照的に、太平洋沿岸諸州では、イータン・チャンのペーパー・サンたちの事例を引き受けるような、同情的な議員はいなかった。事実、アジアに移民のルーツを持つ議員は、一九五七年まで連邦議会に選出されなかったのである。移民帰化局が一九五〇年代に、中国人のペーパー・サンたちに自分たちの犯した罪を告白し、在留者としての身分を正規のものにできるようにしたとき、多くのペーパー・サンたちは、告白は退去強制を招くのではないかと恐れた。このプログラムにはたった三万人しか、参加しなかった。

外国にいる親戚のためにロビー運動をしている移民たちがいちばん注目していたのは、移民の血縁者を人数制限から除外するよう政治的に要求することか、または、そうでなければ、家族呼び寄せを優先することで、数に限りのあるビザを優先的に取得できるように政治的に求めていくことだった。家族呼び寄せは、連鎖移民という長期にわたる移民戦略において中心的なものであった。それは、イータン・チャン、ヘクター・セント・ジョン・ド・クレヴクール、ヴィルヘルム・シュティレ、バルダッサーレ・ダンナ、そしてアドルフ・サバスの人生においても非常に際立っていた。現在までの家族の物語において、制限から血縁者が最初に除外されたのは、議会の法律ではなく、二国間通商条約から生じた。一九〇〇年に最高裁判所は、中国人商人が自分の妻や未成年の子どもが移民してくるときの保証人になるという、条約で定められた権利を確認した。一九〇七年には、日本とアメリカの間の非公式な「紳士協約」も、すでにアメリカに在住する日本人移民が、見合いを通じて結婚した「写真花嫁」も含めて、自分の妻の保証人となることを承認した。しばしば、「淑女協約」と呼ばれた非公式の協約が、一九二一年にその条項を終わらせた。[60] 識字テスト法に反対している議員たちは、一九一七年にその法案が可決されるのを防ぐことができなかったが、彼らは、アメリカ市民の、文字が読み書きできない妻たちが識字テスト法から免除されることを勝ちとることができた。一九二一年と一九二四年制限移民法も、アメリカ半球出身のすべての移民とほぼ同様に、ヨーロッパ人の妻子を、人数制限外での入国が許可される「割当外の移民」と定めた。それはまた、すべての割当ビザの半分までが、アメリカ市民の夫か親に支給されることも認めていた。ウォルター・マッカラン法でさえ、永住権をもった外国人の配偶者や未成年の子どもたちと、アメリカ市民の親に、限られた数のビザを割り当てる優遇制度を設ける一方、アメリカ市民の夫を人数制限から除外していた。移民制限をめぐるどの論争でも、移民制限の反対者は、除外範囲か優遇される血縁者の範囲を広げようとし、一方、制限論者は、資格のある外国人の数を制限しようと苦心した。

バルダッサーレ・ダンナの家族の戦後の物語は、市民権を持つ移民たちが、彼らの外国にいる親戚のために、法的な制度下で集結した際の成功と失敗を描き出してくれる。イタリア人としてシチリアに生まれたダンナの兄弟姉妹は、少数のビザしかない国別割当にずっと直面していた。移民制限について教えてくれる主な情報源は、イリノイ州ロックフォードに住むアメリカ生まれの女きょうだいだった。第二次世界大戦が終わると、バルダッサーレ・ダンナの子どもたちは、ダンナのその女きょうだいや、ロックフォードやシカゴのほかの親戚から、衣服の包みや現金の贈り物をふたたび受け取りはじめた。一方、以降十年間に、さらに数人のダンナ家の人びとを含む、サンブーカに残っていたアメリカ生まれの「アメリカさんたち」の半数以上がアメリカへ向かった。やはりアメリカ市民であったバルバッサーレ・ダンナの長男も一九五〇年にロックフォードのダンナの女きょうだいのところへ行き、それから、彼の妻と未成年の子どもたち、そして義母を扶養すると約束し、彼らのアメリカへの入国を許可する正式な宣誓供述書に署名することで、家族の連鎖移民を復活させたのだった。
しかし、究極的には、ロックフォードのダンナのイタリア生まれの三人の成人のきょうだいは、誰もアメリカにいるきょうだいに合流できなかった。市民や「米国永住権保持者（LPRs）」となっていた移民の、成人した兄弟姉妹のためのビザは存在しなかった。皮肉なことに、ダンナの子どもたちのなかでいちばん教育があり、高度な技術を身につけた者も、移民することができなかった。靴職人として修行を積んだこの息子は、一九二〇年代にサンブーカの非合法の共産党に加わり、独裁者ベニート・ムッソリーニのファシスト政権下で短期間収監されたことがあった。政治的な思想のために、アメリカへの門が彼には閉ざされてしまった。彼がアメリカのきょうだいに会ったのは、一九六〇年代にきょうだいたちがシチリアを訪れたときだけだった。

現在に至るまで、移民の妻や未成年の子どもたちには制限が免除されつづけているが、それは、市民となった移民の有権者たちやロビイストが免除を望んだからだけでなく、ふさわしいジェンダーや家族関係に関するアメリカ的見解のおかげで、免除が受け入れられるものとなったからでもあった。移民制限主義者たちでさえ、男性は妻子と一緒にいることを享受できるべきだと、概ね信じていた。そして、頑固な反共産主義者も、男性が自分の直系家族のまだ独立していない家族成員の保証人〔スポンサー。査証を申請者のために請願する者のことで、請願者と呼ばれる。請願してもらうビザの申請者は便益者という〕となることを承認する気になった。一方、移民女性たちは、いまだに自立していない者と考えられたので、一九五〇年代までは自分の夫の保証人となることができなかった。市民である未成年の子どもたちは、今日でさえ、外国生まれの両親の保証人には絶対になれない。

一九二四年に、新たに選出された帰化移民の議員、ニューヨークのサミュエル・ディックスタインは、移民の親を制限から除外することを拒否し、そのような免除は政治的なご都合主義だと思わせようとしていた移民制限論者に対して熱弁をふるった。親を排斥することは、「あなた自身の選挙区の有権者の中で、アメリカ人たち全員の支持を得られる」のだろうか、と彼は反対者に問うた。「さて、あなた方の中にはあざけり、笑う者もいるだろうが」と、彼は続けた。「しかし、友人たちよ、わたしはあなた方に言っておく。あなた方がこの国に長い間在住しているアメリカ市民のところへ行き、そのアメリカ市民が自分の母親に十五年も会っていないにもかかわらず、あなたのお母さんは、割当外の区分でやってくることはできない、とその人に言うならば、いつかあなた方は、今日の自分の行動について説明するよう求められるだろう……」[61]。ディックスタインは、移民制限から親を除外するよう訴えたときに、アメリカのジェンダーステレオタイプについての気の利いた解釈を披露してみせたのだった。

二十世紀の戦争の結果生じた難民危機の間に、移民たちの外国とのつながりに対する関心がどのようなかたちをとるか予想して、彼はさらに誇張の度を強めて続けた。ディックスタインは、「世界で一人ぼっちでいるかもしれない」母親を心配した。「そのかわいそうな女性は、ヨーロッパでは友人もいないかもしれない……」そして、彼は、「彼女にいるかもしれない唯一の子どもは男の子で、アメリカの忠実なる市民だ」ということを、反対者に思い出させた[62]。実際、一九三〇年代と一九四〇年代にヨーロッパとアジアには、そのような母親たちがたくさんいた。そして、移民を出自とする市民、とくに、アメリカのユダヤ人たちは、ナチの支配するヨーロッパから親戚や同じ宗教の人びとを救い出すために、ほとんど何もできないと知ったとき、恐ろしくなったのだった。ユダヤ系アメリカ人のロビイストたちは、議員たちに、彼らが自分のもっとも近い血縁者の「保証人になる」権利を持っていることを思い出させて、迫害されている兄弟姉妹、おじおば、甥姪のために、そしてユダヤ人の他人のために、利用されていない割当のビザを発給するよう求めた。一九三八年に、ニューヨーク州のユダヤ人の退役軍人の約一〇〇の分隊が、連邦議会が承認してくれれば、ドイツ系ユダヤ人の退役軍人の保証人になると誓った[63]。一九三八年と一九三九年に、サバス、ディックスタイン、セラー議員たちは、ユダヤ系組織や、多くの移民会員を代表する労働組織（とくに産業別組合会議（CIO））や、移民のカトリックやプロテスタントの宗教的指導者と密接に連携して働いた。彼らは、より多くのヨーロッパの難民に入国を許可するいくつかの提案をした。どの試みも、うまくいかなかった。市民権もなく、議会に送った代表者もいなかったので、中国系移民は、日本が初めは満洲、次いで中国を侵攻したあとも、そのような提案を行なうことさえできなかった。驚くに値しないのは、移民やエスニック・コミュニティと密接に連携して働いていた以前の移民組織や宗教組織が、のちにボランティア機関の多くを組織したことだ。これらは、第二次世界大戦後、強制移住者や難民の転住を支援した。制限から除外されている親類と同様に、ほとんどすべての難民が、アメリカに適応していく初めの時期に、新来者を援助すると請け合った個人や宗教集団に保証人になってもらっていた。保証人制度〔査証請願制度〕は、難民が公共財源の損失になるとの移民制限論者の心配を明らかに打ち消すものだった。

自分の血縁者のために、移民たちは精力的に集結したが、それはしばしば目立たなかったようだ。ヨーロッパのユダヤ人を破滅させたホロコーストが避けられなかったことについて、戦後、厳しい結論に達した哲学者、ハンナ・アーレントの思想を、ほかにどのように説明できるだろうか？国の政府が、その国の少数派の人びとの権利を無視するとき、「彼らを守る権威は残されておらず、彼らを保証しようとしてくれる機関もない」と、彼女は述べた。[64] 多くの国際主義者と同様に、アーレントは、一九四八年の人権宣言と一九五一年の難民条約〔難民の地位に関する条約〕で、将来の悲劇を防ぐことを国際連合に期待していた。そして、十九世紀のアメリカのほとんどの人びとと同じように、彼女は、自分の外国とのつながりのために移民が払う努力を見ることができなかったか、またはそれを無視してしまったのだった。ヨーロッパのユダヤ人を支持する移民たちは、両大戦間期も戦後直後の数年間を通しても、アメリカの外国人街にたくさんいた。しかし、数が多い一方で、彼らは政治的に強力だということはほとんどなかった。あまりに多くの制限論者、孤立主義者、反共産主義者の議員たちが、自分の選挙区民に移民出身の重要な有権者がいなかったので、人道主義的な政策を、感傷的でアメリカの安全保障にとって危険なものだと見なしつづけた。

長い二十世紀の移民制限の歴史の中で、自分の出身国の窮状に関心を持つことで、ますます移民たちは国際主義者の大統領を彼らのもっともよい連携相手だと考えるようになった。第一次世界大戦中に、オーストリア＝ハンガリー（意義深いことに、オスマンではない）帝国に支配される少数民族のための民族自決をウッドロー・ウィルソンが支持したことは、移民街で移民たちの集結を次々と引き起こした。チェコ系アメリカ人は、民族自決をウィルソンが支持したのは、亡命してアメリカに当時住んでいた、チェコの愛国主義者トーマス・マサリクの影響だと考えたがった。一九三四年に、サバスは、ローズヴェルト大統領に請願書を渡すのに、ユダヤ系組織ブナイ・ブリスに加わった。その請願書は、二五万人の「さまざまな信条やすべての身分のアメリカ市民」が署名したもので、ドイツがドイツに住むユダヤ系市民から財産や権利をはぎ取ったのだから、ドイツに対して行動を起こすべきだと促していた。[65] 移民の外国人居留民と行政府の結びつきは、第二次世界大戦中に確固としたものになった。新しい戦略情報局（OSS。CIAの前身）は、最近の移民に出自をもつ市民を、秘密諜報部員、情報部員として採用するために、長い間国務省に役人として、そして外交官として勤めていたデウィット・プールに率いられる「外国人部」を作った。移民である市民たちは、ヨーロッパ、中国、そして日本の言語や地域の政治を知っていた。しかし同時に、FBIは、反ファシストで反共産主義の難民たちがひとたびアメリカに来ると、彼らが共産主義の支持者なのではないかと疑って、彼らをしばしば監視下においた。アメリカ司法省は、アメリカの戦時協力にお金を集めてくれた移民たちでさえ、潜在的に危険な「外国人要員」として登録するよう求められた[66]。自分の出身国のために働くことは、危険を伴った。かなりの数の移民の市民たちがその危険を受け入れる一方で、彼らの努力は、成功を収めるような政治上の進展をほとんどもたらさなかった。

戦争終結後、戦略情報局のプールは、「自由ヨーロッパのための委員会」を立ち上げ、それを指導した。この組織は、ヨーロッパや、最終的には中国からもアメリカに入国した多くの反共産主義の難民や移民と、やはり緊密に連携して働いた。戦後、一九四五年と一九四六年に非合法的にパレスチナに逃げたヨーロッパの難民のために、そして、戦闘状態になった新たな国イスラエルを支持するために、ユダヤ系アメリカ人の集結が見られた。一方、反共産主義の難民たちは、ひとたびアメリカに到着すると、「自由と独立」をアルバニア、ブルガリア、チェコスロヴァキア、エストニア、ハンガリー、ラトヴィア、リトアニア、ポーランド、そしてルーマニアに復活させようとする捕囚欧州諸国会議（ACEN）といった団体を組織した[67]。国務省と大統領執務室の両方が、難民や移民コミュニティの多くの専門家や知識人から提供された助言に、非公式に頼っていた。行政府は、反共産主義の難民たちを支持する旨の公の声明を出し、難民たちの目的を称賛し、亡命者が組織するかもしれない将来のいかなる軍事行動も支持するとほのめかした。もし、難民たちが、一九五六年にドワイト・アイゼンハワー大統領がハンガリーに兵を送ってくれるのではないかと期待していたなら、彼らはひどく落胆しただろう。公の外交と移民たちの外国とのつながりが、この場合にそうであったように、ほとんど完全に一致するようなときでさえも、大統領が彼らの言い分を聞いてくれたからといって、アメリカが移民の外国にいる親戚たちのために戦争の危険を冒す保証にはならなかった。さらに悪いことに、キューバのピッグス湾に侵攻することで、キューバの反共産主義の難民たちを帰国させ、彼らにキューバを征服させるという計画に行政府が秘密裏にかかわっていたのだが、それは、大失敗に終わった。

数百万の移民である市民たちの尽力にもかかわらず、政治的な活動は、たいていの場合、議会からほんの少しの譲歩しか引き出せなかった。一九四三年に、中国生まれのアメリカ人パール・S・バックを含む中国専門家委員会は、連邦議会を説得して中国人排斥法を廃止させた。しかし、連邦議会の移民制限論者たちは、年間たった一〇五のビザという、ほんのわずかな割当しか与えないことで、アメリカのこの重要な戦時同盟をふたたび侮辱した。一年後、ブルックリンの議員エマニュエル・セラーが、インドやフィリピンにもっと大幅に「移民と帰化の障害を取り払うよう」訴えたとき、彼は、いかに「ジャップ〔日本人の蔑称〕」のプロパガンダ」で、アジア人に対するアメリカの偏見が強調されていたかを聴衆に思い起こさせた。(68) しかし、連邦議会は、現状を支持して行き詰まったままであった。ウォルター・マッカラン法は、アジア人のために少数の割当を設け、家族呼び寄せのために割当外の優遇を設けることで、行政府と移民の有権者たちに対してわずかな譲歩を示してはいたが、それでも、両党の大統領候補者だけでなく、一九二〇年代から続いた国別割当法を終わらせようとしてきた移民出身の市民たちの士気を、一時的ではあるが完全にくじいたのだった。

　究極的には、ホワイトハウスの中だろうが、ウクライナ救済協会のような団体の中だろうが、移民制限に対する反対者は、人種主義者や反急進主義者、排外主義者、孤立主義者に立ち向かわねばならなかった。こうした人種主義者たちは、とくに、南部のディクシークラット〔民主党離反派民主党員。州権党の候補者に投票した民主党員〕に多く、移民制限を支持しつづけ、アメリカ連邦議会の上下院の両方で勢力を持ちつづけていた。地球規模の冷戦で、アメリカの主導権は、移民制限よりも孤立主義や経済上の保護主義の伝統をますます崩していった。移民である市民たちは、移民制限という社会的、文化的不名誉を被っていら立ちつづけていた。そして、彼らが会員になっていた大きな労働組合の中には、変化を求めて、エスニック・コミュニティーのロビー運動にいまや参加するものもあった。

　戦後の好景気のとどまるところを知らぬ労働市場に応えて、アイゼンハワー大統領はしばしば移民の数の全般的な増大を求めたが、移民数を増大させることは、改革推進者にとって主な焦点ではなかった。そして、一九四〇年以降、科学者たちが科学的人種主義の考えを激しく非難し、アフリカ系アメリカ人たちが国内のジム・クロー制度に反対する新たな市民権運動を始めた。それにつれて、人種的平等、越境的（トランスナショナル）な家族関係、そして人道主義的な国際主義が、東部の都市部の地区や州を代表する、若くて大部分が二世、三世の移民出身の議員たちが新たな改革のために連携していくための、主な焦点になった。一九六〇年に、ジョン・F・ケネディは移民関連の制度改革の熱心な支持者として、短命に終わった大統領職についた。移民関連の制度改革推進者の望みは大きくなったが、ケネディの暗殺で潰えてしまった。改革推進者たちにとってより有望な展開は、科学的人種主義的な国内政策を終わらせようとするアフリカ系アメリカ人の運動であった。こうした運動は、それらが非常に移民制限側寄りであったときでさえも、国別割当法を擁護する人びとの感情を和らげるものだったのである。

移民制限論者ののちの世代は、圧倒的多数で可決され、国別割当法をついに廃止させたハート・セラー一九六五年移民法が過去との完全な決別であり、新たな「移民の侵略」に「水門を開ける」ものと同じだとよく主張した[69]。しかし、それは一九六五年のアメリカの大統領リンドン・ベインズ・ジョンソン、または議会の移民関連の制度改革推進者たち自身の移民法に対する考え方ではなかった。ジョンソン大統領、改革推進者、そして筋金入りの移民制限論者との間の複雑な協議の末に、移民を管理するために連邦議会が考案した新たな規定は、当時はあまり害がないように見えた。一九六五年移民法は、世界全体で年間二九万のビザの上限を設定し、東半球が入手できるビザを一七万に微増させた一方で、アメリカ半球からの移民に初めて一二万という人数制限を課した。アメリカ市民の配偶者、結婚していない未成年の子ども、そして親は人数制限から除外されたままだった。他方で、この新たな法律は、より広い範囲の親戚――アメリカ市民の結婚していない成人した子ども、在留外国人の配偶者や結婚していない子ども、アメリカ市民の既婚の子どもたち、そして成人したアメリカ市民の兄弟姉妹――にも東半球用のビザの四分の三を確保した。アメリカ半球からの移民向けの同様の規定は、なぜかより遅く、一九七六年に成立した。さらに十パーセントのビザは、専門職やとくに能力のある科学者や芸術家に充てられていた。さらに十パーセントは、アメリカ生まれの労働者が不足していると労働省が認める職種のみではあるが、熟練および不熟練労働者が入手できるものだった。難民が、残りの少数のビザを申請できた。

当然、旧移民の移民コミュニティーは、一九六五年移民法を歓迎した。彼らは、たとえば移民問題に関して、南部のディクシークラットと大体同じものに投票していた、保守派で移民制限論者の民主党員、マイク・フェイガンとともに、家族呼び寄せのための拡大規定を求めて熱心にロビー運動をしていた。フェイガンは移民に関する重要な小委員会の委員長であり、親類への優遇措置なしで、南北アメリカからの移民たちへ人数制限を課すことを提案し、それを主張するために自分の権力を行使したのだった。『ニューヨーク・タイムズ』によれば、フェイガンは、人数制限からの除外と血縁者への優遇問題について、自分のクリーブランド地区の「ポーランド人、ハンガリー人、スロヴァキア人、そして、白ロシア人」からの「熱意を実感」したという。[70] しかし、フェイガンの選挙区の有権者たちも、彼らが突然成功を収めたことに驚いたかもしれなかった。その成功は、大方非常にまれな民主党の議会での大勝利のおかげであった。そしてその大勝利は、ジョンソンが保守派の共和党大統領候補、バリー・ゴールドウォーターを前年に破ったことと関連していた。

『ニューヨーク・タイムズ』は、新たな法律が国別割当法を廃止したので、新しい法律は、「広く応用できる」ものだと考えた。しかし、同紙はまた、初めてアメリカ半球の国ぐににまで人数制限を広げる意味を記した。[71] ジョンソン大統領が、十月四日に自由の女神像のもとで、ハート・セラー法案に署名して法律を成立させたとき、彼の演説は、その後に続く変化のほんの一部しか予見していなかった。彼は、入国許可の新たな基準がすべての人びとにとっての「公正な試験」となることを望んだ。しかし、ジョンソンは、「国別割当法のひどい不正」が終わることを賛美した一方で、「無制限の移民という日々は過去のものだ」とも明言したのである。[72]

移民制限は、科学的人種主義や、アメリカ帝国の形成で引き起こされた排外主義、そして新たによみがえった孤立主義の長い間続いた遺産であった。そして、その孤立主義は、第一次世界大戦へのアメリカの参加と、ウィルソンの国際連盟という国際主義的な夢のあとに出てきたものだった。多くの孤立主義者や移民制限論者は、部分的には、ファシストや共産主義者の全体主義を嫌ったせいで、次第にアメリカのグローバルな主導権に反対するのをあきらめた。他方で、移民制限論者は、一九六〇年代に入るまで、連邦議会による移民の管理に対して力を持ちつづけていた。行政府は、人種差別的なアメリカの移民政策や国内政策によって引き起こされた冷戦期のグローバルな宣伝合戦という問題におそれをなしており、また、移民に出自を持つ市民たちが、長期にわたって自分の外国にいる親戚のために一致団結したことにもさらに影響を受けていた。行政府が繰り返し異議申し立てをすることだけが、国の「門を閉じ、鍵をかけ、かんぬきをし、それから鍵を捨てる」という孤立主義者や移民制限論者の目標の実現を阻んできた。しかし、一九六五年の国別割当法の廃止だけでは、移民制限は終わらなかった。実際、行政府も移民コミュニティも、あるいは移民関連の制度改革推進者も、その目的のために集結したわけではなかったのである。移民たちは、主に彼らにもっとも近い人びと、そしてもっとも彼らのような人びとのために、救済策を求めていたのだった。

アメリカと世界がグローバル化に伴う激動と変化をふたたび経験するのにつれて、移民制限を管理する規定や移民制限の影響は、一九六五年以降、ふたたび変化することになった。移民も、一九六五年法の支持者のほとんどが予測していなかったかたちに変わった。しかし、移民制限自体はしぶとく、そのまま残った。ハート・セラー一九六五年法は、ほぼ間違いなく、アメリカ半球にまで移民制限の範囲を拡大した。アメリカが「超大国」になった世界でも、アメリカの有権者たちは保護、移民制限、移民の増加ではなく減少を変わらず求めていた。以前の高関税とほぼ同じように、移民制限もいまだにアメリカ人やまさに世界のほとんどの人びとに、国の生存のために必要なことなのだとの印象を与えていた。アメリカだけでなく世界中で、自由貿易がいまや国際統合の機会であると理解されていたので、ほとんど誰も、移民制限の廃止が国際的な統合のための機会だとは想像しなかったのだ。

# 第四章　移民とグローバル化　一九六五年から現在まで

リンドン・ジョンソン大統領が一九六五年移民法にサインしてから四五年の間に、アメリカ合衆国内外で起きた変化を無視できた者はほとんどいなかった。二〇〇〇年になるころまでに、これらの変化は「グローバル化」という真新しい名称を獲得した。一九八〇年代の間、その言葉は、『ニューヨーク・タイムズ』で二〇〇回も引き合いに出され、一九九〇年代には九一〇の記事に現れて、そして二〇〇〇年から二〇〇七年の間には、ほとんど毎日紙面に載った。グローバル化という言葉で、楽観的なものであろうが、否定的なものであろうが、経済、社会、文化的なものであろうが、世界のいかなるところで起こっているどのような変化も、簡潔に説明できた。

複数の辞書が、「グローバル化」を「とくに自由貿易、自由な資本の流れ、より安価な外国の労働力の利用に特徴づけられる、ますます統合されていく地球規模の経済発展」と定義した。[1] グローバル化はまた、世界はしっかりと統合された「グローバルヴィレッジ（地球村）」であるとのマーシャル・マクルーハンの考えをよみがえらせた。[2] そのように身近なものへの連想で、一九六五年の移民法改正の通過後に移民が増加した理由はグローバル化だと、容易に理解することもできた。移民の規模が増大していったことは、アメリカが国際的に積極的で指導的な役割を果たすことで、アメリカ人が新たに感じている安心感の度合いを反映しているというより、むしろ、多くの有権者たちをうろたえさえ、不安にさせつづけた。すでに一九八一年に、移民政策や難民政策に関する連邦議会の特別委員会において、ある委員は、いささか悲しそうに、このところの長期的傾向を要約した。「概して、アメリカの世論は……移民や難民の入国許可に否定的でありつづけてきた[3]」。しかし、移民の減少という有権者たちが望んでいたものを、有権者はやはり実現できないようであった。議会に、連邦政府に、あるいは国際主義者たちに何か落ち度があったのだろうか？　それとも、これは移民たち自身の責任なのだろうか？

グローバル化は、アメリカを含む実力行使主義の国や、「新世界秩序」に関与する国際的な陰謀団によって促進されていると見ているものがいる。また、別のより人気のある説明では、グローバル化は多国籍企業の戦略だとするものや、より好意的な理解では、新たな通信技術によって可能となった言葉やイメージのデジタル再生と流通に、その起源が求められている。グローバル化の理論家たちは、越境する人、通貨、思想、そしてモノの流れを制御できない国民国家の崩壊、国民文化の均質化、そして特定の場所への忠誠心から切り離された、分裂し、流動的になった人びとのアイデンティティーの増加といった、広範囲にわたる影響を予想することで、警戒を促そうとした。民族主義者たちはグローバル化が国家主権を弱体化させることを恐れた。一方、急進的な国際主義者たちは、グローバル化は少数の人びとには莫大な富を生むが、多くの人びとの貧困化を招き、これまでになく多くの人びとが、しばしば望まないながらも移民を余儀なくされていると主張した。世界史の歴史学者たちは、グローバル化にはなんら新味はないと公然と指摘したが、彼らの孤独な声は、新世紀を賛美する耳障りな宣伝文句の中に埋もれてしまった。

多くのアメリカ人にとって、そうした新世紀を賛美する宣伝文句は、いまにも現実のものとなるかに思えた。アメリカは、一九四五年にそうであったのと劣らぬほど、二〇一〇年でも世界にかかわっていた。しかし、ペルシャ湾、アフガニスタン、イラクでの途切れのないアメリカの軍事力や対外戦争への関与も、アメリカの巨大な金融市場と消費者市場のグローバルな影響も、また産業化が進む韓国、シンガポール、香港、台湾およびごく最近では中国からなる「アジアの虎」や、石油資源に恵まれた中東諸国、あるいは新たに統合された欧州連合（ＥＵ）諸国での経済変動を覆い隠すことはできなかった。長年の敵であったソ連が一九八九年に崩壊してからちょうど一〇年後、アメリカは、自国の最大の都市に対するテロ攻撃を経験し、またその一〇年が終わる前に、アメリカは金融危機や多極化する世界で、ますます変化する国際関係に直面したのであった。

これらは、アメリカ人の移民制限への要求を長年煽ってきた排外主義的な恐怖を減少させるような変化ではなかった。帝国建設と国際的な力の行使が、十九世紀末にアメリカ人の移民に対する見方を変化させたのとちょうど同じように、変化する世界の中でアメリカが衰退しているという認識も、排外主義の復活を促した。移民に関する新たな政治論争においては、ある専門家が一九八三年の連邦議会で証言したように、アメリカの国境は「制御不能」であると主張するアメリカ人もいる。[4] 二〇〇一年の世界貿易センターに対する攻撃後、移民排斥の敵意が激化するにつれて、移民に関する議論は激しくまた何度も繰り返され、バルトホールド下院議員の友人が十九世紀の関税法の議論のなかで非常に厄介だと気づいたような「退屈で陳腐」な話になってしまったことも、明らかであった。自国の中東での戦争や、移民数の増大よりも急速な貿易赤字を生んだ自由貿易の支持といったアメリカの対外政策に関する議論は、同じように長く続く論争を生み出すことはなかった。部分的には、少なくともこのことは、国内問題として議会が移民を管理したことを反映している。アメリカ人はグローバル化を制御できなかった。彼らはいまだに彼らの国の対外政策に直接、あるいはたやすく影響を及ぼすことができないでいるのだ。彼らにできることとは、投票することだった。彼らは代表者を選び、自分の代表者が自分たちを移民の脅威から守ってくれるよう、要求することができたのである。

### 新たなグローバル化時代における移民

グローバル化やアメリカの凋落の可能性をアメリカ人が新たに認識したことが一助となり、移民は新たな脅威であり、そして過去の移民とは違うという印象を与えるようになった。しかし、一九六五年以降の移民の生活は、とくに移民自身の外国とのつながりにおいては、意外にもよく知られた傾向を示している。かなりの程度まで、一九六五年以降のアメリカへの移民は、ラテンアメリカ、カリブ海、そしてアジアでのアメリカの帝国形成の地理と歴史を反映したものであり、それ自体が劇的な変化に見えた。おどけた英国の学者たちが表現しているように、帝国は、かつての入植者たちの母国への「旧植民地の住民」による移民を通じて「逆襲」される傾向がある。[5] その結果、十九世紀の太平洋および大西洋を東西に横断する移動から、現在のわれわれの時代における南北の移動へと、世界的に大きく変化してきた。これらの脱植民地時代の移民労働者や難民を多様にしたのは、二十世紀後半のグローバル経済をしばしば象徴する企業経営者や役員、外国人学生、エンジニア、技術専門家、科学者、学問的な専門家、知識人、そして官僚であった。一九六五年移民法は、一方では呼び寄せのビザを求める移民、難民申請する難民、そして高度な技術を持つ移民と、もう一方では、ビザを取得する可能性が少ない労働者階級の労働移民とを、とくに明確に区別するようになった。結果的に、一九六五年以降のアメリカの移民は、近年の移民たちの外国とのつながりがありふれたものであったとしても、十九世紀における労働者の大規模移民を正確に再現するものではなかったのである。

東南アジア出身のある女性の人生は、アメリカの対外戦争がどのように呼び寄せのためのビザ――彼女の場合だと、アメリカ兵や海外での軍事関連の労働従事者の妻や子どものためのビザ――と難民のためのビザの両方の需要を生み出したかを示してくれる。レー・リー・タイ・ファンは、中国の一九四九年の共産主義革命の年に中央ヴェトナムで生まれ、ヴェトナムのフランス植民者への反対運動と、彼女の家族を南北に分けてしまう内戦のさなかで育った[6]。ヴェトナムの人びとは、以前は中国に支配されており、中国の支配者にもフランスの支配者にも特別な愛情を抱いていなかった。多くの人びとは、アメリカ軍が一九五〇年代にやってきたのを、彼らの幸福を脅かす、武装した外国の帝国の作り手たちの中でいちばん最近のものだと考えた。

小作農であったファンの家族は、サツマイモ、ピーナツ、タロイモ、米を栽培し、家族の皆が厳しい労働をしなければならなかった。一九五四年のヴェトナムの分離独立で、生活はいっそう厳しくなった。中央ヴェトナムの多くの家族と同様、ファン家にも、続いて起きた内戦で敵味方に分かれて戦う血縁者がいた。ファンの父親と兄は、フランスと戦い、いまや共産主義の北ヴェトナムとされていたベトコン〔南ヴェトナム民族解放戦線〕を支持した。ファンも初めはベトコンの支持者になった。一方、彼女の母親には、ダナン近くに住む、傑出した共和制支持者であった兄とのつながりがずっとあった。そのダナンでは、アメリカ軍の顧問が、共産主義のベトコンと戦う共和制の南ヴェトナム側の顧問であったフランス軍にとってかわっていた。

一九六四年にベトコン支持者として告発されたあと、ファンは叔父のコネで釈放された。以前のベトコンの盟友の二人が、思想上の裏切りだと感じて、若い女性であった彼女に暴力を振るい強姦した。恥辱とショックで、彼女の父親は酸を飲んだ。一方、ファンと母親はダナンに逃れ、そこで、彼女らは南ヴェトナムの首都サイゴンに行く許可を手にした。サイゴンで、ファンは家事労働者の仕事を見つけた。彼女以外の多くの貧しい使用人たちがそうであったように、彼女は、金持ちの雇い主に妊娠させられてクビになった。ファンはすぐにダナンの闇市に仕事を見つけ、自分と子どもを養うために、アメリカ人やヴェトナム人の客に密輸品を売った。彼女はまた、アメリカ軍の男性と次々と親密な関係になりはじめ、終わりのない戦争から逃れることを夢見はじめた。結局、ファンは、親切な年をとったアメリカ軍の土建業者、エド・マンローと結婚し、一九七〇年に父親がマンローである乳飲み子と長男を連れて、マンローの妻としてアメリカに渡ったのだった。アメリカ市民の被扶養者として、彼女と子どもたちは、移民の人数制限から除外されたのである。一家がサンディエゴにやってきたとき、たった八〇〇〇人のヴェトナム人しかアメリカに住んでいなかった。一九七五年にサイゴンが陥落し、共産主義に対するアメリカの軍事行動を終結させると、そうした状況は急速に変わった。そのときまでにエド・マンローは亡くなり、いまや三児の母のレー・リー・マンローは、デニス・ヘイシップという名の暴力的なアメリカ人の退役軍人と結婚した[7]。そして、一〇〇万人以上のヴェトナム難民がアメリカへの移住を求めているときに、レー・リー・ヘイシップは、自分の暴力夫と離婚し、ふたたび自分と子どもたちを養いはじめた。

レー・リー・ヘイシップのカリフォルニアでの生活も人生も落ち着いてきたころ、ロザリー・エヴァンスがプエブラで命を落とす直前にプエブラで生まれた二人の男性は、アメリカのずっと遠方の場所で、まったく別の人生を歩んでいた。ニューヨークで、ドン・ペドロは証明書なしで居住し働いていた。エルパソで、中小企業経営者で市民であったアルヌルフォ・カバリェロは、一家をアメリカの中産階級にまで引き上げることに成功していた。ロザリー・エヴァンスのような外国人から没収した土地を手に入れることで、初めはこの両方の男性の両親が故郷に残ることができた。一方、ほかの地域出身の数百万のメキシコ人は、貧困とメキシコ革命の混乱から逃れるために、アメリカへと逃げた。プエブラ出身の若い男性は、一九四〇年代になって初めてアメリカに向かいはじめた。そののち、彼らは、アメリカ帝国の形成に長い間影響されてきた国であるメキシコへのアメリカの政策の劇的な変化に、自分たちの人生を合わせていった。

一九九〇年代のどこかで、ドン・ペドロはニューヨークの民俗学者に、自分がニューヨークに思い切ってやってきた最初のプエブラ出身者だと言った。これはほかの人びとが激論する言い分ではあった。[8] 彼は、エヴァンスの死を結果的に招いたのと同じような土地をめぐる暴力から逃れるべく、一九四二年に自分の故郷テチュアニから逃げ出した。彼は、いとこと一緒にメキシコシティに行き、そこで、その二人の若い男性はメキシコ政府の役人に賄賂を渡して、臨時の契約労働者（ブラセロ（*braceros*））としてアメリカに行くための証明書と切符を手に入れた。第二次世界大戦中の労働力不足に直面して、アメリカはメキシコ政府と二国間条約を取り決めることで、ブラセロ・プログラムを創設した。条約のもと、メキシコは若い男性市民を募り、北の国境に彼らを輸送する費用を支払った。兵隊や軍需産業でのより高賃金な仕事に、アメリカの労働者がとられてしまっており、そうしてアメリカの労働者がやめてしまった仕事を埋めるために、アメリカの雇用主が、その国境で彼らを選び、採用した。このプログラムは、主にアメリカが単独で管理するものではあったが、一九六四年まで続くことになった。

ドン・ペドロと彼のいとこが、モンテシーノスという名前のアメリカ人旅行者で、ニューヨークまで車に乗せて送っていこうと申し出てくれた人物に会うと、彼らの運はさらに良くなった。この二人のプエブラ人は、たぶんビザを持っていなかった。それには、もっと賄賂が必要だったのである。しかし、彼らの友人に助けてもらい、一九四三年七月六日に二人は難なく国境を越えた。ニューヨークでモンテシーノスはさらに助言をしてくれ、「戦争のおかげで」二人はすぐに仕事を見つけた、とドン・ペドロは、のちに戦争が引き起こした労働力不足にふれて、そのように言っている。ドン・ペドロには証明書がなかったが、戦争が終わったあとも、彼は簡単に仕事を見つけ続けた。一九五〇年代に、彼はビザを獲得できなかった仲間の村人たちが自分のところにやってくる手助けをした。アメリカ人たちは、彼らを、「不法移民」とか「不法入国者」としてけなした。

第二次世界大戦中のブラセロ・プログラムにうまく参加できた人びとの中に、アルヌルフォ・カバリエロがいる。彼は、ドン・ペドロよりさらに運がよいか、幅広い人脈があったか、またはより財力があったに違いないプエブラ人であった。カバリエロとプエブラ出身のほかの五十四人の男性たちは、契約書と政府の補助金で支払われた切符を手に、一九四四年にアメリカの国境へと旅した。そこから、アメリカの雇用主が、ニューヨークのセントラル鉄道での仕事につけるよう彼らの旅を手配してくれた。カバリエロは、北へ旅している間に、自由の女神の王冠の内側、つまりアメリカ側で、「A・カバリエロはここにいる（*A. Caballero aqui*）」を書いたのだ、とのちに言い張った。[9] ニューヨークの鉄道で一年間働いたあと、カバリエロはドン・ペドロと違ってプエブラに戻り、結婚して身を固めて、本気になって小さな事業の経営を始めた。

しかし、カバリエロの移民物語は、彼がプエブラに戻って終わったのではなかった。自分の故郷では限られてしまう事業の可能性にいらついて、一〇年後にカバリェロはちょうどテキサス州エルパソから、メキシコとアメリカの国境を越えたところにあるシウダーフアレスへふたたび引っ越した。彼の妻子も一緒についてきた。多くのプエブラの人びとがフアレスに住んでおり、一家が開いたレストランとクリーニング店の顧客にすぐになってくれた。ひとたびフアレスで落ち着くと、カバリェロは貯金し、英語を学び、アメリカに入国するためのビザを申請した。彼は、自分の息子のセザールに毎日国境を越えさせて、アメリカの学校に通わせはじめた。一九五〇年代には、路面電車の路線がフアレスとエルパソという、対になる都市のメキシコ部分とアメリカ部分をまだ結んでおり、数千人の人びとが毎日気軽に国境を越え、学校や店や仕事に行っていた。彼を永住権取得者にしてくれるグリーンカードを獲得すると、カバリェロはエルパソのレストランでの仕事を引き受けた。彼は、フアレスでの事業をずっと切り盛りしている家族と過ごすために、毎日国境を越えた。五年間の国際通勤のあと、カバリェロは帰化し、アメリカ市民になった。彼は即座に妻子を移民として保証する申請をした。彼らは長く待たないですんだ。カバリェロ家が国境のアメリカ側にあるエルパソに移住したあと、カバリェロの妻はメキシコの市民権を持ちつづけることに決めた。しかし、カバリェロ自身は熱心なアメリカの愛国主義者となり、息子のセザールが、アフリカ系アメリカ人の公民権運動やブラックパワー運動に感化されて、チカーノのための平等を要求し、ヴェトナム戦争に反対する抵抗集団に入ったことを知ったとき、ショックを受けたほどであった。

事業経営者のカバリェロは、うまくアメリカの移民法を切り抜けたが、一九六五年以降のほとんどのプエブラの移民たちはビザを取得できなかったという点で、ドン・ペドロと似ていた。一九六五年の新移民法がメキシコからの移民に人数制限を課すようになる少し前に、アメリカはブラセロ・プログラムを一九六四年に廃止した。一九七六年に通過したのちの法律の命令で、すべてのメキシコ人は年間三万のビザをめぐって競争しなければならなくなった。以前の移民と永住権保持者の近親者が、そのほとんどすべてを必要としていた。ほんの一握りのビザしかブルーカラーの労働者は取得できず、あまり教育を受けていない、または不熟練労働者のメキシコ人たちは、多くの人にとって支払うことなどできないものではあったが、ふたたび賄賂がアメリカへ合法で移民する費用の一部だと考えるようになった。しかし、ほとんどがドン・ペドロのたどった道を行った。つまり、証明書なしで移民し、不法に居住する危険を引き受け、しばしば家族や友人の援助を得る、という道である。彼らは簡単に低賃金労働を見つけることができた。それというのも、アメリカ人は、証明書なしでも彼らを雇うことにほとんど不安を感じていなかったからだ。一九八六年になって初めて、移民改革・管理法(IRCA)のもと、ドン・ペドロは、グリーンカードと永住権保持者の身分を手に入れた。それまで、彼はアメリカに五〇年間にわたって住んでいたのだった。

証明書のないプエブラの労働者階級とは明らかに全く対照的なのは、アメリカで学ぼうとし、また、商業、科学、産業分野での技術職、管理職、または専門職で働こうとした世界各地からの高い教育を受けた人びとであった。しかし、彼らでさえ、永住権保持者の身分を得るのに困難を経験した。これらのエリートの労働移民で典型的なのは、インドラ・ヌーイである。彼女は、二〇〇七年にペプシコーラの会長でCEOになった人物だ。[10] ヌーイは、インドのタミル・ナードゥ州チェンナイで一九五五年に生まれた。彼女は、保守的で何不自由のない中産階級のバラモン(司祭)階級の家族で育ったにもかかわらず、自分はサッカーをし、女の子だけのロックバンドで演奏していた自由奔放でいくらか反抗的な娘であったと、ある記者に語った。キリスト教系の大学を卒業し、一九七〇年に存在していた、たった二つの経営学の課程のうちの一つで大学院の学位を修めたあと、ヌーイは、イギリスの繊維会社での経営者の仕事を引き受けた。それから、彼女はアメリカの会社ジョンソン・エンド・ジョンソンの仕事に移った。ヌーイの監査役たちは、経営者の地位に女性がいるのを喜んだ。彼らは、彼女にステイフリーという生理用品を市場に売り込む仕事を任せた。生理用品は、当時インドの女性消費者には知られていない品物だった。国際的な企業環境で働いて、ヌーイはすぐに自分の生まれた国の外にある可能性について知った。そしてそれが、彼女の中に絶えず変化を求める新しい感情の高まりを起こした。自分の家族が教育に重きを置いているのを知っていたので、彼女は外国で勉強できるような移住計画を練りはじめた。

一九七八年に、ヌーイは、イェール大学の新設の経営学科に入学するために渡米することを、家族に不承不承ながら了解してもらった。心配は無用だとすぐにわかるのだが、彼女の家族は、この決心のせいで彼女は結婚できないのではないかと心配した。ヌーイはおじけずくことなく、すぐにイェールの教科課程が、彼女のような多くの「頭脳流出」の学生を引きつけていることを知った。そして、これらの留学生の多くがそうであるように、ヌーイは公共経営学と個人経営学で修士号を修めたあと、かなりの援助を得てだが、アメリカに残ることができた。アメリカに本社がある彼女の最初の雇用者とその弁護士たちは、彼女が初めは学生ビザを一時的な労働ビザへ、それからグリーンカードへと変えるために必要な、複雑な役所からの要件を満たす手伝いをしてくれた。

ヌーイは指導的役割へと、すぐに歩を進めていった。その進路のおかげで、彼女はスイスに本社がある多国籍企業などのさまざまな業界で経験を積めたのだった。業界で頭角を現したころ、彼女はインド生まれのエンジニアと結婚し、二人の子どもをもうけた。ペプシ社で職を得ると、彼女は、会社はジャンクフードから砂糖の少ない飲み物とパッケージされた食べ物へと重点を移すのだと断言した。[11]二〇〇七年に、彼女は、ペプシ社は成功を収めており、かなりの利潤を出すことができたと主張した。そして、アメリカのペプシ社の利益の半分は、二〇一〇年までに健康志向の食べ物から稼ぎ出すことになろうとの希望を表明した。

高収入と飛び抜けた信用を得て、彼らが現在すんでいるコネティカット州グリニッチのような中の上流階級に、ヌーイと彼女の家族は簡単に受入れられた。彼女のアメリカ人の隣人たちにとって、ヌーイは移民のようには到底見えない。彼女は貧しくないし、英語を流暢に話す。彼女は、有名なアメリカの企業で働いているばかりでなく、職場でたいへんな権限をふるっている。ヌーイのような移民を、「コスモポリタン」とか「世界市民」と呼んだ人もいる。彼女や彼女のような人びとは、グローバル化に魅力的で感じのよい顔を与えてくれる。そして、多くのアメリカ人は、アメリカが変容するグローバル経済の中でうまく競争することになるなら、アメリカはこのような移民をまさに必要としているのだと、論じはじめた。しかし、ヌーイでさえ、相当な対価が必要な高度に専門的な法律の専門家に介入してもらってようやく、一時滞在労働ビザやグリーンカードを手に入れたのだった。永住権保持者の身分を得ることは、彼女にとってでさえ確実な事ではなかったのである。

実際、アメリカに移民したときに、専門職で職を探している人が困難を経験するのはまれではなかった。たとえば、アメリカの移民法での明らかに些少な変更が人びとに与えた結果に、韓国人のコンピューターエンジニア、ジェイ・チョーは衝撃を受け、必死の行動に出た。[12]ソウルで働き、結婚して二人の子どもをもうけたあと、自分の帰化したアメリカ市民の母親に保証人になってもらって、チョーは一九九三年にグリーンカードを持ってシアトルに移住した。そこで、彼はコンピュータープログラマーとしての仕事を見つけた。不幸なことに、チョーがアメリカに到着したのは、連邦議会が、ちょうど彼のような高い技術を持った移民に入手可能な就労ビザの数を増大させる方法を探っており、グリーンカードの近親者に取得可能であった家族呼び寄せビザの数を減らしたころであった。議会のこの決定は、家族呼び寄せビザの順番待ちリストをすぐに長くした。グリーンカードを持っている多くの人たちと同様、チョーは到着するとすぐに妻子のためにビザを請願した。しかし、彼らは五年待たなければならないとわかった。

チョーは、家族とのこの長い別離を「拷問」だと思った。三年後、彼はバンクーバーに妻と娘と息子が飛行機でやってこられるように手配した。当時五歳だった彼の息子、サイモン・チョーは、自分の母親と姉と一緒に国境のアメリカ側にいる父親のところへいくために、泥の野原を歩いていったことをのちに思い出している。チョーの妻子は、それから彼らが順番待ちの一番目になるまで証明書なしで住み、二〇〇一年にグリーンカードを受け取った。そのとき、彼らはまたカナダまで戻って、アメリカに合法的に再入国した。数年後、彼らは皆アメリカの市民になった。しかし、彼らの息子のサイモンが、スピードスケートの選手として二〇一〇年のオリンピックで成果を上げたせいで、彼らの不法入国の話が明るみに出てしまうと、この「モデルマイノリティ」家族を犯罪者だと非難し、退去強制を求めるウェブ上の痛烈な批判に、彼らはさらされることになった。世界が変容するにしたがって、不法行為に対するアメリカ人の寛容度も、どの外国人がアメリカに入国するに値するかについてのアメリカ人の理解も変化したのだった。

## 移民の外国とのつながり

近年のこれらの移民の人生のどれもが、ヨーロッパで始まっていなかった一方で、彼らが自分の出身地に持つ愛着は、以前のヨーロッパ移民のそれと多くの点で似通っている。連鎖移民は、彼らのほとんどすべてで際立っていた。豊かで教養のあるヌーイは、アメリカには連鎖移民の一人としてきたわけでも、自分の家族が自分に続けるように保証人になったわけでもない人物であるが、彼女でさえ、インドとのつながりを維持した。アジアやアフリカやラテンアメリカからの移民は、海外の親戚を経済的に援助した。証明書や市民権を手に入れる方法がなくて、ニューヨークのプエブラの人びとは故郷の村の政治に関心を持ちつづけた。ヌーイやカバリェロの妻と息子だけでなく、多くの人びとが自分の出身国とアメリカの良好な関係促進のために、公のまたは個人的な動機で活動するようになった。以前と同様、移民の越境的(トランスナショナル)な政治は、とくに暴力を伴うとき、激しい議論を起こし得た。

移民に出自を持つ有権者が数十年にわたって家族統合をめぐって集結したことを考えると、また、一九六五年移民法のもと、親類へ実際に割り当てられたビザの割合が大きかったことを考えると、連鎖移民は、一九六五年以降の移民たちの間でも続いていたということは、ほとんど驚くべきことではない。学者たちがアジアやメキシコからの移民数の急増を見て、移民の「乗数効果」と呼びはじめた現象を、一九六五年移民法は引き起こした。これは、制限移民法の一部として設けられた優遇制度のもとで、連鎖移民が増大するという倍増現象であった[13]。ジェイ・チョーのような永住権保持者は、自分の配偶者と扶養している子どもたちの保証人にしかなれなかったが、ひとたび彼らが市民権をとってしまえば、呼び寄せビザの資格がある血縁者の範囲が少しだけ大きくなり、血縁関係をあちらからもこちらからも口実にするビザの申請を引き起こすことになった。アメリカに入国できる市民の近親者の数に制限はなかったのである。

家族呼び寄せビザのための特定の必要条件は、それにもかかわらず、一方ではヘイシップとカバリエロの家族、もう一方では、プエブラの人びとやほとんどのヴェトナム移民、そしてジェイ・チョーにきわめて違った結果を生み出した。たとえば、一九七五年のサイゴンからのアメリカの撤退のちょうど前に、ヴェトナム戦争の退役軍人であったヘイシップの夫デニスは、アメリカ市民になった自分の妻の姉妹たちとその子どもたちを救いにヴェトナムへ向かった。彼らはみな、家族呼び寄せビザを取得する資格があった。しかし、それ以降は、ヴェトナムから東南アジアの難民キャンプまでガタついたボートに乗って逃げた、数万の中国系ヴェトナム人を含む数百万の人びとのために、レー・リー・マンロー・ヘイシップは、ほとんど何もできなかった。彼女は、キャンプにいる友人や家族から身元保証や援助を求める胸を締めつけるような嘆願を受け取ったが、明確には返事ができなかった。寛大である一方で、家族呼び寄せビザは、アメリカ市民であっても、その血縁者をかなり厳しく定めていた。いとこ、おば、甥、祖父母、義理の血縁者、そして友人には、資格がなかった。さらに、一九六五年法では、難民が取得可能なビザは一〇パーセント以下しか割り当てられていなかったのである。それゆえ、ヴェトナムを逃れたほとんどの人びとは、人道主義を奉ずる他人――たいていは、アメリカの教会や寺院のメンバー――に身元を保証してもらうのをキャンプで長い年月待つか、または、激しく反対された規定、つまり連邦議会の特別法（一九七四年のインドシナ移民難民支援法、一九八〇年の難民法、一九八七年のアメレジアン帰国法）か、行政府の一時的入国許可を受けるかしか道がなかった。

再定住機関はアジア人に対する敵意を和らげようと、やってくる難民たちを意識的に分散させたが、ひとたび彼らがアメリカでの生活や仕事に慣れると、たいてい難民の中で親戚同士がふたたび集まるようになった。過去の多くの労働移民のように、ヴェトナム人は、たとえばテキサス州の沿岸地域やカリフォルニア州ですぐに寄せ集まって住むようになった。ソマリ族とモン族の難民は、ミネソタとカリフォルニアで大きな居住地を形成した。キューバ難民は、ニュージャージーとフロリダに集中した。難民申請にたいへんな困難を経験したハイチの人びとも、フロリダとニューヨークに集まった。

一九七六年以前は、プエブラの人びとやほかのメキシコ人が家族呼び寄せビザをとるのは不可能で、それ以降であっても、困難なままだった。アルヌルフォ・カバリェロと違って、ドン・ペドロはグリーンカードを持っておらず、市民になれなかったので、妻子が家族呼び寄せビザを持ってアメリカに入国する保証人になれなかった。さらに、不法行為が相乗効果を生んでしまった。親戚が、既にアメリカにいる法律に認可されていない移民たちに呼び寄せてもらおうとすると、さらに不法行為がなされることになり、偽の証明書がますます使われるようになったのである。ドン・ペドロがＩＲＣＡのもとでグリーンカードを取得したあと、彼やほかの人びとは、一時帰国するか、または結婚するためにメキシコに戻ったり、ニューヨークへ妻子を連れてくるためにビザを申請したりして対応した（ＩＲＣＡについては、図1の一九八七年移民数にある、約二三〇万人と推定される「ＩＲＣＡのため激増している部分」を参照）。一九八〇年には、ニューヨーク在住の約二万五〇〇〇万人のプエブラの人びとが、連鎖移民を通じて友人や家族の渡米や求職の手助けをした。これら友人や家族は、就労ビザをまだ取得していないが、プエブラの地域経済が停滞し、ニューヨークの経済が好景気であったので、アメリカに入国する危険を冒した人びとであった。一九九四年の北米自由貿易協定（ＮＡＦＴＡ）で、安価なアメリカ中西部のトウモロコシのメキシコへの輸出が促進されると、メキシコの農民たちの収入は激減し、プエブラからの移民がふたたび増加した。二十一世紀初めまでに、プエブラの住民数の四分の一である一〇〇万人以上のプエブラの人びとが、アメリカに居住していた。プエブラ出身の人びとの最大の集団は、国境から遠くないテキサス州とカリフォルニア州に住んでいた。しかし、約三〇万のプエブラ人とその子どもたちはニューヨークにも住んでおり、その都市のメキシコ系人口の約半分を占めていた[14]。

中産階級で専門職の生活様式のおかげで、アジア系とわかる外見にもかかわらず、目立たずにいられたチョー家と違って、やはり外見でそれとわかるマイノリティであった労働者階級のプエブラの人びとは、すぐに拘置率や退去強制率の高まりを見た。この大規模な越境的(トランスナショナル)コミュニティ中で不安が高まった。というのも、プエブラの家族や世帯に典型的だったのは、さまざまな移民の身分の人びとが一緒になっていることだったからだ。証明書なしの父親か年長の息子がいて、無効となった観光ビザか偽のグリーンカードを持った妻や母親がおり、二十一歳になるまでは両親のグリーンカードのための保証人になることのできない、一人かそれ以上の市民権をもった子どもがいる、というようなことも、ある一家族に見い出せるかもしれなかった。世界規模で、大量の移民希望の人びとが、不熟練または半熟練労働の就労に取得できるたった一万のビザをめぐって競争した。グリーンカードを持つ配偶者か親がいる移民希望者も、場合によっては三〇年という長期間待ちつづけることになり、非常に多くの人が、不法入国の危険を冒しつづけたり、一時的なビザ、あるいは観光ビザの滞在期間が切れても滞在しつづけたりしたので、不法に在留する人口はさらに増大した。

移民の身分にかかわらず、一九六五年以降の移民たちは、以前の移民たちとちょうど同じように越境的（トランスナショナル）な家族やコミュニティとかかわっているということがわかった。コンピューターや携帯電話、飛行機での移動、Eメール、インターネットはすべて、外国の親戚や友人と連絡をとりつづけることを以前よりさらに容易にした。カナダ人、メキシコ人、カリブ海出身の移民たちは、いちばん頻繁に故郷を訪れていた。しかし、越境的（トランスナショナル）な家族のつながりは、アジアからの移民たちにとっても重要であったのだ。たとえば、多くの既婚女性がアメリカで働いていたので、最貧の中国人家族も、未就学年齢の市民権を持った子どもたちを中国に送って、全日制の学校に通えるぐらい大きくなるまで祖父母に育ててもらうことも、ときにはあった。インドラ・ヌーイは、アメリカに来てから二五年経っても、いまだに自分はインドにいる母親と毎日二回は話すと言った。ちょうど彼女のペプシ社での支配力が確固たるものになった二〇〇七年に、彼女と夫のラジ・キシャン・ヌーイは、多くの政府の役人や金持ちの映画スターが住んでいるチェンナイの高級なポーズガーデン界隈に大きなアパートも購入したのである。[15]

ヌーイが家を買うためにインドに送った金額は、アメリカの移民の平均より間違いなく高額ではあったが、送金は、移民と出身国の家族や友人のつながりの中で、たいへんありふれたものだった。メキシコ出身の移民は、二〇〇五年だけでメキシコにいる家族に最大一六〇億ドルの送金をした。移民たちがアメリカで購入した為替は、それゆえメキシコへのすべての直接的な外国投資よりも多く、メキシコのもっとも利益の上がる輸出品である原油と同じぐらい多くの貨幣収入を生み出した。[16] 十九世紀と違って二十一世紀では、多くの政府も世界銀行も、貨幣送金の流れが、対外貿易額やアメリカやほかの豊かな国ぐにによって提供される外国からの援助額を越えることを理解していた。二〇〇九年には、世界銀行は、世界中の移民が、家族や友人の援助に四一四〇億ドル以上を送金というかたちで海外に送ったと推定した。前例であったイタリアと同様、フィリピンは移民が資金を送金する助けをする銀行を定め、自国の移民の経済的な成功を称賛し、故郷とのより強いつながりを奨励しはじめた。インド、パキスタン、フィリピンは、どれも移民たちが故郷の企業に投資するのを活発に奨励した。メキシコに送金された金額の中には、事業や土地に投資されたものもあった。一方、ニューヨークのプエブラの人びとからの故郷の村々への送金では、たいてい個人所有の家が建設された。子どもの教育費を賄うことで、送金はまたメキシコの中産階級を増やす助けとなった。そのような小規模の送金をぜんぶ集めて総計してみたとき、長期的な経済成長を促進するのか、しないのか、学者たちは論争している。しかし、世界銀行は、移民期間中に生み出される送金は、グローバルな経済の不平等を終わらせることができるのではと、期待しつづけている。

過去と同様、出身国への感情的な愛着も、一般大衆の活動を促進しつづけている。インドラ・ヌーイは、慈善基金や公共サービス組織で指導的な役割を負っているという点で、多くの企業のリーダーたちに類似しているが、しかし彼女の活動の少なからずが、直接インドに利益をもたらしている。たとえば、彼女は、米印企業評議会の議長を務め、二〇〇八年の米印CEOフォーラムにオバマ大統領によって任命された。アルフォンソ・カバリェロの図書館員の息子とそのメキシコ市民の妻は、エルパソとメキシコの文化、民族交流をもっと普通のやり方で促進してきた。彼ら以前のイタリア人のように、ニューヨークのカトリックのプエブラの人びとは、村のインフラの整備を財政援助し、メキシコに戻って守護聖人の祝日を祝っている。また彼らは、クイーンズやブルックリン界隈の同じ聖人たちを祝い、他所にいる仲間の村人たちとお祝いのビデオを交換している。

二十世紀終わりまでに、最近のグローバル化の急速な進展を痛感している観察者たちは、多くの非政府組織の関係者が、その多くが人道的な目的をもっている国際的な非政府組織の創始者、出資者、そしてボランティアとして、影響力の大きい国際的な役割を果たしていることに気づきはじめた。移民で難民のレー・リー・ヘイシップは、国際関係の中で顕著な非政府関係者の中に数えられる。東南アジアの難民キャンプや彼女の出身国ヴェトナムの状況をますます知るようになるにつれ、そして、アメリカ在住のヴェトナム難民の数が急増するにつれ、ヘイシップはなんらかの援助をするためにヴェトナムに戻ろうと考えはじめた。彼女は、アメリカ人の退役軍人たちに会ったと述べている。これらの退役軍人たちは、東南アジアでの従軍時に知り合って好意を持つようになり、高く評価するようにもなった人びとの嘆願に、彼女と同じように関心を持っていた。冷戦が終わりつつあるころ、ヘイシップは初めてヴェトナムに戻った。彼女には、何人かの元アメリカ兵が付き添った。どれほど難民たちや兵士たちがヴェトナムで自分たちの勤めを果たしたことを誇りに感じられたかを、この一団は強調した。また、その国についてよく知ったうえで、「われわれには果たさねばならない新たな役割がある」とも主張した。[17] その後すぐに、ヘイシップは東西再結合基金を設立した。これは、今日、「貧困をなくし、自給自足を促進する努力を通じて、ヴェトナム人の健康、教育、経済状況を向上させるために、ヴェトナムの人びとと連携する非利益の人道的組織」である、と自らを位置づけている非政府組織である。[18]

いくらか違うやり方で、労働者階級で、多くの場合証明書もなかったニューヨークのプエブラの人びとも、出身国のために集結した。テチュアニのドン・ペドロの故郷の村出身の移民たちは、メキシコに上水道を作る資金を集めるための委員会を組織した。ますます多くの資金が自由に使えるようになると、メキシコでの選挙への在外メキシコ人の投票を可能にしたメキシコ政府の決定もあって、彼らの参加が促進された。しかし、委員会はすぐにテチュアニの複雑な地方政治に巻き込まれるようにもなった。一九九八年までに、プエブラ地域の公職候補者は、アメリカのニューヨークやそのほかの場所にいるプエブラの人びとの中で選挙運動をした。そして、テチュアニ出身の移民していったプエブラの人びとは、改革派の候補者を自分たちの村の指導者に推すことに成功した。証明書がなかったので、これらのプエブラの人びとのほとんどが、アメリカ市民になれる望みを持っていなかった。だから、彼らの政治的な忠誠心は、メキシコにありつづけたのだった。しかし、尋ねられれば、多くの人びとは二重国籍を望んでいることをほのめかした。（二重国籍は二国間協定を通じて設けられる。世界的には比較的少数の国しかそれを認めておらず、アメリカ在住の二重国籍市民の数は、増大していると考えられてはいるが、実際はわかっていない。中国など多くの諸国が、自国の移民たちに二重国籍の道を開くことに反対している。）

もちろん、故国のための移民たちの政治的集結であるディアスポラナショナリズムは、新しいことではない。そして、以前と同様二十一世紀においても、それには政治的な暴力を生み出す可能性がある。政治的な暴力を移民たちが支援することに対するアメリカ人の反応は、二十世紀も二十一世紀も、百年前と同じように非現実的なものでありつづけている。たとえば、イギリスがテロリストだと宣言している集団である、アイルランド共和軍のために一九八〇年代に資金を集めたアイルランド系アメリカ人は、概してアメリカでの通告や訴訟を免れている。[19] 対照的に、二〇〇七年にアメリカ政府は、ＣＩＡの元協力者でモン族軍の指導者、バン・パオ将軍を、ラオス政府の転覆を謀っているとして逮捕した。[20] 暴力の可能性ではなく、アメリカの公の対外政策のせいで、このような場合に、移民や難民の活動家がどんな成り行きになるかが決まった。新来の移民に出自を持つアメリカ生まれの市民は、大衆には人気のない政治信念を表明するのに、外国生まれよりも大きな権利も享受しつづけたのである。

最近まで、平均的なアメリカ人は、移民の政治的な集結が外国での政治的暴力になりそうなときでさえ、あまりそれに興味を示してこなかった。しかし、世界貿易センタービルへのテロ攻撃のあと、中近東の移民の政治的忠誠心への懸念が強まるにつれて、そのように無関心ではなくなった。二〇〇一年九月二十日にアメリカ国民への演説で、ジョージ・W・ブッシュ大統領は断固として主張した。「アメリカの敵は、われわれの多くのムスリムの友人でも、多くのアラブの友人でもない」。それにもかかわらず、ムスリムとアラブ系移民をもっと注意深く監視するようになり、そのせいで、こうした移民たちの外国とのつながりへの恐怖心が高まり、中近東出身だと気づかれた外国人に対してしばしば起こるアメリカ人の暴力も増えてしまった。(21)

移民の外国とのつながりの歴史の深い知識も、このような経緯を教えてくれない。対照的に、ほとんどのアメリカ人は、移民たちが故郷の政治闘争にかかわってきた長い歴史について知らなかった。あまりに知らなかったので、二〇〇九年に『ニューヨーク・タイムズ』の記者が、ソマリア難民の少年たちの一団が、ソマリアで続いている内戦で戦うためにソマリアに戻ったことを報じたとき、「このケースは、われわれが遭遇したどれにも似ていない」と、FBI局員ラルフ・S・ボルトが言ったことを記者が問いただささなかったほどだ。(22) 越境（トランスナショナル）的な政治についてのどの話も、細部はそれぞれ特有である。しかし、ミネソタ州ミネアポリスのシダー・リバーサイド周辺に住むソマリア難民の越境（トランスナショナル）的な政治は、以前の移民たちの武装闘争と多くの点で似ている話を教えてくれる。そして、この問題を研究する歴史家にとって、捜査局とその後身のＦＢＩの記録は、重要な資料でありつづけている。テロリスト組織にソマリアでかかわるようになったとして起訴された難民は、ちょうどフィニアンや以前のイタリア人無政府主義者がそうであったように、すべて若い男性であった。それらのソマリアの闘士のほとんどは、若いころにアメリカにやってきた。フィニアンのときのように、アメリカ人の知人たちは、彼らを好感が持てて、徹底的にアメリカ化されている者たちだと考えていた。ミネソタ大学で学んでいたとき、彼らは、バスケットボールの愛好者で、アメリカの専門職でのキャリアを考えている熱心な学生であった。カトリックのフィニアンのように、ムスリムのソマリア闘士たちは、困難を抱えている故郷を助けたいと強く願っていた。そして、彼らの情熱は、信頼されていない宗教的少数派に属するという不愉快な経験のせいだったのだ。この若い男性たちが、アメリカで暴力を起こすために友人を募ろうとしていたことを示すＦＢＩの証拠でさえ、イタリアの無政府主義者の以前の越境的(トランスナショナル)な戦略とそっくりだった。

これらのソマリア難民がもたらす国内での実際の脅威や、彼らのソマリアでの政治的な所属や行動がいかに評価されようが、彼らの行動には前例があったのだ。昔の移民は出身国から完全に離れて生活していたのだという神話的要素は、その魔法を働かせつづけ、グローバル化と好戦的なイスラム教徒は、アメリカの安全保障に対して完全に新しく、それゆえよりずっと恐ろしい脅威を生んでいるという念を抱かせた。昔の移民たちの間では非常にありふれ、ときには暴力的にもなった政治的な情熱を見えなくすることで、移民の国内史は、新来の移民への恐怖を実際に高めたのだった。外国人や彼らを送り出した変容する世界へのそのような恐れは、おそらく一九六五年以降のアメリカの移民政策をめぐる争いで表されている。以前と同様、多くのアメリカ人は、自分たちの仕事や文化、さらに生命までにも移民の外国人によってもたらされると信じていた脅威からの保護を望んだのである。

## 国内の難局——一九六五年以降の移民政策

一九三八年のアメリカの世論のどの結果も、移民数が最低であったときでさえも、移民数減少を好むアメリカ人が最多だと報告してきた。しかし、アメリカ人の相当数が、自国の移民の長い歴史に価値を置き、アメリカを移民の国として称賛しつづけてもきた。スーザン・マーティンによれば、アメリカ人は過去の移民を評価するが、現在の移民は評価しない傾向があるという。[23] 二十世紀終わりまでに、この相矛盾する考えは、アメリカの移民政策に対する明らかに解決不可能な争いを高めることになった。移民は「制御不能」だと主張する新たな移民制限論者が、その論争を牽引した。彼らは、移民数の増加、不法滞在移民数の大きさ、そして移民の「質」の低下という三つの不安をささそう変化を、一九六五年移民法のせいにした。

移民制限論者は、移民は予想に反して一九六五年以降増加したことに気づいたという点で正しかった。移民数の増加は、一九七〇年代の経済の停滞とインフレの時代には、一様ではなくわずかであったが、経済の急成長の時期には加速し、一九八〇年代の七〇〇万人から一九九〇年代には九〇〇万人にまでなった。(図1を参照) 二〇〇〇年以降二〇〇八年の金融市場での暴落まで、平均一〇〇万の移民が毎年アメリカに入国した。また、ほとんど毎年、移民は連邦議会が設定した年間制限数——一九六五〜八〇年二九万人、八〇〜八六年二七万人、八六〜九九年五四万人、九二〜九四年七〇万人、九四年以降は六七万五〇〇〇人——を超えていた。しかし、これらの数字は、制御不能な移民だという証拠には到底ならない。というのも、制限数を越えた移民は、ほとんどすべてが人数制限から法的に除外される親戚か、連邦議会か行政府によって入国が許可された難民だったからだ。

居住や就労を許可するビザなしでアメリカに住み働いている推定一〇〇〇万から一一〇〇万の移民

は、移民が「制御不能だ」と認識されるようになる大きな要因となった。そして、最近、彼らは、移民への批難の中でとくに取り上げられている。不法行為への関心は、疑いようもなく新たな移民制限を求める運動に火をつけた。不法行為は、安全な国境を維持する国家の力の衰退の予兆だと信じる人もいる。しかし、その不法行為も、新しいことではないし、一九六五年法が移民制限を廃止した結果でもない。それどころか、一八八二年以降議会が可決してきたどの制限移民法も、不法行為を生み出した。アメリカ人は、早くも十九世紀に中国人労働者やペーパー・サンを言い表すのに、まさに「不法移民」という言葉を考案した。連邦議会が、メキシコ系移民に人数制限を課すよりもずっと以前の一九二七年においてすでに、カトリック教会の研究で、アメリカに不法に居住する一〇〇万人のメキシコ人が取り上げられている。カバリェロ家のように、これらのほとんどの人びとが、一九六五年以前の長い年月しばしばそうしていたように、許可や証明書などを取る手間をかけずに、毎日気軽に国境を越える国境付近の住人であった[24]。ブラセロ・プログラムの最中、連邦の機関は、国境地帯のテキサスから一〇〇万の「不法入国者」を国外退去処分にした。プログラムが廃止されてすぐに、一九六五年の改正が、人数制限をメキシコ系移民にも課すようになった。それにもかかわらず、一〇〇万の証明書がない移民という推定数は、一九七一年まで一九二七年のそれにほぼ匹敵したのである。しかし、それ以降、推定数は、一九八〇年代に三〇〇万人にまで増加し、一九九〇年以降は、四倍になった。さらに、批評家の非難とは逆に、国境警備、拘置、退去強制のための費用は、不法行為とともに増大した。費用の増大は、民主党のクリントン大統領のもとで一九九六年に始まり、共和党のジョージ・W・ブッシュと民主党のバラク・オバマ両大統領のもとでも続いている。

より厳しい治安を通じて不法行為を根絶することが、移民制限論者の重要な要求となった。「ギャラクタス988」というハンドルネームの、ある立腹した書き手は、次のように主張することで、スピードスケート選手のサイモン・チョーについてのネット掲示板に返答した。「彼らはいまだに犯罪者で、退去強制にされるべきだ。私が思うに、ここに不法にやってきた人は、誰でもけっしてアメリカ市民になることを許されるべきではない。ピリオド[25]」。ギャラクタス988は、アメリカへの不法入国が、実際にはアメリカ法のもとで比較的軽微な軽罪だということを知ったら、おもしろくないだろう。それは、退去強制でのみ処罰されるのである。不法に居住している移民は、もし費用を賄えるのならだが、インドラ・ヌーイが援助と保証を求めて自分の雇用主に頼ったときに取ったのと同じ戦略を採り、同じ経過をたどることで、退去強制を逃れることができる。

ギャラクタス988にとって、自分の家族のもとに行った中産階級の妻子も犯罪者に数えられるのだった。そして、あまねく広まった法に従わない移民という認識は、さらに、移民の「質」が一九六五年以降下がったという共通認識を、アメリカ人の間で高めた。しかし、一九六五年以降の成人移民の三分の一が高い教育を受けた専門職であり、もう三分の一がホワイトカラーの労働者であるときに、どのようにそのような議論をすることができたのだろうか？ 一九八四年に、ジャーナリストのロバート・ペアーは、移民たちの中で女性や子どもが多数であることを指摘し、ほとんどの移民女性が働いてもいたという事実を無視して、女性移民は、過去の移民と「同じぐらいの経済成長を生み」出さないと言った[26]。またある者は、インドラ・ヌーイのような高い教育を受けた移民の多くは、就労ビザを求める人びとよりも野心がなく教育程度が低いか、有能ではないと思われる家族成員のために留保されるので、彼らはビザを獲得できない、と非難した。そうだという証拠はない。移民たちが保健、教育、福祉の負担を増大させるという主張も、最近の移民は、以前の移民たちよりも自立しておらず、仕事志向でもなく、それゆえアメリカの納税者に負担をかけている、と暗示している。アメリカ移民史を留学生に説明しようとした「以前の移民」のフィンランド系移民の子どもの言葉では、「以前の移民は、与える者。今日の移民たちは、奪う者」[27]。しかし、このような観察は、移民はアメリカの職を奪うという、ずっと続いてきた不安と首尾一貫しがたいだろう。

移民の女性化へ読者に注意を向けさせたあとで、ロバート・ペアーは「アメリカのブラウン化」も読者に紹介した。一九七〇年にアメリカの移民の住民の上位一〇位の最大集団の出自はヨーロッパ(イタリア、ドイツ、カナダ、イギリス、ポーランド、ソ連、アイルランド、オーストラリア)であり、メキシコ(四位)とキューバ(八位)は単なる例外であった。一九九〇年までに、メキシコ生まれの人びとが、すべての外国生まれの住民の二一パーセントとなり、続いて、中国、フィリピン、カナダ、キューバ、ドイツ、イギリス、イタリア、韓国、ヴェトナムが続いた。学者のローレンス・フックスを引用し、ペアーは、将来は非白人が多数派になると不吉な感じで指摘した[28]。アメリカ人は、いまだに否定的な言葉で人種的な変化を理解する傾向があるので――フックスは自分はそうではないと断固として言い張ったが――「アメリカのブラウン化」は、質の低下についての主張を確固たるものにした。一方、そのような非難にある露骨な人種主義にぞっとした人もいた。テキサスでは、アルフォンソ・カバリェロの息子が、地元の移民帰化局の局員が、「肌が茶色いというだけで」メキシコ系アメリカ市民に嫌がらせをしたことを知った一九八〇年代に、ふたたび政治的な活動を始めた[29]。図書館員、そして教育者としての仕事をする中で、カバリェロは、新来移民の文化的多様性を称賛し、多文化主義的アメリカの存在を主張したのだった。

そうは言っても、「いまや、われわれは皆多文化主義者だ[30]」というネーサン・グレーザーの一九九七年のひどく退屈な結論は、明らかに正しくなかった。というのも、移民政策に関する怒りに満ちた論争や、新たな移民制限の要求が続いたからだ。関税政策が一世紀前に生み出したたいへんな量のレトリックに、今日の読者が困惑するのとちょうど同じように（三章参照）、将来のアメリカ人は、二十世紀終わりに激しく繰り返された移民論争に困惑するかもしれない。実際、連邦議会が修正への要求を耳にしはじめたとき（一九六八年）、一九六五年移民法は、完全には実行されていなかったのである。一九七〇年代の経済不況の間、不法行為と移民労働は両方とも、とくに関心を集めた。労働省が、アメリカ人の家事労働者や農業労働者の不足に証明を出さず、不熟練労働者に就労ビザを与えなかったとき、主婦や西部の農民たちは、不平を言うためにワシントンに向かった。しかし、下院議員のペーター・ロディノが、「移民労働者のためのビザ数の増加」[31]が必要だと提案したとき、移民との競争を恐れたアメリカの労働者が、議会の動きを止めてしまった。連邦議会は、証明書なしの労働者を雇っている雇用者への不満と、有資格の求職者を獲得したり、労働力不足の証明を取得したりするのが困難であるとの、雇用者からの不満を耳にしつづけた。西部や南西部では、怒りに満ちた有権者たちが、自分たちの州の議員たちに行動を起こすようふたたび要求し、一九七六年には、最高裁判所が、諸州は特定の状況下では法的に許可されていない労働者を雇用主が雇うことを禁止できると定めた[32]。全米農業労働者組合や、以前は移民制限を支持していたアメリカ労働総同盟・産業別労働組合といった労働者組織は、いまや雇用者への罰則を代わりに求め、就労証明書を持っていない労働者の濫用は、すべての労働者に害を及ぼすと論じた。

移民への一般大衆の反感の高まりに気を配って、連邦議会は、冷戦が緩和されたときでさえ、行政府と冷戦状態を続けた。連邦議会が一九七五年に難民支援の要請に反対したとき、共和党のジェラルド・フォード大統領は、議員はヴェトナム人に「背を向け」たいのだと立腹した。「われわれは、ハンガリー人にも難民支援をしてやれなかった」と、彼は述べた。「キューバ人にもだ。くそっ、いまも支援をしないのだ」[33]。フォードが勝った。連邦議会には、ソ連のユダヤ人のためのビザを求めるアメリカのユダヤ系コミュニティや人権支持者からも、働きかけがあった。アラン・シンプソン上院議員は、そのような嘆願者は、「ソ連を出国できる権利」（彼が支持していたもの）と、アメリカに入国する権利（彼が支持しないもの）を区別できるようにする必要がある、と不満を述べた[34]。過去と同様、支持者たちは、とりわけ反共のロナルド・レーガン大統領下の大統領執務室に、もっと賛同して話を聞いてくれる人びとを見い出した。そして、一九九三年までに、二五万人のソヴィエト系ユダヤ人が、アメリカ在住だったのだ。

自称人道主義者のジム（ジミー）・カーター大統領が、さらにより多くの東南アジアからの難民に入国許可を与えるために、行政府の一時的入国許可の権限を使ったとき、連邦議会はまた反対した。一九八〇年の難民法がその結果だった。その法律は、難民への入国許可の管理をめぐる行政府と立法府の間の妥協となり、国際連合によって提唱されているものに合うように、アメリカの難民の定義を広げた。それだけでなく、この法律では、五万人以上の難民に入国許可を与えたい大統領は、連邦議会と協議しなければならないと定められていたのである。連邦議会が、迅速かつ肯定的に自分の要求に答えなかったとき、ロナルド・レーガンはいら立って、連邦議会を単に無視し、一時的入国許可の権限をふたたび行使して、キューバ、東南アジア、ソ連からの反共産主義の難民たちの入国を許可した。一方、移民帰化局は、アメリカの権威主義的な右派の同盟国から逃れて来たハイチや中米の人びとに、彼らが国連の「難民」の定義でその資格があるという事実にもかかわらず、彼らに難民の資格を与えることを拒みつづけた。難民についての市民からの不平は、連邦議会議事堂にも寄せられつづけた。フロリダのロバート・グレアムは、一九八〇年のキューバ人「緊急輸送」の費用を自分の州に返済していないとして、連邦政府を非難した。[35] 以前の移民たちは与える側にいたと考えられていたが、難民たちは、与える側ではなく、むしろ奪う側だと見なされたのであった。

一九八六年以前の議員たちが、移民改革・管理法によって、不法行為と隠れた移民制限論者の主な不平が解消されると期待していたなら、彼らは失望しただろう。移民改革・管理法は、ある批評家の言葉でいえば、「誰もに何か」（注目すべきことに、不熟練労働者により多くの就労ビザを求める少数派は除いて）を与える「クリスマスツリー法」であった。[36] 移民制限論者と労働者の要求を尊重して、その法律は、就労証明書を持っていない労働者を故意に雇った雇用者に処罰を科し、国境取り締まりを強化した。他方、人道主義者の目標を尊重して、同法では〔恩赦による〕合法化プログラムが設けられた。これにより、ドン・ペドロはグリーンカードを申請できるようになった。アメリカが、メキシコやカナダとの難しい自由貿易交渉を押し進めていたころ、移民制限論者は、メキシコ人犯罪者のための恩赦だと彼らが呼んでいたこの制度に怒って反対していた。そのことが、メキシコ人を侮辱することになるかもしれないと懸念して、レーガン大統領は、「不法移民問題は……アメリカと隣国との問題と見なされるべきではない」[37] と主張した。レーガンの後継者、ジョージ・ブッシュは、北米「共同市場」の形成を進めたが、そのときに明らかになったのは、NAFTAは一九九四年にひとたび発効されると、モノの自由な移動は念頭に入れていたが、好きなところへ自由に移動する人間の自由は見込んでいなかったのだろうということだった。

NAFTA調印後の移民の急増は、とくにアメリカ人の仕事を心配していた移民制限論者たちを仰天させた。一九九二年に、経済的保護主義者で大統領候補のロス・ペローは、アメリカの投資と仕事がメキシコに流れ込むときの「大音響」を予測した。しかし、彼の保護主義運動は、アメリカに二〇万の新しい「NAFTAの仕事」を作り出すと公約した、民主党の大統領候補ビル・クリントンを打ち負かすことはできなかった。過去のほかの国のように、メキシコに「援助ではなく貿易[38]」を提供することは、外国への援助を嫌う不機嫌な納税者を喜ばせたかもしれないが、しかし、そのことは古くなったアメリカの諸産業での仕事を守るためには何の役にも立たなかった。諸産業の生産がアメリカ外に移り、アメリカの貿易赤字が悪化するにつれて、アメリカ中の建設業、ホテルやレストラン、食肉工場、そして個人経営の会社は、その多くが就労証明書なしの新たにやってきた数百万の不熟練労働者の雇い手になった。しかし、同時に、アメリカ人の中の失業率も下がったのだった。非論理的なことだが、このことは、外国人の求職者に対する恐れを和らげることにはほとんどならなかった。失業率が低下したときでも、主な経済学者でさえ、アメリカの労働者は「低賃金不熟練の競争者[39]」の海に直面していると警告しつづけた。国境では、移民帰化局の局員マイケル・ティーグが、「彼らの大部分が働きにここに来た礼儀正しい人びとである」と思慮深く述べた。「あなた方は彼らに同情的でなければならない……われわれの芝生のほうが青い限り、彼らはやってきつづけるだろう。そして、われわれは彼らすべてを捕まえることはできないとも知っている[40]」。ティーグは、国境に壁かフェンスをつくれとの移民制限論者の最近の要求を、金がかかり、しかも機能しないとして退けた。しかし、「もし国境を広く開くなら、政治的、社会的大混乱を招くだろう」とも、彼は警告した[41]。ワシントンでは、また別の制限移民法案の支持者であるラマール・スミスが同意した。「われわれは、やってきたいと考えている人すべての入国を許可することはできない[42]」

証明書なしの移民人口が一九九〇年代に急増すると、さらなる移民制限を求める声が強まった。一九九六年までに、以前の反NAFTA運動参加者で経済保護主義者のパトリック・ブキャナン（アイルランドからのカトリック移民の子孫）が、もし自分の大統領選挙運動がうまくいったら、「私は、防御のフェンスを作り、われわれはそれを閉ざすだろう……」と言い、「いいかい、ホセ、『君は入れないよ』と言うのだ[43]」、とアイオワ州ウォータールーの有権者に請け合った。しかし、西部の雇用者たちは、新たな出稼ぎ労働者計画を要求した。労働組合は、すぐさまアメリカ商工会議所と一緒になって、それに反対した。ビル・クリントンは選出されると、エンジニアやプログラマーのビザを求める「ハイテク」企業が直面していた困難に、主に関心を持っていたようだった。多分、インドラ・ヌーイのような学生を法的な永住権保持者にすることでかかる高い法律関係の費用に、彼らはうんざりしていたのだ。

一九九六年に連邦議会はまた別の妥協案を追求した。移民のエンジニアであるジェイ・チョーを絶望させた不法移民改正及び移民責任法（ＩＩＲＩＲＡ）は、一部の家族呼び寄せビザの入手可能性を低め、入国許可される移民数を増やし、アメリカの国境警備の規模を二倍にし、メキシコとの国境の一部にフェンスを建設するよう命じた。また、この法律は、移民多様化抽選ビザプログラムを設け、退去強制を招く犯罪の種類や拘置理由をさらに広げ、血縁者で保証人になる移民に収入審査を課した。さらに、この法律をきっかけに、雇用者が求職者の移民の身分を調べる際の助けとなる試行版のデータベースも作られた。重要なことに、この法律はグリーンカードの保持者であろうが「不法移民」であろうが、すべての移民に救急以外のいかなる福祉プログラムの利用も認めなかった。

一九九六年の法律では、移民制限の強化と高度な技術を持った労働者のためのビザ数の増大が組み合わされていた。しかし、それでも移民制限論者の勢いは削がれなかった。新たな出稼ぎ労働者プログラムのための二国間協議にメキシコのビセンテ・フォックス大統領を引き込むという、ジョージ・ブッシュ大統領の公約は実現しなかった。これは、ブッシュがその代わりにテロに対する戦いを宣言し、また、アメリカがアフガニスタンやイラクで戦争を始めたために、ちょうど過去における戦争の多くがそうだったように、排外主義が高まったせいだった。新しい国土安全保障省で働いていた移民関税執行局（ICE）の職員は、捜査のために移民たちの職場に踏み込み、数千の移民労働者を拘置し、退去強制を執行した。そして、地方や州政府は、ほかの方法、たとえば、住居の賃貸や運転免許証を認めないことで、「不法移民」を罰する法律を通過させはじめた。南西部の自称愛国主義者は、自分たちで国境警備を始めると迫った。出稼ぎ労働者プログラムを設け、高度な技術労働者への臨時ビザを増加させ、証明書なしの労働者に困難で懲戒的な正規化プログラムを作るはずだった二〇〇七年の移民法案は、リベラルで労働者側の民主党員でマサチューセッツ州の上院議員テッド・ケネディと、保守派で企業側の共和党員で戦争の英雄であったアリゾナ州の上院議員ジョン・マケインが連携して支持したにもかかわらず、否決された。その後に続いたマケインとバラク・オバマの大統領選は、移民についての議論をすべて避けていた。アメリカが経済危機に巻き込まれていくにつれて、連邦議会に広まった変化を求める気運のせいで、すでに失敗しているか、または最近否決された政策が促進されることになった。しかし、移民制限論者たちは自分たちの要求を高めていった。二〇一〇年十月、七名の共和党上院議員が、法律執行機関によってアメリカに不法に居住していると確認された外国人すべてを退去強制するのにかかる費用の概算を求めた。[44] グローバル化は、二十一世紀初めの数百万のアメリカ人の間で話題になっていた。しかし、有権者たちは、移民問題を解決するために自分たちが選出した代表者にのみ頼ったので、移民は国内問題で、国内での解決を必要としていると考えつづけたのだった。そして、その点で彼らは間違っていたのだ。

### 国内の論争に対するグローバルな視点

資本の大規模な流通が完全に見えず、消費者が輸入品の出どころを示す小さなラベルを注意して見なければならないような世界で、移動する人びとほど、グローバル化の問題を目に見えるもの、または明らかに恐怖を与えるものにしてしまうものはない。アメリカ人が、自国の領域に入ってくる移民に焦点を当てているときに、二人の社会科学者は、グローバルで世界規模の新たな「移民の時代」について書いた[45]。彼らは、現代の移動は世界中の人びとを初めて巻き込んでいるという点で独特であると述べた。二〇〇五年に国連の統計は、出身国外に在留する一億九一〇〇万の人びとを計上した。二億一四〇〇万から二億一九〇〇万ぐらいという、より多い推定数が以降現れつづけている。最近の難民は、その総数のうち一六〇〇万から一九〇〇万人を占めている。観光目的であれビジネス目的であれ、短期間の旅行が占める割合がずっと高く、その推定数は年間八億から一〇億人である。ビジネスや観光目的の一時的で短期の国際移動は、明らかに新たな技術に促進された前例のない新しい展開である。一方で、多くの歴史家は、国際移民の今日の数は莫大だが、しかし、それは世界人口の三パーセントであり、いまだに十九世紀の規模より小さいと見ている。なぜ過去より今日のほうが、規模が小さいのだろうか？　この答えになりそうなことは、国民国家の移民制限に関係がある。

何が国際移民の標準的または望ましい規模になるかは、世界共通の見解がない。出張と観光旅行は、たいてい望ましいものとして理解される。労働者や難民のずっと小規模な移動が、疑念を引き起こしているのである。アメリカが移民を制限し始めた一九二〇年代に、労働経済学者は、アメリカのような人口密度の低い国の年間移民の「望ましい比率」は、住民人口の二パーセント程度だ、と主張した。[46] 一九九〇年以降毎年アメリカに入国が許可された七〇万人以上の移民は、アメリカの住民数の〇・三パーセントを占めた（図1参照）。最近の国際移民全体の約五分の一が、現在アメリカに居住しており、それは、十九世紀とだいたい同じ割合である。アメリカは、世界のほかのどの国よりも、一九六五年以降移民を受け入れてきた。しかし、アメリカは、今日の世界のほとんどの移民の故郷であるわけではけっしてない。地球の南側の比較的貧しい国ぐにから北側の比較的豊かな国ぐにへの移民は、アメリカだけでなく、東、南、東南、西アジアの一部や、カナダやオーストラリアといった諸国、ほとんどすべての西欧諸国、そして南アメリカの南端でも、人口構成を変化させてきた。地方に住む中国人の中国沿岸部や南部の工業都市への現在進行中の移民は、これらの国際移民と同規模かそれ以上であり、そのほかの地域での越境的（トランスナショナル）な移動と同じぐらい、中国国内で論争と否定的見解を引き起こしている。

一九六五年以後の移民がアメリカへ与えた全般的な人口統計上の影響は、表3に示すとおり、ほかの国ぐにで記録された数字よりずっと小さい。最新の国勢調査の数字は、三六七〇万人の外国生まれ、つまり、三億一〇〇〇万人の総人口の一一・八パーセントが、アメリカで生活していることを示している。この数字は、ほぼ一五パーセントを記録した歴史上の移民の最盛期の規模を十分下回っている。さらに、こうした外国生まれの人びとの三分の一は、外国人ではなく帰化したアメリカ市民であり、ほかの国ぐにの統計では、外国人人口として数えられてもいない人びとなのである。アメリカにおいて相当数存在している証明書を持たない移民人口を完全に数えたら、アメリカでの外国生まれないだろう。

の人口は歴史上最大になるだろう。しかし、その場合でさえ、アメリカを表3に盛り込むメリットは

　アメリカと同じように、表3で挙げられたすべての国ぐにで移民が制限され、特定の種類の移民たちに特権が与えられている。中東の石油資源に恵まれた国ぐにでは、一時的な契約、あるいは「出稼ぎ」の労働者としてのみ、外国人を認めている。また、イスラエルは、主としてユダヤ系移民を受け入れている。外国人比率でニュージーランドをちょうど下回るカナダでは、フランス語、または英語を話せる証明書や、大部分が学業成績によって判断される「適応能力」証明を提出できる、教養のある高度熟練労働者の移民を奨励するために、点数制度を用いている。

　表3に記載されたほとんどすべての国ぐにでも、移民は望ましくなく、問題であると見なされている。表3の下端の民主主義国ではすべて、最近、移民に関して活発な議論を経験してきた。スイス、ニュージーランド、そしてとくにオーストラリアでは、反移民の大規模な政治運動が高まった。こうした政治運動では、多数の外国人が国内に存在していることや、彼らの不法行為（移民制限が秘密裏の運動を助長するのは、アメリカにおいてだけではない）、そして彼らの質に対して激しい敵意が表明される。移民の質は、多言語国家においてすら、通常、定住者たちとの人種的、宗教的、あるいは文化的な相違の程度によって査定される。しかしながら、たとえば、移民は国の福祉サービスの浪費だという不平は、ヨーロッパやカナダでのほうが、アメリカでそうであるよりもなぜか一般的なものではない。これは不思議な特徴である。というのも、ヨーロッパもカナダも、アメリカが行なっているものよりも幅広く公共の権利の付与を提供しているからだ。

　より権威主義的な政府であるアラブ首長国連邦は、主に南アジアやアフリカから来た三〇万人もの

表3　総人口に対して国際移民数の占める割合が多い上位10カ国（2010年）

| | |
|---|---|
| カタール | 86.5% |
| アラブ首長国連邦 | 70.0% |
| クウェート | 68.8% |
| ヨルダン | 45.9% |
| シンガポール | 40.7% |
| イスラエル | 40.4% |
| オマーン | 28.4% |
| サウジアラビア | 27.8% |
| スイス | 23.2% |
| ニュージーランド | 22.4% |

注：住民数100万以上の諸国

出典：MPI Data Hub: Migration Facts, Stats, and Maps, http://www.migrationinformation.org/datahub/charts/6.2shtml.（2011年5月11日閲覧）

ビザの滞在期間を過ぎた労働者を、折にふれて追放しようとする。一方で、同国は、激しい不平等という特徴を持つグローバル経済下にあるほとんどのほかの富裕な国ぐにと同様、外国人労働者なしでその産業を発展させ、公共や民間のサービスを維持する方法を見つけられていない。もっとも豊かなヨーロッパ諸国の一部でまさに現実に人口減少が起きており、単純に言えば、自国の人口をもはや維持できないが、多くのより貧しい国ぐにでは、いまだに人口が増大しているなか、移民たちは必要な人口の維持という務めも果たしているのである。彼らは、子どもたちと高齢者の面倒を見る。そして、公立学校制のもとでは、彼らの子どもたちは、地元の生徒より多数となるのである。これらのことから、思慮深い学者たちは、国民国家によって全世界の国際移民に課せられるほとんど世界共通のものになっている制限とは、グローバルな不平等、つまり、ある学者が「グローバルなアパルトヘイト体制[47]」と呼んでいるものを、制度化する取り組みだと指摘する。こうした意見をよそに、世界銀行は、移民の送金が不均衡を正すという夢を持ちつづけているのである。

アメリカ国外では、移民は国内問題ではなく、国際的な問題であると認め、対処しようとする二国間、多国間、そして国際的な努力がなされている証拠を、かなり見い出せる。第二次世界大戦前、大戦中、そして大戦後の数年において、そして、アラブ首長国連邦のような国では今日においても、国民国家は国益を追求して、契約労働プログラムを作るために二国間交渉を行なってきた。ドイツにける大戦後のすべての出稼ぎ労働者プログラムは、イタリア、ユーゴスラビア、ポルトガル、そしてトルコとの二国間交渉から生じた。このことは、それらの国ぐにが概して高い失業率を抱えていた一方で、ドイツが労働力を必要としていたためであった。イタリアは、以前ベルギーの鉱山労働への自国の失業労働者たちの雇用をベルギーに申し出て、見返りとしてイタリアが輸入する石炭の価格を下げるようベルギーに約束させた。対照的に、北米では同様の取り組みが行き詰まった。メキシコは、アメリカが仕事面での差別や人種差別からメキシコ人労働者を保護するのを拒否したとして、ブラセロ・プログラム協定の支援から手を引いた。その結果、アメリカは、そのプログラムが一九六四年に完全に廃止されるまでの間、それを単独で運営しつづけたのだった。

多分、EUはそれ自体が国際条約の成果であるために、国際移民についてNAFTAとはまったく異なる対処をしてきた。EUを生み出した複雑な多国間での長期間にわたる交渉は、貿易と雇用の障壁撤廃、さらには共通通貨の発行だけではなく、人の自由な移動のための障壁撤廃にも重点的に取り組んだ。今日、新生国家の多くは、崩壊した旧ソ連のワルシャワ条約機構の元同盟国であった。これらの諸国がEUに新たに加盟するにつれて、その市民たちは、ヨーロッパのいかなる場所をも旅し、居住し、働く権利を、ときには徐々にではあるが獲得していっている。

ＥＵ圏内での自由な貿易と自由な移動を制度化するにつれて、ＥＵは、また一方で非ヨーロッパ人の移民を阻止するために、国境周辺の管理を引き締めることで、「要塞ヨーロッパ」と呼ばれるものを構築しはじめた。この国境管理の引き締めは、二〇一一年における北アフリカのムスリム諸国や中東で広まった政治的抵抗という、衝撃的な結果を招いた。大部分のヨーロッパ諸国は、ヨーロッパ以外からの人びとについては、労働者に対してではなく、難民、亡命希望者、もしくは家族のみに入国を認めている。結果として、不法移民が仕事を求めて隣接する国ぐにから、あるいはアフリカやアジアからボートに乗って、イタリアやギリシャ、スペインまで旅をつづけたのちに、ＥＵへ秘密裏に入国するようになり、移民の不法行為がアメリカ人の移民に対する反感を高めたように、ヨーロッパの人びとの間でも、移民への敵意を高めてしまった。それでも、移民の統合を伴う自国の多文化的な試みが明らかにうまくいかなかったことに関する最近のドイツとオランダでの論争では、人数としてはほとんどいない新来者たちの行動よりも、一九七〇年代初頭にはすでに終結していた戦後の労働移民による長期的な結果と乗数効果について、より多くの関心が集中した。オランダに入国した最近の移民たちの三分の一以上が、家族を形成するか、あるいは家族を呼び寄せており、こうした移民たちが大多数を占めているアメリカとは明確な対照をなしている。残りの三分の一はヨーロッパ以外からの亡命者たちである。わずか二〇パーセントが求職者たちであり、彼らのほぼ全員が、ほかのＥＵ諸国または北アメリカ出身なのである。

グローバルな不平等に対応した南北移民の管理への地域的なアプローチが、とくにヨーロッパでここ半世紀の間に発展してきている一方で、国際機関も求職者と難民の両方による国際移民の事象について研究し、対処してきた。国際連盟への加盟を拒否して以来、アメリカ政府には、労働移民に対する国際規約を受け入れない長い歴史がある。そして、アメリカは、難民支援と再定住化に関する国際管理についてのみ、控えめに賛同してきた。アメリカの国際関係は、これまで一度として一九二〇年代の孤立主義的な疑いから完全には逃れていないように見える。ここにおいても、移民問題は本質的に国内のものであるとの、アメリカの断固とした主張が表れている。一九二〇年代に移民たちの卓越した国であったにもかかわらず、アメリカは、国際労働機関（ＩＬＯ）において、何の役割も果たさなかった。ＩＬＯは、国家を超える求職活動によって生じる問題や紛争を多国間で解決することをめざす第一歩として、国際労働移民に関するデータを収集した国際連盟の一機関である。アメリカは、一九三四年にＩＬＯに参加したあと、ソ連圏諸国の組合の態度に反対して、一九七七年にふたたび脱退した。現在はふたたび加盟国となっているが、労働者の公正な扱いと権利についてのＩＬＯの条項の受け入れを渋ったままである。

アメリカが国際連合の創設に大きな役割を担っていたので、一九四八年の国連世界人権宣言が、人間の移動を制限しようとするアメリカの国家戦略を強く反映していたことは、驚くには値しない。世界人権宣言の第十三条は、「すべての人は、各国内において自由に移動及び居住する権利を有する」こと、そして「自国を含むいずれの国からも立ち去る権利を有する」(48)と規定している。しかし、同宣言では、出て行く人が、実際、次にほかの国へ入国するのに対応する条文、または権利が示されていなかった。そのような権利は、アメリカや多くのほかの国ぐにがいまだに理解するように、国家主権に対する挑戦となるだろう。国連の世界人権宣言は、それ故、不法行為、密入国、そして難民申請の現実を暗黙のうちに受け入れているかのように見える。人がいかなる国も自由に離れることができる一方で、彼らを受け入れる国はなく、そして言うまでもないが、入国の権利なくしては、不法行為へと向かう「権利」を除けば、真の出国の権利はないのである。

アメリカは国際基準に抗い、新設された国連難民高等弁務官事務所（UNHCR）によって一九五一年に提示された「難民」の広義の定義を採択することもできなかった。UNHCRによれば、難民とは「人種、宗教、国籍、特定の社会集団への帰属、政治的意見などにもとづく理由で迫害を受けるという確かな恐れがある」者であり、「自分の国籍のある国の外」で生活し、「迫害される恐れがあるため、その国の保護を受けようとしない」者である。[49] 上述したとおり、一九八〇年までは、アメリカは共産主義から逃れた難民たちに難民認定を出すのを留保していた。

一九五〇年以来、UNHCRは、難民の保護と難民問題の解決に向けた国際行動を調整してきた。UNHCRは普通、難民たちが逃れてきた隣接諸国で難民キャンプを運営している。ほとんどの難民が西アジアやアフリカ出身である。そして、アメリカやヨーロッパで普通信じられているように、地球の北の豊かな国ぐにではなく、これらの地域に、ほとんどの難民が避難先を見つけている。多くのアメリカのボランティア機関が、難民たちの移住においてUNHCRと緊密に協力しており、アメリカは、ほかのいかなる国よりも多くの難民たちを継続的に受け入れている。しかしながら、たとえばカナダやスウェーデンといった比較的小さな国は、その人道主義について確固たる評判をUNHCR内で確立している。たとえば、現在でもなお、アメリカは、難民たちにアメリカへの彼らの輸送にかかった費用を返金するよう求めているのだ。しかし、自らの祖国への帰国を望まない難民たちは、尋ねられると、強力な福祉制度を持つEUや、人道主義に確固たる評判を得ているカナダよりも、多くの場合、アメリカへ移住する方がよいと言う。移民国家としてのアメリカの歴史は、アメリカ市民たちには矛盾して見えるかもしれない。しかし、その歴史は、移民しようとしている世界中の人びとに積極的な影響を与えつづけている。激しく繰り返された移民をめぐる二十世紀末の議論にかかわっている大多数のアメリカ人とは異なり、移民とその子どもたちは、移民は国際的な事柄であり、ただの国内問題というわけではない、といつも知っていた。過去の移民たちと同じように、一九六五年以後の移民たちもまた、海外に居住する彼らの家族や友人たちのネットワークを作り、広げ、維持し、保護しようとしていた。しばしば起こることであるが、現在に至るまで、移民たちは出身国のために、またはほんのわずかな特権、とりわけ家族呼び寄せビザを入手する権利を守るために政治的に集結する。つい最近のアメリカでの選挙期間中、近年の移民を出自とする帰化した人びとの急激な人口増加がもたらす政治的影響について、とりわけ、不法に滞在する親戚や友人にもっとも強く深くかかわっていると信じられている、ますます多くのメキシコ系および南米系移民の政治的な影響力について、評者たちは絶え間なく憶測をしていた。移民制限論者や、高度技能者への就労ビザの発給増大を支持する人びとの双方から、家族呼び寄せビザへの批判が高まるにつれて、また、不法滞在者に対する拘留、嫌がらせ、本国への送還の割合が急増するにつれて、過去にそうであったように、彼らの家族や友人たちへの関心から、より多くの新来の移民たちが帰化する気になること、そして、同じような関心が、有権者や市民としての彼らの政治的選択にも影響を及ぼすであろうと予想するのは、当然のことのように思える。しかし、彼らが移民についてどのような選択をするかについては明らかではない。歴史的に移民制限の問題についてでさえ、移民たちはしばしば意見が分かれるのである。

ギャラクタス988のような怒れるアメリカ人は、移民法をかいくぐることは、移民たちがアメリカ法を衝撃的なほど軽視しており、それゆえに、責任あるアメリカ市民権を取得するには不適当だということを示しているのだと主張する。しかし、アメリカに入国することを禁じられている外国人たちが審査から巧みに逃れ得るのは、大方、アメリカ市民たちも、自らの自由を制限すると思われる法律を軽視し、抗い、そして無視しているからだ。一九四三年にドン・ペドロを越境させたアメリカ人は、アメリカ法を破ることについて動じなかったようだ。アメリカ人自身が、他国で慣例となっている人口登録システムや国民IDカードに抵抗しているので、証明書を持たない一一〇〇万人の外国人がアメリカで暮らすことができるのである。市民たちは、証明書を持たない移民たちを快く雇用し、彼らに家を貸し、そして彼らの作り出す製品やサービスを購入している。大企業が、証明書を持たない労働者たちの最大の雇用主ではない。家事労働者、庭師、保育士を必要とする何百万人もの小事業主や個々の世帯が、こうした労働者たちの雇用主なのである。

自国の人びとや移民たち双方がこのように法律に無関心なのは、アメリカ史に前例のないことではない。アメリカが憲法修正によってアルコールの販売を禁止した、短期間ではあるが問題だらけだった一〇年、すなわち、われわれが今日「禁酒法」と呼ぶ法律の時期を考えてみよう。二十世紀初頭、非常に多くのアメリカ人たちが、ドイツ人が所有していた酒場、外国のワイン、そしてビール好きたちに当時は象徴された「飲酒の悪弊」からの保護を望んだので、連邦議会と三六の州はアルコール飲料の販売を禁止する憲法修正を速やかに可決した。しかし、有権者や議会からの禁酒法への明らかに圧倒的な賛同があるにもかかわらず、驚くほど少数のアメリカ人たち、つまり少数の市民たちしか、喜んで飲酒を止めない、あるいは飲酒用の蒸留酒を購入するのを止めないことがわかった。禁酒法が施行されていた間、刑務所に入ったのは、ほとんどの場合、その多くが外国人であったアルコールの密輸業者、生産者、調達人たちであり、非合法化された商品の消費者たちではなかった。違法な製品への需要に活気づけられた多くの言い逃れに直面して、当初、財務省はより多くの取締官、より多くの資金供給、そしてより厳格な法の執行を要求した。しかしながら、禁酒法を支持した人びとですら、同法が無力で法的強制力を欠くものだと、結局は結論づけた。一九三〇年代の経済破綻で、連邦議会は二度目の憲法修正によって禁酒法という実験を終わらせ、アルコールの販売と購入は処罰の対象から外されたのだった。今日、アメリカは、いくらか似たような数々の行為に直面している。ただ、違法とされるようになったのは、不熟練労働者の外国人の労働だというだけの話だ。

二〇〇八年や二〇〇九年の金融破綻に直面して、低賃金労働者たちへの就労ビザの制限を今こそ止めるべきだろう、と言った者は誰もいなかった。その代わり、グローバル化をめぐる最近の加熱する議論は、アメリカの経済力に対するグローバルな挑戦を指摘し、迫りくる革命的な変化を強調した。そして、アメリカ人自身が不法行為を育くむ役割を果たしていることを知るように促さず、アメリカの排外主義を煽ったのであった。アメリカの歴史において、排外主義は、国際戦争の時期の忠実な友となってきた。二〇〇九年、いまだにアメリカは海外に駐留する多数の兵士たちを抱えており、その兵士たちの多くが曖昧な「対テロ戦争」に充てられるか、イラクやアフガニスタンに民主主義国を作るために戦っている。

孤立と経済保護の双方が、グローバルな変化の国内での影響を抑えるための戦略として否定されたので、移民制限は、多くのアメリカ人たちが国境を越えて世界からやってくると考えている危機に対して、もっとも重要で象徴的な、法律による保護でありつづけている。アメリカ人たちが国内での議論と国内法を通じて対処しようとするほとんどすべての移民問題に、他国も同様に取り組んでいる。移民をめぐって国内の行き詰まりが続くなかで、アメリカは変動する世界において開かれた外交を追及し、アメリカと世界との関係も同様に変化している。しかし、外交問題や政策は、移民に関する論争ではほとんど目立たず、大多数のアメリカ人たちは、いまだに移民を国内特有の課題であると見なしている。グローバル化を恐れて、迫りくる財政赤字と莫大な国際貿易赤字に気づき、そして自国の力が消え去っていくのを憂慮して、アメリカ人たちは、移民数や不法行為の増加、そして移民の質の低下が、国際的な解決策が必要とされるグローバルな問題であるというよりも、比類なくアメリカ的な問題であり、彼らの政府がアメリカの法律を執行できなかった結果であると見なしているのである。

## 結語　「故国と忠誠を変更する、人の譲ることのできない権利」〈バーリンゲイム条約の条文より〉

移民の外国とのつながりをめぐる本書での考察は、移民の生活や、移民とグローバル化の関係、移民と外交の管理、そして、アメリカ合衆国と他地域との関係について、新たな視点で考えるよう読者に教えている。アメリカの国家形成についての国内史は、ときとともに変容してきた移民の出自、文化、宗教の多様性をきちんと力説しているが、移民の外国とのつながりをめぐる話は、集団間で類似していることや歴史の中で継続していることを、より多く明らかにしてくれる。連綿と続いてきたことでもっとも重要なことは、家族や出身地を愛し、愛着を持ちつづけるという、ほとんど普遍的な人間の性癖から生じている。新たにやってきた人びとは、越境的（トランスナショナル）な社会的ネットワークを構築するとき、また、自分や集団の目的を達成するためにそのようなネットワークを使うとき、非常に多様な選択肢に直面する。他方で、ほとんどすべての移民たちが、ほかの国にいる友人や家族と連絡を取り合える関係のままでいようとする。どの移民も、血縁にもとづく連鎖移民を先導してきた。多くの人が、外国にいる愛する人びとを援助しつづけており、なかには、そのようにすることで、越境的（トランスナショナル）な政治やディアスポラの政治、そしてアメリカの国内政治や外交にかかわってきた者もいる。

東・南欧系移民たちによって作られた社会的ネットワークは、十九世紀には、アメリカの地政学的戦略とほとんど重なっていなかった。対照的に、二十世紀の移民制限の時期には、移民たちは、より多くの場合、連邦議会の議事堂よりも、大統領執務室や国務省に協力者を見い出した。移民が、友人や家族を援助できたか、できなかったかは、移民たち自身の力、または力不足の結果というよりも、アメリカ政治の結果であった。アメリカのユダヤ系コミュニティは、一九三〇年代にドイツの血縁者や宗教上の同胞のために集結したが、うまくいかなった。他方、一九七〇年代と一九八〇年代に、ソ連のユダヤ人のためにビザを取得する運動は成功した。アメリカの外交における優先事項が、そのように違った結果をもたらしたのだ。

国際移民の増大は、世界史におけるグローバル化のどの時期でも、特徴となっていた。しかし、アメリカの外交政策も、移民の傾向に重要な影響を与えてきたのだ。昔の大西洋においてでも、十九世紀の太平洋においてでも、貿易品やアメリカの実業家たちを乗せたのと同じ船で、移民たちは移動した。労働移民が抑えられた一方で、外国での戦争参加を通じて、戦争花嫁と難民の移動が繰り返し起こった。パナマ運河の建設は、カリブ海からニューヨークへの長期にわたる連鎖移民を引き起こした。東南アジアからアメリカ軍が撤退すると、三〇年にわたる難民の移動が起きた。アメリカ軍の基地がある国ぐにには、基地のない国ぐによりも、高い移民率、高い女性移民の割合を示しつづけている。

法律による移民制限も、外交政策が移民を増大させることで「巻き返え」さないよう、地政学に対応してきた。イータン・チャンがアメリカに入国する前でさえ、アメリカの有権者やその代表者である議員たちは、アメリカの大統領や外交官、軍事的指導者たちが、まさにもっとも深くかかわっていた国ぐにからの移民を減少させ、規制し、禁止する法律の制定を求めた。NAFTAは、もっとも最近の例を示してくれる。移民に対する行政府と立法府の対立は、一方では、国外に住み働いているアメリカ人たちを危機に陥れる国際的な紛争を招くが、他方では、有権者の求める保護をもたらしてはくれなかった移民法を、結果的に生むことになった。NAFTAに調印後、メキシコは、高い失業率、通貨危機、そして、自国の南部諸州での激しい政治暴動を経験した。NAFTAに反対していたアメリカ人は、工業移転と不法移民が同時に増大するのを目の当たりにした。一九九〇年代のメキシコからの不法入国と、南の国境が手に負えなくなっているというアメリカ人たちの九・一一後の恐怖心は、いずれも、主にNAFTAの中でアメリカとメキシコの経済が組み直されることによって引き起こされた。

国境の向こうの世界についてのアメリカ人の矛盾する感情と、自国の国際的な役割へのためらいも、長い間、強い関連性を示した。もちろん、外国からもたらされると考えられた脅威も変化した。十九世紀に、アメリカ人は、主に自国を巻き込むような同盟と「安価な」外国からの輸入品を懸念していた。もっと最近では、アメリカ人は、対外戦争と「安価な」外国人労働者に不安を感じてきた。前世紀におけるアメリカの国際的な指導力と軍事行動のおかげで、移民は侵略者であり財政負担だという不平が続いている。そして、その侵略者や財政負担から守ってくれるよう、有権者たちは要求しているのである。移民への敵意は、少なくとも部分的にはアメリカのグローバルな実力行使への大衆の矛盾した感情の現れなのである。孤立主義や孤立志向は、アメリカ政治の要素からは完全には消えなかったのだ。

二〇一一年にアメリカ在住の三人の架空の有権者が言い表した、世界観と外国の脅威からの保護を比較してみよう。ある有権者は、「保護主義」で「ナショナリスト」だと分類されるような人物で、メキシコ人犯罪者を入国させないために、アメリカの南側の国境に壁を作ることに賛同している。また、彼女は、アメリカ人の職を守るために、アメリカがNAFTAを脱退することを望んでいる。同時に、急進的なイスラム派テロ組織によって脅かされる国内の安全保障手段として、彼女は対テロ戦争とアフガニスタンへの戦争拡大を強く支持している。もう一人の有権者は、反グローバル化の活動家で、自称人道主義者であり、世界貿易機関（WTO）、世界銀行、そして対テロ戦争を軽蔑している。他方、この人物は外国人旅行者の指紋採取を廃止すること、また、家族や難民へのビザ数の増加や、グリーンカードがない多くの移民労働者のためのグリーンカード数の増加を望んでいる。三番目の有権者は、自称保守派であり、自由貿易と多国籍企業の発展を称賛し、対テロ戦争を必須のこととして支持する。彼女は、就労ビザを、ブルーカラーの労働者ではなく、高い教育を受けた技術者、専門職が取得できるようにすべきだと論ずる。これらの有権者の誰も、自国が世界から完全に孤立することを望んでいない。そして、それぞれが違う外国からの脅威を挙げ、そのような脅威からそれぞれ違ったかたちで保護されることを望んでいる。これらの有権者の誰もが、アメリカの対外政策の遂行に対して直接的な影響力を及ぼしていないし、実際、アメリカの対外政策は、選挙政治のぶつかり合う利害から憲法上切り離されている。他方、移民は国内政策だと理解されるので、三人すべてが有権者として移民をめぐる論争にかかわっている。議員たちは努力を続けたが、これらの有権者たちの対立し合う要望を満足させる妥協点を見つけることができなかった。それゆえ、アメリカの移民政策は、「破綻している」ことに、皆が同意し得るのである。

しかし、移民制限は必要であり、連邦議会のみが破綻したことを修正する方法を見つけることができるとも、多分皆が信じつづけている。これまでで、本書の読者は、そのような前提がどれほど限定的かについて深い洞察を得たことであろう。移民の外国とのつながりの歴史は、いかにして移民が通商外交と通商条約を通じて管理された国際問題から、連邦議会に管理され、保護主義の選挙政治に左右される国内問題に変えられていったかを明らかにする。今日、アメリカ移民を論ずる人びとは、この歴史を熟考することが、賢明であろう。

本書で検討された移民の外国とのつながりの歴史は、移民制限の必要性を示すものが、驚くほど存在しなかったということを教えてくれる。多くのアメリカ人は、移民制限だけで、国内の混乱や国の崩壊までをも招きかねない規模まで移民が増大するのを食い止められると信じている。しかし、十九世紀において、移民はアメリカを圧倒しなかったし、国の危機を引き起こしたりもしなかった。そして、その十九世紀は、通商外交によりアメリカの港が開港され、すべてのヨーロッパ人とラテンアメリカ人、一部のアジア人に移動と居住の自由が拡大され、広範囲にわたる安価で越境的（トランスナショナル）な輸送システムがすでに存在していた時期なのである。確かに、グローバル化は十九世紀終わりに、それ以前の多くの時期の移民数より大きな規模にまで国際移民を増大させた。しかし、移民を制限する法律がまったくないときに、非常に貧しい人びとが、簡単かつ安価に徒歩で横切ることができた陸続きの国境を越えてくるようなときでさえ、アメリカへと世界中から人びとが殺到したということはなかった。十九世紀のアメリカの隣人の大部分は、フランス語と英語を話すカナダ人と、国境付近に住んでいた非常に貧しいメキシコ人であり、彼らはアメリカの国境外に残りつづけた。ドイツ人やスウェーデン人、東欧のユダヤ人やイタリア人は、厳しい剥奪や迫害にあいながらも、故郷に残りつづけた。多くの友人や家族が移動していったので、さらなる移民をして家族で一緒に暮らそうという意義深い動機づけが生まれていったが、大部分は故郷にとどまりつづけたのだった。

移民の外国とのネットワークは見事であり、強く感情に訴えるものだったが、移動の自由を支えるような移民管理体制のもとでも、そのようなネットワークは、アメリカの全人口を置き換えるまでに移民を入植させるのには十分ではなかった。一九一〇年に、アメリカ在住の百万以上のカナダ人は、カナダの住民人口の約一四パーセントに相当した。一九二〇年に、イタリアの住民人口の一五～二〇パーセントが国外在住であり、その半分弱がアメリカにいると報告された。法律で制定された移民制限以前の時期で、唯一、本当に破滅的であった国内の政治的、社会的激変は、南北戦争であった。それは、ほぼ間違いなく植民地時代の大西洋地域のグローバル化の始まりの時期に行なわれていた大規模な強制移動の悲劇的な遺産のせいではあったが、当時の移民には大方関係がなかったのである。

今日、アメリカ在住のメキシコ人の数は、合法非合法あわせて、メキシコの住民数の一パーセントを占めている。この数は、一世紀前のカナダやイタリアの住民数とだいたい同じぐらいである。最近のグローバル化がさまざまな変革をもたらす性質をもっていることをめぐって、二〇〇〇年代に、歴史に注意を払っていない主張がわきおこった。それらの主張は、歴史上先例がないほどの貧民の大規模移住が起こるのでは、との不安を高めた。アメリカは、世界中の多くの人びとにとって魅力的な国でありつづけている。しかし、ほとんどの人は、アメリカに移住したいとは思ってこなかったし、ほとんどの人が、今日でもそうは思っていないのである。実際、自分の居住国を変えることに興味を持っていると言っているのは、世界で調査された人びとのたった一四～一六パーセントだけである。

制限的な移民法が、ときおり起きた移民数の歴史的な減少を、いつも引き起こしてきたわけではなかった。図1が示すのは、一八八二年までの時期（たとえば、南北戦争中と一八七〇年代の不況の時期）であれ、大規模なヨーロッパ移民の時期（一八九〇年代の不況と、やはり移民制限前の第一次世界大戦の時期）であれ、アジア人の排斥と国別割当法の時代（一九三〇年代の不況と第二次世界大戦）であれ、移民は、不況と戦争に即座に反応し、減少する傾向を示すということである。制限移民法が、家族呼び寄せを優遇していることもあって、一九六五年以降、移民数の変動は、極端でなくなってきた。愛着や感情に動機づけられた移動は、労働力を集めるときほど正確には労働市場の動向に従わないのである。さらに、最近、移民は多様になってきており、ときには減少もしてきた。たとえば、一九七〇年代の不況下のインフレの間に短期間、それから、移民改革・管理法に関連する合法化プログラムで急増した直後の数年間、そして、もっとも最近では、二〇〇八年から二〇〇九年の経済危機後に減少が起きている。移民制限は、経済成長の時期（一九二〇年代初め、一九五〇年代、一九九〇年代、二〇〇〇年代初め）には、もっとも効果がなかったことが明らかになってきている。その時期は、移民制限の最大の影響として、不法行為が促進されてしまった時期である。十九世紀のペーパー・サンと今日の証明書なしのメキシコ人の事例は、アメリカが活発に軍事関与または貿易関係を進めている国ぐにからの移民は、とくに経済成長の時期に、制限移民法をすり抜ける傾向があるということを、立証している。

今日のアメリカの移民を論じるほどんど誰もが、議会による移民の管理以外の選択肢を知らない。今日の「破綻した移民制度」について連邦議会を非難する人びとでさえ、主に連邦による法律制定と治安維持を、地方や州による法律制定と治安維持に変えたいと望んでいる。アメリカ人は、ほかの管理方法について記憶していないようだ。これらの管理方法とは、移民の外国とのつながりの歴史が明らかにしてくれるもので、すなわち、通商条約、憲法の通商条項、最初のブラセロ・プログラムのような二国間交渉であった。アメリカ帝国形成についての諸研究は、ますます拡大し帝国主義的になる二十世紀の大統領による負の結果を、的確に指摘してきた。他方、移民管理の歴史は、人の移動に絶対的権限を振るう、抑制されていない連邦議会の権力拡大に付随する諸問題を明らかにしてくれる。十九世紀終わりの立法者たちは、中国との条約の再交渉を強いることができたが、それは米中関係を長期にわたって悪化させる一因となった。一九七〇年代に、連邦議会は、難民の入国を許可する（または「一時的入国を許可する」）大統領の権限さえ抑制するために、立法行為を利用した。そして、もっとも最近では、アメリカの移民制限が、アメリカとメキシコとの関係を不安定にさせてきた。

ひとたび連邦議会がアメリカ人を外国の侵略者から守るための全権を負うと、移民も選挙政治の矛盾や利害集団の争いに左右される国内問題になった。そしてそれ以来、どのように移民を法律によって統制し、規制し、選別し、制限するかについて、簡単には、または明確には、意見が一致しないでいる。一九二四年から一九六五年の間、そしてふたたび一九七五年から現在までの間、移民をめぐる論争の基本的な概略と、移民問題をめぐる議会での諸連携のかたちや構成、そして、移民政策に関する行政府と立法府の関心は、長期にわたり繰り返される政治的対立を招いてきた。この対立は、彼らの言葉で言えば、しばしば何十年にもわたってほとんど変わらない政治的な行き詰まりでありつづけたのであった。

この点で、対外貿易の管理の歴史と、同様に繰り返された十九世紀の関税に関する論争の結末から多くを学べる。その歴史から知ることができるのは、国内の政治的な連携の変化や新たな法律のアイディアの誕生ではなく、行政府から提案された新たな管理体制こそが、一九二〇年代までに、保護関税を「つまらなくて陳腐な」議題にしてしまった長期の行き詰まりを打開したということだ。一八八〇〜九〇年代から、アメリカの大統領と国務省は、関税政策をめぐる議会での論争が、いかに自国の地政学的戦略を妨げたかを見て、「ドル外交」を唱えた。彼らは、関税率の変更を連邦議会と交渉できるようにする、より大きな柔軟性を繰り返し求めた。やがて、連邦議会は、年間の関税調整について大統領に助言する中立的な委員会を任命するという案を受け入れた。大恐慌と第二次世界大戦中、苦境にあった有権者は、保護主義的な法律が不況を悪化させ、第二次世界大戦の勃発の一因となった一方で、自由貿易を追求する国際交渉が世界平和の基礎を作るだろうという、大統領たちの議論を受け入れたのであった。一九八〇年代に、有権者たちは、関税の調整の「ファーストトラック（迅速なコース）」という大統領の交渉権限を求めたロナルド・レーガンの要求さえ承認した〔ファーストトラックとは、大統領に議会が貿易協定の交渉権限を与え、協定案の審議手続きを迅速に行なうことを言う〕。行政府の指導力と二国間貿易政策のために、立法上の保護主義を捨てることは、それ自体に問題がなかったわけではない。行政府の指導力は、たとえば保護主義の有権者たちの怒りに貿易政策がさらに影響されないようにしたが、しかし、それは少なくとも、関税をめぐる数十年にわたった政治上かつ立法上の行き詰まりを打開したのだった。

移民管理において、現在の移民に関する難局を終結させるような、同様の変化を想像することが、なぜ不可能なのだろうか。選挙でのかなり強い連携（出稼ぎ労働者計画の反対者は、アメリカの商工会議所と労働組合の人びとであったことを思い出すとよい）のせいで、前世紀の関税問題の事例とほとんど同じぐらい長期にわたる、移民問題をめぐる行き詰まりが生み出されてきた。移民をめぐる行き詰まりに対する有権者のいらだちが、高まってきている。たいてい、制限的な法律は、不法行為をなくすよりもむしろ増加させてきた。移民制限よりも前に設けられた保護関税のように、移民制限は、外国の脅威から保護されているという感覚をもたらすことができないでいる。おそらく、アメリカが戦争を続け、高価な外国の石油を輸入し、莫大な貿易赤字を出しつづけている間は、移民政策は上記のような安心感をもたらすことができないのだ。

外国に出自をもつ有権者やロビイストたちが、強力な大統領の指導力と連携することで、法律上の行き詰まりが打開され、アメリカ経済や外交の変動に応じた、移民数の年ごとの変更を要求できるよう、行政府に助言する中立的な移民諮問委員会が生み出されただろうか。移民政策では、一九八〇年の難民法によって、少なくとも難民入国許可数について、大統領が連邦議会と協議できるようにする、いくらか違った種類の先例ができた。しかし、歴史的には、移民に出自を持つ有権者は、ほとんど移民制限に異議を唱えてこなかった。そして、いまのところ、左派の無政府主義者、少数の商業志向のネオリベラル派、そして、右派のさまざまな信念を持つ自由主義信奉者といったほんの少数の人びとの声しか、国境を開けるよう求めてきていない。さらに、移民の管理やNAFTAの再協議における行政府の役割の拡大を歓迎するものが、これらの集団の中にいるかは疑わしい。しかし、人とモノと資本が自由に移動する北米圏は、EUが形成する領域に匹敵し、確かに不法行為をなくすもっとも手っ取り早い方法になるだろう。また、少なくとも一部のメキシコ系有権者と、拡大する市場の自由を支持するアメリカ人たちの中には、彼らがネオリベラルであれ自由主義信奉者であれ、また、同時に多くが人道主義者であれ、そのような解決を受け入れる者がいると言えよう。しかし、同時に、もしそのような変化が、統合過程にあるヨーロッパでそうであったように、「北米要塞」に自国の市民が入国する機会を奪う結果になるのなら、とくに中国やインドといった重要なアメリカの同盟国であり貿易相手国は、それを到底歓迎しないだろう。

以前の大統領たちは、自由貿易がグローバル経済の統合と平和の最善の土台であると、なんとかアメリカ人を説得した。しかし、今日、自由貿易と同様に、移動の自由が人道主義的な国際主義やグローバルな統合に大きく寄与すると考える人は、ほとんどいない。それにもかかわらず、国際移民は、制限されている時期においても、統合を促進する。いまや一部の経済学者は、移民の送金は世界的に平等を促進するものだと考えている。経済史の歴史家の中には、十九世紀の移民の自由な移動は、対外貿易よりも、環大西洋地域のより貧しい国ぐにを経済発展させたと示唆する者さえいる。

しかし、送金ではなく、移民の外国とのつながりに注目することこそが、いかに移民が地球規模で人と人の人道主義的な統合を促進したかを、もっとも明らかにするのだ。アメリカからの十九世紀の手紙の数々は、経済的な機会や政治的な自由といった利点について、明るいニュースをヨーロッパの大衆の間に広めた。他方、移民制限や人種差別のニュースは、アジアで反アメリカ主義を高めることになった。アメリカの移民は、人道主義的な努力を続けたが、一九四〇年代のヨーロッパのユダヤ人の虐殺を防げなかった。しかし、彼らは、移民を歓迎などしていない制限移民法が存在しているにもかかわらず、戦後のヨーロッパ難民が少なくともいくらか歓迎されているのだと思える一助となった。いかに草の根からの外国とのつながりが、国際危機の時期に、軍事行動において行政府を支持したか、また戦後には、戦後のヨーロッパや日本との友好関係を促進したり、ワルシャワ条約機構の諸国内の変化を引き起こすための冷戦の戦略の助けとなったかは、第二次世界大戦によって明らかになった。厳しい移民制限、不法行為、中東の戦争、そして壁の建設は、アメリカへの肯定的なつながりを損なう。しかし、アメリカ在住の外国人が時間、資金、そしてその指導力を大いに捧げているボランティア機関や国際的な非政府組織から、そのようなつながりが生み出されつづけているのだ。

もし、移民を国内の問題として扱う政策が失敗する運命にありそうならば、移民の外国とのつながりを無視し、移民のコミュニケーションの国際的な網の目への移民制限の影響を無視する対外政策も、また失敗することになる。移民は国内問題だと主張することで、アメリカ人は、ちょうど自由貿易と同様に、移動の自由が国際的な統合のメカニズムになる豊かな機会を逃してしまうのである。商人や投資家の要求が、グローバル化の中では重視されているが、しかし、移民がアメリカ人になっていく過程で、必ず育み、かつ維持しようとする、感情的でなじみのある文化的なつながりもまた、グローバル化の中で重要なのである。ちょうど一九三〇年代に、関税の管理の新たな方法が将来のグローバルな経済統合にとって鍵となるだろうと想像した人がほとんどいなかったように、今日、破綻した国内の制度を、移民を管理するためにいかに修正すべきか考える際に、グローバルな統合の未来について考える人も、ほとんどいないのである。

# 訳者あとがき

本書は、『世界の中のアメリカ（*America in the World*）』叢書の一冊として、二〇一二年にアメリカ合衆国とイギリスで出版された、Donna R. Gabaccia, *Foreign Relations: American Immigration in Global Perspective*, Princeton University Press, 2012 の全訳である。著者ガバッチアは、長年、アメリカの移民史研究をリードしてきた研究者であり、移民史研究の中心の一つであるミネソタ大学移民史研究センターの所長を二〇〇五年より七年間務め、二〇〇八年にはアメリカの社会科学史学会会長となり、現在、トロント大学歴史学部教授として活躍している。ガバッチアは、イタリア系移民を中心に、膨大な一次史料を駆使して緻密な実証研究を重ね、移民を取り巻く政治や社会的文脈の理論化を試みてきた。彼女の研究で画期的であったのは、移民を送出国、または受け入れ国というナショナルな枠組みの中で分析するのではなく、移民や移民をめぐる政治、社会、経済、文化を、越境的（トランスナショナル）でグローバルな広がりを持つものとして分析した点であった。言い換えれば、彼女は、特定のエスニック集団、移民集団の歴史を、主流のアメリカ史へと合流していったものとして楽観的に語るのではなく、ジェンダー、階級、人種といったさまざまな視点から、重層的かつ変容を続ける移民集団や移民個人の歴史を、アメリカや世界の諸相と相互にかかわり合いながら変容しているものとして記述してきたのである。

本書で著者が主張していたことも、移民政策や移民史を、国内のみの視点からではなく、グローバルな視点から議論すべきだということであった。なるほど、アメリカの移民史は従来、国民国家の枠組みの中で語られ、アメリカの移民政策やその背景にあるアメリカの外交や政治と、移民たちそれぞれが出身地域とつながりを持ち続けながら構築したグローバルなネットワークや、その中で生じる経験や語りは、別々に研究されてきた。そのため、移民たちの歴史はアメリカ史の中で記述され、彼らの経験や彼らが形成するネットワークが、実はグローバルなものであるということも見過ごされてしまっていた。移民をめぐるさまざまな問題も、国内の問題として議論されがちであったのである。

もちろん、近年、アメリカと他地域とのさまざまなつながりについては、トランスナショナリズムやグローバルヒストリーなどの新たな視点から研究され始めていることは、著者も指摘するとおりである。しかし、ガバッチアは、グローバルな経済、社会、文化的背景とアメリカという国家のかかわりを分析するのではなく、移民が構築するグローバルなネットワークやつながり――本書が「移民の外国とのつながり」と呼んでいるもの――とアメリカの外交史や政治史が交差するところに注目した。すなわち、著者は、移民自身の経験や語り、またその中で構築されていく人びとのさまざまなネットワークというミクロなレベルと、アメリカの外交や政治というマクロなレベルの両方の視点から、移民史、外交史、そして、政治史という従来同時に検討されてこなかった分野を結びつけて分析する可能性を探ったのである。

以上のように、本書は、グローバル化の中での移民たち自身の経験やネットワークの構築、アメリカの外交、政治、移民政策など、さまざまな要素の関連性を分析する新たな視点を提示し、アメリカの移民史や政治史を世界史の複雑な文脈の中に位置づけることに成功しているのである。

出版されるやいなや、学界やメディアから高い評価を受けた本書は、二〇一三年にはセオドア・サロートス記念出版賞（the Theodore Saloutos Memorial Book Award of the Immigration and Ethnic History Society）を受賞した。この賞は、精緻な実証研究と資料分析に基づき、移民史をさまざまな視角から探求し、新たな視点を提供する、移民史研究分野で最も優れた書籍に対し、アメリカのエスニックヒストリー協会より贈られる賞である。このことからも、本書が、アメリカの移民史研究において、近年最も優れた書籍であることがわかる。

本書の翻訳のきっかけは、日本女子大学文学部史学科教授の北村暁夫先生が率いる、科学研究費基盤研究（B）「近代ヨーロッパを中心とする空間的移動の実態と移動の論理に関する比較史研究」の研究会に、分担研究者の一人として参加させていただいたことにある。北村先生の発案で、ガバッチア氏を招聘し、シンポジウムを開催することになり、それに先だって、彼女がこれまでに出版した数多くの書籍や論文を紹介、論評し合う読書会が企画された。その時に、論評用にと手渡されたのが、当時、出版されたばかりの本書の序章部分であった。一読して、その発想の斬新さに驚かされた。それと同時に、説明されている理論的枠組みがきわめて複雑であり、かつ今まで知り得なかった視角で分析されていると感じた。タイトルになっている"Foreign relations"という語自体、「外交、外国とのつながり、外国の親戚」など、いくつもの意味を含む語であり、簡潔に説明するのはなかなか難しそうだと感じた。しかし、読書会での私の書評をひととおり聞いたあとで、北村先生が、本書の研究視角の独創性について特に論じられ、研究会の誰かが訳して日本の読者に届けたらどうだろうか、というような発言をされたのである。その時に、翻訳してみようかと思い立って、北村先生に相談したことが始まりであった。

さらに、二〇一四年一月の国際シンポジウムの前日には、ガバッチア氏を囲んで研究報告会の機会も得ることができた。イタリア史、移民史のご専門の北村先生を筆頭に、研究会のほかの参加者たちは、オランダ、ロシア、ベルギー、ハンガリー、ブルガリア研究の専門家で、移動の歴史を研究してきた若手研究者たちであった。ガバッチア氏は、どのテーマにも熱心に耳を傾けてくれ、さらに、アメリカでの研究動向も含め、意見や助言などを一人一人に与えてくれた。彼女は、明るく快活で、ユーモアにもあふれる人柄で、多くの事例や研究動向、理論などを次々に紹介し、その知識の深さには、目を瞠るものがあった。翌日、シンポジウム後の懇親会で、ガバッチア氏に翻訳の件を切り出してみたところ、自分の本が日本に紹介されることにとても喜んで、本の内容についての私の質問にもいろいろと答えてくれた。このように、著者と直接話す機会も得て、翻訳への決意が次第に固まってきたのであった。

訳書の出版にこぎ着けられたのは、ひとえに北村先生のご助力のおかげである。どのように翻訳出版を実現したらよいのか相談したところ、有意義な助言をくださり、さらに、先生の知り合いの編集者の方を通じ、白水社の阿部唯史氏を紹介してくださった。先生のご支援、ご教導に、心よりお礼を申し上げたい。また、編集の阿部唯史氏のご尽力で、翻訳出版の企画が実現することになった。氏が、訳書の出版まで、訳者の質問に忍耐強く答え、支援し続けてくださったことにも、深く感謝している。また、原稿を読んでくれた夫、祐行にも感謝している。

原書に忠実に訳したが、適宜、訳注も加えた。また、索引は、大枠は原書のまま、訳書に合わせて索引の語を日本の読者向けにまとめ直した。本書に出てくる専門用語、固有名詞に関しては、専門書等で確認するなど可能な限り注意を払ったつもりだが、訳者の浅学のせいで誤りもあると思われる。定訳が訳出されていない、または、誤訳があった場合など、ご教示いただけると幸いである。

学術的に非常に価値の高い本書であるが、その記述は、決して一般の読者には理解できないような難解な内容ではない。むしろ、本書は、移民やその家族の経験や歴史を生き生きと描き、アメリカの外交史や政治史を移民のライフヒストリーとからめながら分析しており、一般の読者にとっても読み応えのある良書となっている。これは、『世界の中のアメリカ』叢書の出版が、アメリカ史のさまざまな側面を一般の読者に紹介することに主眼を置いていることの一つの表れだともいえる。移民史と外交史という新たな切り口の本書により、幅広い読者の方々が、グローバルな視点から、移民という現象を捉えていく上で、多くの示唆を得ることができるよう祈念している。

二〇一五年十月

一政（野村）史織

# 索引

## あ行

## か行

## さ行

## た行

## な行



## は行

## ま行



## ら行

# 原注

## はじめに

(1) Richard Peet, *Unholy Trinity: The IMF, World Bank and WTO* (London: Zed Books, 2003), 37.

(2) Haiming Liu, *The Transnational History of a Chinese Family* (New Brunswick, NJ: Rutgers University Press, 2005). Liu, "The Trans-Pacific Family: A Case Study of Sam Chang's Family History," *Amerasia Journal* 18, 2 (1992): 1-34 も参照。

(3) Jim Brown, *Riding the Line: The United States Customs Service in San Diego, 1885-1930: A Documentary History* (Washington, DC: Department of the Treasury, U.S. Customs Service, 1991), 20-21. 著者は、ボアーズを、追加の執行官を雇う資金を要求する、財務省宛ての「内部文書を書く才能豊かで多作の書き手」と描写している（15)。

(4) Liu, *The Transnational History of a Chinese Family*, 171-209. 5. Ibid., 198.

## 第一章　孤立か、独立か？　一八五〇年以前のアメリカの移民

(1) Omar Calabrese, ed., *Italia Moderna: Immagini e storia di un identità nazionale*, vol. 1, *Dall ' unità al nuovo secolo* (Milan: Electa, 1982), 118 参照。

(2) "In Memory of Emma Lazarus," *New York Times*, May 6, 1903, 9.

(3) Peter B. Harris, "Some Teachable Ironies about the Alfred Stieglitz Photo *The Steerage* (1907), on the Cover of *The Heath Anthology of American Literature*, 3/e, Volume 2," http://college.cengage.com/english/heath/harris.htm, accessed August 25, 2010.

(4) J. Hector St. John Crèvecoeur, *Letters from an American Farmer*, reprinted from the original ed. (New York: Fox, Duffield, 1904), Letter 3, 54.

(5) The *Oxford English Dictionary* は、「孤立主義」という言葉が 1920 年代、1930 年代になって初めて使用されたことを指摘している。

(6) Frank Thistlethwaite, "Migration from Europe Overseas in the Nineteenth and Twentieth Centuries," in Rudolph Vecoli and Suzanne Sinke, eds., *A Century of European Migrations, 1830-1930* (Urbana:University of Illinois Press, 1991), 17-49; citation for "salt water curtain," 20.

(7) Bradford Perkins, *The Creation of a Republican Empire, 1776-1865*, vol. 1, *The Cambridge History of American Foreign Relations* (Cambridge: Cambridge University Press, 1993), 200.

(8) *The Interesting Narrative of the Life of Olaudah Equiano, or Gustavus Vassa, the African* (London: Printed and Sold for the Author, 1793), 30.

(9) John Harrower, *The Journal of John Harrower, an Indentured Servant in the Colony of Virginia, 1773-1776* (New York: Holt, Rinehart, and Winston, 1963).

(10) Elizabeth Jane Errington, *Emigrant Worlds and Transatlantic Communities: Migration to Upper Canada in the First Half of the Nineteenth Century* (Montreal and Kingston: McGill-Queens University Press, 2007), 3.

(11) Joseph H. Udelson, *Dreamer of the Ghetto: The Life and Works of Israel Zangwill* (Tuscaloosa: University of Alabama Press, 1990).

(12) 著者の説明は、以下に多大に依っている。Gay Wilson Allen and Roger Asselineau, *St. John de Crèvecoeur: The Life of an American Farmer* (New York: Viking Penguin, 1987).

(13) Jaime E. Rodríguez and Kathryn Vincent, *Myths, Misdeeds, and Misunderstandings: The Roots of Conflict in U.S.-Mexican Relations* (Wilmington, DE: SR Books, 1997), 25.

(14) *Memoirs of William Sampson* (London: Whittaker, Treacher, and Arnot, 1832).

(15) シュテイレ家とクルム家の移動の物語と彼らの手紙は、以下に収録されている。Walter D. Kamphoefner, Wolfgang Helbich, and Ulrike Sommer, eds., *News From the Land of Freedom: German Immigrants Write Home* (Ithaca, NY and London: Cornell University Press, 1988), 62-84; quoted phrase, 67.

(16) Theodore C. Blegen, *Land of Their Choice: The Immigrants Write Home* (Minneapolis: The University of Minnesota Press, 1955), 266-67.

(17) Kamphoefner et al., *News from the Land of Freedom*, 90.

(18) *Ibid*, 72.

(19) *Ibid.*, 107, 207, 221-22, 500-501 の借金についての議論も参照。

(20) Adolf E. Schroeder and Carla Schulz-Geisberg, *Hold Dear, As Always: Jette, a German Immigrant Life in Letters* (Columbia: University of Missouri Press, 1988).

(21) John Catanzariti, ed., *The Papers of Thomas Jefferson* (Princeton, NJ: Princeton University Press, 2000), vol. 28, 507.

(22) 初出は the *American Daily Advertiser* (Philadelphia), 19 September 1796. 文書はオンラインで閲覧できる。http://gwpapers.virginia.edu/documents/farewell/intro.html.

(23) 一七八〇年一二月二十五日にジェファソンからジョージ・ロジャーズ・クラークへ。Julian P. Boyd, ed., *Papers of Thomas Jefferson*, vol. 4, (Princeton, NJ: Princeton University Press, 1951), 237-38.

(24) *Journal of the House of Representatives*, 30th Cong., 1st Session, Dec. 7, 1847, 21.

(25) Carl von Clausewitz, *On War*, trans. Colonel J. J. Graham, vol. 1, ch. 1., pt. 24 (electronic resource Champaign, IL: Project Gutenburg, 2006).

(26) Karlyn Kohrs Campbell and Kathleen Hall Jamieson, *Deeds Done in Words: Presidential Rhetoric and the Genres of Governance* (Chicago: University of Chicago Press, 1990), 28.

(27) *Journal of the House of Representatives*, 19th Cong., 1st sess., April 20, 1826, 451.

(28)『コモンセンス』の完全版 *Common Sense* (Philadelphia: W. and T. Bradford, 1791) は http://www.earlyamerica.com/early america/milestones/commonsense/text.html で閲覧できる。

(29) Drew Keeling, "The Transportation Revolution and Transatlantic Migration, 1850-1914," *Research in Economic History* 1 (1999): 41 で "Opinions of the Judges of the Supreme Court of the United States, in the case of Smith vs. Turner, and Norris vs. the City of Boston. February 17, 1849" から引用。

(30) *Western Literary Messenger*, 9, 1 (August 7, 1847), 100.

(31) Aristide R. Zolberg, *A Nation by Design: Immigration Policy in the Fashioning of America* (New York: Russell Sage, 2006), 58 で引用。

(32) Jonathan Elliot, *The Debates in the Several State Conventions on the Adoption of the Federal Constitution, as Recommended by the General Convention at Philadelphia, in 1787: Together with the Journal of the Federal Convention, Luther Martin's Letter, Yates's Minutes, Congressional Opinions, Virginia and Kentucky. . . .* (Philadelphia: J. B. Lippincott, 1891), vol. 5, 398.

(33) Murray G. Lawson, "Research Note: The Foreign-Born in Congress, 1789-1949: A Statistical Summary," *American Political Science Review* 51, 4 (December 1957): 1183-89.

(34) Alfred E. Eckes, Jr., *Opening America's Market: U.S. Foreign Trade Policy since 1776* (Chapel Hill: The University of North Carolina Press, 1995), 13-14.

(35) "A Treaty of Amity and Commerce between the United States of America and His Majesty the King of Prussia," Wednesday, May 17, 1786, *Treaties and Other International Agreements* 8, 79.

(36) "Treaty of Commerce and Navigation with the Kingdom of Sweden and Norway. Communicated to the Senate, December 12, 1827," *Treaties and Other International Agreements* 11, 876.

(37) "Treaty of Commerce and Navigation between the United States of America and Portugal," reprinted in the *Merchants Magazine and Commercial Review* 5 (1841): 273.

(38) *American State Papers, Foreign Relations* (Washington, DC: Gales and Seaton, 1858), vol. 5, 431.

(39) *Journal of the House of Representatives*, 9th Cong., 1st Session, Dec. 31, 1805, 223.

(40) Paine, *Common Sense* (Mineola, NY: Dover Publications, 1997), 20.

(41) "Political Economy, Producers and Consumers (a review of several works by Jean Baptiste Say)," *Southern Review*, February 1832, 509.

(42) Eckes, *Opening America's Market*, 17.

(43) *Journal of the House of Representatives*, 27th Cong., 2nd Session, Mar. 3, 1842, 199.

(44) Eckes, *Opening America's Market*, 279-80.

(45) "Review of 'The Sign of the Times': A Series of Discourses Delivered in the Second Presbyterian Church, Philadelphia," *Princeton Review* 12, 1 (January 1840): 8.

(46) Adam McKeown, *Melancholy Order: Asian Migration and the Globalization of Borders* (New York: Columbia University Press, 2008), 26 で Emer de Vattel, *Le droit des gens; ou, Principes de la loi naturelle appliqués à la conduite et aux affaires des nations et des souverains* (Washington, DC: Carnegie Institution of Washington, 1916), vol. 3, trans. Charles Ghequiere Fenwick, 92 から引用。

(47) Mayor of New York v. Miln, 36 US 102 (1837) を参照。

(48) Richard Weston, *A Visit to the United States and Canada in 1833* (Glasgow: R. Griffith, 1836), 52.

(49) *Reports of Cases Argued and Adjudged in the Supreme Court of the United States, January Term, 1849*, vol. 7 (Boston: Charles C. Little and James Brown, 1849), 332.

(50) Gibbons v. Ogden, 22 U.S. 1 (1824).

(51) *Reports of Cases Argued and Adjudged*, 323.

(52) Daniel J. Tichenor, *Dividing Lines: The Politics of ImmigrationControl in America* (Princeton, NJ: Princeton University Press, 2002), 55.

## 第二章　移民の外国とのつながりの発見とアメリカ帝国　一八五〇～一九二四年

(1) バルダッサーレ・ダンナは、その家族が the *fogli di famiglia* に記録されている男性の仮名であり、その誕生、死、結婚の記録は、シチリアのサンブーカの町の文書館に所蔵されている。彼の子どもの一人が、地元で政治的に著名になったこともあって、この男性の物語の詳細が知られるようになった。Donna R. Gabaccia, *Militants and Migrants: Rural Sicilians Become American Workers* (New Brunswick, NJ: Rutgers University Press, 1988) を参照のこと。

(2) Imre Ferenczi, "Proletarian Mass Migrations, Nineteenth and Twentieth Centuries," in *International Migrations*, ed. Walter F. Willcox (New York: National Bureau of Economic Research, 1929), vol. 1.

(3) ロザリー・エヴァンスの物語は、以下より。Timothy J. Henderson, *The Worm in the Wheat:*

*Rosalie Evans and Agrarian Struggle in the PueblaTlaxcala Valley of Mexico, 1906-1927* (Durham, NC: Duke University Press, 1998). *The Rosalie Evans Letters from Mexico*, arranged with commentary by Daisy Caden Pettus (Indianapolis, IN: The BobbsMerrill Co., 1926) も参照。

(4) Guy Stevens, "Protecting the Rights of Americans in Mexico," *Annals of the American Academy of Political and Social Science* 132 ( July 1927): 164.

(5) *The Works of William H. Seward*, ed. George E. Baker (Boston: Houghton, Mifflin, 1887), vol. 3, 618.

(6) Edwin Atkins, *My Sixty Years in Cuba* (Cambridge, MA: Riverside Press, 1926).

(7) 以下に引用されている。Andrew E. Gibson and Arthur Donovan, *The Abandoned Sea: A History of United States Maritime Policy* (Columbia: University of South Carolina Press, 2000), 4.

(8) "Work not Preference," *Review of Reviews* 33 ( Jan.-June 1906):

(9) "Message of the President," *Papers Relating to the Foreign Relations of the United States* (Washington, DC: Government Printing Office, 1894), x.

(10) バーリンゲイム条約の条文の英語版は、カリフォルニアのオンライン文書館で入手可能である。http://content.cdlib.org/ ark:/13030/hb4m3nb03h/?order=7&brand=oac.

(11) Edwin M. Borchard, *Diplomatic Protection of Citizens Abroad, or the Law of International Claims* (New York: The Banks Law Publishing Co., 1919), v.

(12) "President Discusses the Monroe Doctrine," *New York Times*, April 3, 1903.

(13) "Sketch of the Career of Mr. Carter: Born in Honolulu, Educated at Ann Arbor, Wedded to an American," *Chicago Daily Tribune*, January 19, 1895, 5.

(14) Henderson, *The Worm in the Wheat*, 12-13, 21 より原典どおり引用。

(15) James W. Shepp and Daniel B. Shepp, *Shepp's New York City Illustrated: Scene and Story in the Metropolis of the Western World* (Chicago: Globe Bible Publishing Co., 1894).

(16) Clarence E. Edwords, *Bohemian San Francisco, Its Restaurants and Their Most Famous Recipes; The Elegant Art of Dining* (San Francisco: P. Elder and Co., 1914), 4.

(17) *New York Times*, June 12, 1881, 12; *Chicago Daily Tribune*, April 21, 1905, 4.

(18) *Proceedings of the National Conference of Charities and Correction* (Boston: Press of George H. Ellis, 1888), 435.

(19) Bonnie C. Lew, "'I always felt out of place there': Growing up Chinese in Mississippi," in Judy Yung, Gordon H. Chang, and H. Mark Lai, eds., *Chinese American Voices* (Berkeley: University of California Press, 2006), 287.

(20) "The Basic Issues as They Have Been Defined in the Campaign: The Intangible Issues of Personality and Religion Outweigh Stated Arguments," *New York Times*, Nov. 6, 1960, E3.

(21) Frank Julian Warne, *The Immigrant Invasion* (New York: Dodd, Meade, 1913), 10.

(22) McKeown, *Melancholy Order*, 343.

(23) "Immigration Troubles of the United States," *Nineteenth Century* 30 (October 1891), 584.

(24) "Emigration," *The Encyclopedia of Social Reforms: Including Political Economy, Political Science, Sociology and Statistics* (New York: Funk & Wagnalls, 1897), 556.

(25) Dino Cinel, *The National Integration of Italian Return Migration, 1870-1929* (Cambridge: Cambridge University Press, 1991), ch. 6

(26) Yong Chen, "Understanding Chinese American Transnationalism during the Early Twentieth Century: An Economic Perspective," in *Chinese American Transnationalism: The Flow of People, Resources, and Ideas between China and America during the Exclusion Era*, ed. Sucheng Chan (Philadelphia: Temple University Press, 2006), 171.

(27) Liu, *The Transnational History of a Chinese Family*, 42-43.

(28) チェン・イーシイの物語は、Madeline Y. Hsu, *Dreaming of Gold, Dreaming of Home: Transnationalism and Migration between the United States and China, 1882-1943* (Stanford, CA: Stanford University Press, 2000) に記載されている。

(29) *"tutto il mondo è paese"* に相当すると思われることわざを教え、文脈に当てはめてくれたリーソーン・リューに感謝する。*Si hai wei jia*（「世界のすみずみでも、故郷にいるように感じる」）も、いくらか同じ意味の言い回しを表現している。

(30) Kamphoefner, *News from the Land of Freedom*, 71.

(31) Orm Overland, "Learning to Read Immigrant Letters: Reflections towards a Textual Theory," in Oyvind T. Gulliksen et. al., eds, *Norwegian-American Essays 1996* (Oslo: NAHA-Norway, 1996), 217.

(32) "Letter from Anonymous Male Scottish Immigrant From Aberdeen, January 21, 1833," *Counsel for Emigrants* (Aberdeen, Scotland: J. Mathison, 1834), 57.

(33) *North American Immigrant Letters, Diaries and Oral Histories* (Alexandria, VA: Alexander Street Press, 2004).

(34) Wong Kai Kah, "A Menace to America's Oriental Trade," *North American Review* (January 1904): 414-24. Estelle T. Lau, *Paper Families: Identity, Immigration Administration and Chinese Exclusion* (Durham, NC: Duke University Press, 2007), 205 で引用。

(35) サンブーカの帰国者の生活や、このシチリアの町とアメリカのさまざまな場所とのつながりについては、Gabaccia, *Militants and Migrants*, ch. 8 を参照。

(36) The Sisters of Mercy, *Poems for Catholics & Convents: And Plays for Catholic Schools* (New York: New York Catholic Protectory, 1874), 217.

(37) 彼の葬式についての記事を参照。*New York Times*, November 14, 1889, 8.

(38) Letter from W. B. Lawrence, Tammany Society or Columbian Order, *Celebration in Honor of the Anniversary of American Independence, July 3, 1866* (New York: New York Printing, 1866), 75-76.

(39) Ruth Swan and Edward A. Jerome, "Unequal Justice: The Metis in O'Donoghue's Raid of 1871," *Manitoba History* 39 (Spring/Summer 2000), n.p.

(40) ブレーシの人生についてのもっともよい情報源が、以下に残っている。Arrigo Petacco, *l'Anarchico che venne dall'America: Storia di Gaetano Bresci e del complotto per uccidere Umberto I* (Milan: Mondadori, 2000).

(41) 英語のみしか理解できない読者でも、*New York Times*, July 31-August 31, 1900 に、ブレーシとパターソンのイタリア人についての 50 以上の記事を見つけられるだろう。

(42) Liu, *The Transnational History of a Chinese Family*, 82.

(43) *Los Angeles Times*, March 7, 1906.

(44) "Yellow and White: The Coming War of Races," *Contemporary Review* 92 (October 1907), 577-79.

(45) "The Chinese Boycott of American Goods," *Review of Reviews* 33, February 1906, 159.

(46) Hans P. Vought, *The Bully Pulpit and the Melting Pot: American Presidents and the Immigrant, 1897-1933* (Macon, GA: Mercer University Press, 2004), 47.

(47) Fraser M. Ottanelli, "'If Fascism Comes to America We Will Push It Back in to the Ocean': Italian American Antifascism in the 1920s and 1930s," in Donna R. Gabaccia and Fraser M. Ottanelli, eds., *Italian Workers of the World: Labor Migration and the Formation of Multiethnic States* (Urbana: University of Illinois Press, 2001), 178.

(48) Yansheng Ma Lum and Raymond Mun Kong Lum, *Sun Yat-sen in Hawaii: Activities and Supporters* (Honolulu: Hawaii Chinese History Center, 1999), ch. 1.

## 第三章　移民と移民制限――危険な世界での保護　一八五〇～一九六〇年

(1) Richard Bartholdt, *From Steerage to Congress: Reminiscences and Reflections* (Philadelphia: Dorrance & Co., 1930), 109.

(2) Martin Gilbert, *Descent into Barbarism: The History of the Twentieth Century, 1934-1951* (New York: Harper Collins, 1999).

(3) U.S. Department of State, "Papers Relating to Expatriation, Naturalization, and Change of Allegiance," #503, in *Papers Relating to the Foreign Relations of the United States*, pt. 1, vol. 2 (Washington, DC, 1873), 1221.

(4) Perry Baker et al. v. the City of Portland, 5 Sawyer 566, quoted in Elmer Sandmeyer, *The Anti-Chinese Movement in California* (Champaign: University of Illinois Press, 1973), 208.

(5) Tom E. Terrill, *The Tariff, Politics, and American Foreign Policy, 1874-1901* (Westport, CT: Greenwood Press, 1973), 3.

(6) Bartholdt, *From Steerage to Congress*, 153.

(7) "The Democratic Review on Freedom of Trade," *American Whig Review* 76 (April 1851): 333.

(8) *New York Times*, September 21, 1909, 8.

(9) Warne, *The Immigrant Invasion*, 281-82.

(10) Thomas W. Zeiler, "Tariff Policy," *Encyclopedia of American Foreign Policy* (New York: Charles Scribner's Sons, 2001), 531.

(11) Alfred E. Eckes, Jr., *Opening America's Market: U.S. Foreign Trade Policy since 1776* (Chapel Hill, NC: The University of North Carolina Press, 1995), 69 で引用。

(12) 1932 年の選挙戦での激しい論争の中で、フーヴァーがそのような課税に不同意であったことについては、"Hoover says 'Falsehoods' to Foes' Charges," *Chicago Daily Tribune*, October 6, 1932, 1.

(13) Laurence Burd, "U.S. Must Lead in Cutting Tariffs: Truman," *Chicago Daily Tribune*, March 7, 1947, 1.

(14) "The Chinese Must Go," *New York Times*, February 26, 1880, 4.

(15) Chae Chan Ping v. U.S., 130 U.S. 581 (1889).

(16) "Senator Foraker's View: Question of the Sovereign Power ofthe United States Settled Forever by the Court," *New York Times*, May 28, 1901, 3.

(17) *New York Times*, February 1, 1909.

(18) Elihu Root, "The Real Questions under the Japanese Treaty and the San Francisco School Board Resolution," *American Journal of International Law* 1 (1907): 273.

(19) Immigration Restriction League, *Constitution of the Immigration Restriction League*, (Boston: Immigration Restriction League, 1894), 1.

(20) "For Freedom and Civilization," *New York Times*, April 3, 1917.

(21) "Lodge Punches Angry Pacifist for an Insult," *Chicago Tribune*, April 3, 1917.

(22) Henry Cabot Lodge, *Treaty of Peace with Germany: Speech of Hon. Henry Cabot Lodge of Massachusetts in the Senate of the United States, Tuesday, August 12, 1919* (Washington, DC: Government Printing Office, 1919).

(23) 上院へのロッジの演説は、以下に転載されている。Henry Steele Commager, *Documents of American History*, 9th edition (Englewood Cliffs, NJ: Prentice-Hall, 1973), 160-161.

(24) "Immigration Bill Enacted over Veto," *New York Times*, February 6, 1917, 12.

(25) "Applaud Alien Bill in D.A.R. Convention," *New York Times*, April 19, 1924, 2 より、すべて原

典どおり引用。

(26) Franklin D. Roosevelt, "Presidential Statement of NonIntervention in Cuba—The Good Neighbor Policy Applied," November 23, 1933, *Public Papers and Addresses of Franklin D. Roosevelt*, vol. 8 (Washington, DC: Government Printing Office, 1938), 500.

(27) Aristide Zolberg, "The Archaeology of 'Remote Control,'" in Andreas Fahrmeir, Olivier Faron, and Parick Weil, eds., *Migration Control in the North Atlantic World: The Evolution of State Practices in Europe and the United States from the French Revolution to the Interwar Period* (New York: Berghahn Books, 2003).

(28) "Applaud Alien Bill in D.A.R. Convention," *New York Times*, April 19, 1924, 2 より、すべて原典どおり引用。

(29) Tichenor, *Dividing Lines*, 160 で引用。

(30) Gil Loescher, *The UNHRC and World Politics: A Perilous Path* (New York: Oxford University Press, 2001), 32.

(31) "Immigration Curb is Urged in Survey," *New York Times*, June 8, 1939.

(32) "Senators Vote to Fingerprint, Register Aliens: Approve Measure Aimed at Fifth Column," *Chicago Tribune*, May 26, 1940, 3.「第五列」という言葉は、スペイン内乱中に初めて使われ、侵略軍や脅威をもたらす軍事力を支持する国内在住の一般の人々を指す。

(33) Edward B. Marks, *Token Shipment: The Story of America's War Refugee Shelter* (Washington, DC: Government Printing Office, 1946).

(34) Harry S. Truman, "Statement and Directive by the President on Immigration to the United States of Certain Displaced Persons and Refugees in Europe," *Public Papers and Addresses of the Presidents: Harry S. Truman, 1945* (Washington, DC: Government Printing Office, 1945), 574.

(35) "Maria Kruk Greenstein," http://www.geocities.com/ us_warbrides/AmWarBrides/KMuldoon.html; Michael J. Forrester, *Tsuchino: My Japanese War Bride* (Salt Lake City, UT: American Book Publishers, 2004).

(36) "Eisenhower in Newark," *Chicago Daily Tribune*, October 20, 1952, 16.

(37) United Nations Convention Relating to the Status of Refugees, Geneva, July 28th, 1951, (No. 2545) United Nations Treaty Series, vol. 189, 137.

(38) "Refugees Suspected," *New York Times*, December 31, 1956, 3.

(39) Him Mark Lai et al., *Island: Poetry and History of Chinese Immigrants on Angel Island, 1910-1940* (Seattle: University of Washington Press, 1991).

(40) Interview of Gussie Shapiro by Dennis Cloutier, November 17, 1983, in "Ellis Island Oral History Project, Series NPS, no. 141," *North American Letters, Diaries and Oral Histories* (Alexandria, VA: Alexander Street Press, 2004).

(41) Emma Goldman, *Living My Life* (New York: Dover Books, 1970), vol. 2, 711; her report differs in some details from the *New York Times*, November 8, 1919 and December 22, 1919. Constantine M. Panunzio, *The Deportation Cases of 1919-1920* (New York: Commission on the Church and Social Service, Federal Council of the Churches of Christ in America, 1921), 6 も参照。

(42) John Cassel, "Cleaning the Nest," *Literary Digest*, January 17, 1920, orig. published in the *New York Evening World*, unknown date. http://newman.baruch.cuny.edu/digital/redscare/IMAGES_LG/Cleaning_the_Nest.gif. Accessed May 9, 2011.

(43) Bartholdt, *From Steerage to Congress*, 153.

(44) 54th Congress, 1st session, *Congressional Record* 28 (May 19, 1896), 5422.

(45) Bartholdt, *From Steerage to Congress*, 151.

(46) たとえば、"That American Tin Ore," *Chicago Daily Tribune*, September 8, 1891, 11 を参照。
(47) Bartholdt, *From Steerage to Congress*, 165.
(48) Ibid., 152.
(49) "Certain Chicago Justices Conduct Entire Trials in Foreign Language in Disregard of the State Constitution," *Chicago Tribune*, December 9, 1900, 98.
(50) 68th Congress, 1st Session, *Congressional Record* 65 (April 11, 1924), 6132.
(51) Nancy Ordover, *American Eugenics: Race, Queer Anatomy, and the Science of Nationalism* (Minneapolis: University of Minnesota Press, 2003), 34 で引用。
(52) 68th Congress, 1st Session, *Congressional Record* 65 (April 5, 1924), 5650.
(53) "Social Workers Will Meet Today," *Los Angeles Times*, October 22, 1931, A10; "Fares Reduced on Repatriates," *Los Angeles Times*, November 27, 1933, A14; "Mexicans Aid Repatriation," *Los Angeles Times*, November 12, 1938, 10.
(54) Harold Smith, "Congress Race Given New Vigor; Sabath Target of H. G. Green in 5th District: 'Red Charge Shot at Congressman,'" *Chicago Daily Tribune*, March 10, 1940, W1. "Sabath Chides Rankin on Army Red Charges," *New York Times*, July 21, 1945, 24. John Fisher, "House Rebukes Rep. Sabath for Rankin Smear: Orders Insults Out of Record," *Chicago Daily Tribune*, March 25, 1947, 6 も参照のこと。サバスに注目してきたが、議員で HUAC の議長であったサミュエル・ディックスタインこそが、ソ連とアメリカが戦時中に連合国となった時期も含めて、報酬と引き換えにソ連から情報を得ていたことがのちに発覚した人物であった。
(55) Burton A. Boxerman, "Adolph Joachim Sabath in Congress: The Early Years, 1907-1932," and "Adolph Joachim Sabath in Congress: The Roosevelt and Truman Years," *Journal of the Illinois State Historical Society* 66 (Autumn 1973): 327-40; and 66 (Winter 1973): 428-43.
(56) Genevieve Forbes Herrick, "They Hold Up the Mirror; Like Results," *Chicago Daily Tribune*, June 25, 1933, E1.
(57) Robert A. Slayton, *Empire Statesman: The Rise and Redemption of Al Smith* (New York: Simon and Schuster, 2001), 310 で引用。
(58) Daniel Burke, "A Catholic Wind in the White House," *Washington Post*, April 13, 2008.
(59) "To Favor Immigration: A Protective League, One Million Strong, Formed to Oppose the Lodge Bill," *New York Times*, January 7, 1898, 6.
(60) Charles H. Sherrill, *Do We Have a Far Eastern Policy?* (New York: Scribner's Sons 1920), 209.
(61) 68th Congress, 1st Session, *Congressional Record* 65 (May 5, 1924), 8637.
(62) Ibid.
(63) "Refugee Aid Planned by Jewish Veterans," *New York Times*, August 30, 1938, 2.
(64) Hannah Arendt, *The Origins of Totalitarianism* (New York: Harcourt Trade, 1973), 292.
(65) "Roosevelt Urged to Reprove Reich," *New York Times*, March 15, 1934, 18.
(66) Lorraine M. Lees, *Yugoslav-Americans and National Security During World War II* (Urbana: University of Illinois Press, 2007), 187.
(67) "Assembly of Captive European Nations, Records, 1953-1972," Immigration History Research Center, University of Minnesota. http:// www.ihrc.umn.edu/research/vitrage/all/am/GENassembly.htm.
(68) David M. Reimers, *Still the Golden Door: The Third World Comes to America* (New York: Columbia University Press, 1992), 15 で引用。
(69) Wayne Lutton and John Tanton, *The Immigration Invasion* (Petosky, MI: Social Contract Press, 1994), 3.

(70) "Immigration Reformer Michael Aloysius Feighan," *New York Times*, August 25, 1965, 20.

(71) Cabell Phillips, "Congress Sends Immigration Bill to the White House; Measure Abolishes National Origins System and Sets Limit for Hemisphere," *New York Times*, October 1, 1965, 1.

(72) "Text of President's Speech on Immigration," *New York Times*, October 4, 1965, SU1 を参照。

## 第四章　移民とグローバル化　一九六五年から現在まで

(1) Merriam-Webster Online Dictionary: http://www.merriamwebster.com/dictionary/globalization.

(2) Don Cook, *Los Angeles Times*, November 22, 1971, E1; Soma Golden, "Grappling with Multinational Corporations; Special to The New York Times; The Problem of Coping With Global Companies," *New York Times*, December 31, 1974, 27.「地球村」については、Marshall McCluhan, *The Gutenberg Galaxy: The Making of Typographic Man* (Toronto: University of Toronto Press, 1962), 31 を参照。

(3) Daniel Tichenor, *Dividing Lines: The Politics of Immigration Control in America* (Princeton, NJ: Princeton University Press, 2001), 252 で引用。

(4) 89th Congress, 1st Session, Senate Committee on Appropriations, *Departments of Commerce, Justice, and State, the Judiciary, and Related Agencies Appropriations for Fiscal Year 1984: Hearings* (Washington, DC: Government Printing Office, 1983), 1001.

(5) Centre for Contemporary Cultural Studies, University of Birmingham, *The Empire Strikes Back: Race and Racism in 70s Britain* (London: Hutchinson, 1982).

(6) Le Ly Hayslip with Jay Wurts, *When Heaven and Earth Changed Places: A Vietnamese Woman's Journey from War to Peace* (New York: Doubleday, 1989).

(7) 彼女のアメリカでの生活については、*Child of War, Woman of Peace* (New York: Doubleday, 1993).

(8) ドン・ペドロの物語は、Robert Courtney Smith, *Mexican New York: Transnational Lives of New Immigrants* (Berkeley: University of California Press, 2006), 20-21 で少しふれられている。ニューヨークに来た最初のプエブラ出身者を、ペドロとフェルミン・サイモンという二人の兄弟だと、ほかの研究も説明してきた。しかし、それは、ニューヨークでメキシコ人の外交官のもとで働いた、マーリリア・アリアガという名前の女性の料理人であるとの指摘もある。Gisele Regatao, "Viva Poblanos: Mexicans from Puebla Create Mini-Version of Home State in New York," *Newsday*, May 21, 2001, C14 を参照。

(9) アルヌルフォ・カバリェロとその子孫へのインタビュー、"Chuppies," in Al Santoli, *New Americas, an Oral History: Immigrants & Refugees in the U.S. Today* (New York: Viking Penguin, 1988), 275-92 を参照。

(10) ヌーイの自伝は、Sarah Murray, "From Poor Indian Student to Powerful U.S. Businesswoman," *Financial Times*, January 26, 2004, 3; and from the corporate PepsiCo website: http://www .pepsico.com/Company/Leadership.html#Nooyi_fb を含め、インドとアメリカでたまに出る新聞記事からつなぎ合わせることができる。

(11) John Seabrook, "Snacks for a Fat Planet," *New Yorker*, May 16, 2001.

(12) Amy Shipley, "Simon Cho's Olympic Speedskating Opportunity Rewards his Family's Investment," *Washington Post*, January 13, 2010. Devin Dwyer, "Immigration: Korean Family Crosses U.S.-Canadian Border to Skirt Visa Backlog," July 30, 2010, ABCNews.com: http://abcnews.go.com/Politics/immigration-illegal-immigrant-us-olympiankorean-teens-story/story?id=10945321&page=1, accessed September 3, 2010 も参照。

(13) Guillermina Jasso and Mark R. Rosenzweig, "Family Reunification and the Immigration

Multiplier: U.S. Immigration Law, OriginCountry Conditions, and the Reproduction of Immigrants," *Demography* 23 (1986): 291-311.

(14) Santiagos Creuheras, "The View from New York," *ReVista: Harvard Review of Latin America*, Fall 2001: http://www.drclas.harvard.edu/ revista/articles/view/85.

(15) "Indra Nooyi Purchases Rs.7 cr Flat at Poes Garden!" *OneIndia*, October 20, 2007.

(16) "Mexicans in the U.S. Send Billions Home—And It All Comes Back," *Rocky Mountain News* (February 19, 2005).

(17) Hayslip, *When Heaven and Earth Changed Places*, xv.

(18) http://grunt.space.swri.edu/eastwest.htm, accessed January 23, 2009.

(19) Jonathan Duffy, "Rich Friend in America," *BBC News Online*, September 26, 2001: http://news.bbc.co.uk/2/hi/americas/1563119.stm, accessed October 23, 2010.

(20) Tim Weiner, "Gen. Vang Pao's Last War," *New York Times Magazine*, May 11, 2008.

(21) George W. Bush, "Address to a Joint Session of Congress Following 9/11 Attacks," http://www.americanrhetoric.com/speeches/ gwbush911jointsessionspeech.htm.

(22) Andrea Elliott, "A Call to Jihad Answered in America," *New York Times*, July 11, 2009.

(23) Susan F. Martin, *Nation of Immigrants* (Cambridge: Cambridge University Press, 2011).

(24) Linna E. Bresett, "Mexicans in the United States: A Report of a Brief Survey," *National Catholic Welfare Conference* (Washington, DC: National Catholic Welfare Conference, 1929), 7.

(25) http://abcnews.go.com/Politics/immigration-illegal-immigrantus-olympian-korean-teens-story/story?id=10945321&page=1, posted on August 1, 2010.

(26) *New York Times*, September 9, 1985, A15.

(27) Anonymous phone caller, Spring 2007, Immigration History Research Center.

(28) Robert Pear, "Immigration and the Randomness of Ethnic Mix," *New York Times*, October 2, 1984, A28.

(29) Santoli, *New Americans*, 289-90.

(30) Nathan Glazer, *We Are All Multiculturalists Now* (Cambridge, MA: Harvard University Press, 1997).

(31) 93rd Congress, 1st session, *Congressional Record* 119 (May 8, 1973), 14610.

(32) Linda Mathews, "'Green Card' Farm Labor Use Upheld," *Los Angeles Times*, November 26, 1974, A1.

(33) David Binder, "Ford Asks Nation to Open Its Doors to the Refugees," *New York Times*, May 7, 1975, 8.

(34) Carl J. Bon Tempo, *Americans at the Gate: The United States and Refugees during the Cold War*, 194 で引用。

(35) George de Lama, "Florida Bracing for New Wave of Cuban Immigrants, "Chicago *Tribune*, April 14, 1985, 1.

(36) William J. Chambliss and Marjorie Sue Zatz, eds., *Making Law: The State, the Law, and Structural Contradictions* (Bloomington: Indiana University Press, 1992), 248 で引用。

(37) "Statement on Signing the Immigration Reform and Control Act of 1986, November 6, 1986," http://www.reagan.utexas.edu/archives/ speeches/1986/110686b.htm.

(38) この言葉はかなり長い間、使われていた。United States Congress, Joint Committee, *Joint Economic Report* (Washington, DC: Government Printing Office, 1949), 47 を参照。

(39) Edward Leamer of UCLA, Eckes, *Opening America's Markets*, 286 を引用。

(40) Santoli, *New Americans*, 259, 261.

(41) Ibid., 259.

(42) Eric Schmitt, "Immigration Bill Debate, Divisions and Odd Alliances; Debate Over Immigration Bill Yields Deep Political Division and Unusual Alliances," *New York Times*, February 26, 1996, A1 で引用。

(43) Sam Howe Verhovek, "A 2000 Mile Fence? First Get Estimates," *New York Times*, March 3, 1996.

(44) Brian Bennett, "GOP Senators Signal Immigration Showdown," *Los Angeles Times*, October 29, 2010.

(45) Stephen Castles and Mark J. Miller, *The Age of Migration: International Population Movements in the Modern World*, 4th ed. (New York: Guilford Press, 2009).

(46) Mae Ngai, *Impossible Subjects: Illegal Aliens and the Making of Modern America* (Princeton, NJ: Princeton University Press, 2003), 249.

(47) Anthony H. Richmond, *Global Apartheid: Refugees, Racism, and the New World Order* (Toronto: Oxford University Press, 1994).

(48) "The Universal Declaration of Human Rights," http://www.un.org/Overview/rights.html.

(49) "Convention and Protocol Relating to the Status of Refugees," http://www.unhcr.org/3b66c2aa10.html.

# 付録　さらに読み進めたい読者のための文献目録

大きなテーマを扱う短い本では、筆者が執筆時に参照し、学んだ多くの研究について、脚注ではほんの限られた紹介しかできない。ここでは、豊かな歴史学や（場合によっては）学際的な研究分野を通じて特定のテーマを探求したいと考えている読者に、興味深い研究を挙げておきたいと思う。

一般の読者や「アメリカと世界」の諸講座を履修している学生は、アメリカ史へのこのアプローチの起源を理解したいと思うだろう。彼らは、この分野の四人の先駆的な研究をはじめに参考にすべきであろう。David Thelen, ed. “The Nation and Beyond: Transnational Perspectives on United States History,” special issue, *Journal of American History* 86, 3 (Dec. 1999) は、アメリカの歴史とトランスナショナルヒストリーを結びつけている。Thomas Bender, *America's Place in World History* (New York: Hill and Wang, 2006) もその内容を雄弁に語っているが、Ian Tyrell, *Transnational Nation: United States History in Global Perspective since 1789* (New York: Palgrave Macmillan, 2007) も同様である。Carl Guarneri and James Davis, *Teaching American History in a Global Context (Armonk*, NY: M. E. Sharpe, 2008) は、比較史についてのガルネリの革新的な研究にもとづいている。エリック・ローチウェイ (Eric Rauchway) の例外主義的な解釈の多くに私は同意しないが、彼の *Blessed among Nations* (New York: Hill and Wang, 2006) も、グローバルな視点からアメリカのますます発展してきている歴史分野についての、刺激的でたいへん読み応えのある短い概説となっている。

アメリカに焦点が当てられているかどうかはわからないが、世界史の諸講座の学生たちには、貿易、外交、移民についての豊富な学術文献から、それら三つの関係性をもっとも考察させてくれそうな本（と少数の論文）を選んだ。読者は、世界史の入門書の選択には困らないだろう。とりわけ、私自身の著作は以下の研究に影響されてきた。Akira Irie, *Cultural Internationalism and World Order* (Baltimore: Johns Hopkins University Press, 1997); Patrick Finney, *Palgrave Advances in International History* (New York: Palgrave Macmillan, 2005); Robert Kagan, *Dangerous Nation* (New York: Alfred A. Knopf, 2006); Kristin L. Hoganson, *Consumers' Imperium: The Global Production of American Domesticity, 1865-1920* (Chapel Hill: University of North Carolina Press, 2007); Michael J. Hogan, *America in the World: The Historiography of American Foreign Relations since 1941* (New York: Cambridge University Press, 1995); Thomas W. Zeiler, “The Diplomatic History Bandwagon: A State of the Field,” *Journal of American History* 95, 4 (March 2009): 1053-73. もっと以前の著作では、Frank Thistlethwaite, *The AngloAmerican Connection in the Early Nineteenth Century* (Studies in American Civilization, Department of American Civilization, University of Pennsylva-

nia, 1959) を挙げておこう。

「移民の国」アメリカという少しずつ変化しつつあるパラダイムとアメリカ史における移民、エスニシティ、人種、国家形成への一貫した関心は、Oscar Handlin, *The Uprooted; The Epic Story of the Great Migrations That Made the American People* (Boston: Little, Brown, 1951); John Bodnar, *The Transplanted: A History of Immigrants in Urban America* (Bloomington: Indiana University Press, 1985); Roger Daniels, *Coming to America: A History of Immigration and Ethnicity in American Life* (New York: HarperCollins, 1990); Paul Spickard, *Almost All Aliens: Immigration, Race, and Colonialism in American History and Identity* (New York: Routledge, 2007) をはじめとする、過去や現在の移民史家の研究で探求できよう。Gary Gerstle, *American Crucible: Race and Nation in the Twentieth Century* (Princeton, NJ: Princeton University Press, 2002) は、複数の国家形成に焦点を当てているという点では、もっとも明確なものである。*American Dreaming, Global Realities: Re-Thinking U.S. Immigration History* (Urbana: University of Illinois Press, 2006) では、編者のダナ・ガバッチアとヴィッキー・ルイズ（Donna Gabaccia and Vicki Ruiz）が、「移民」と「アメリカ史」の両方への学生の理解を深める目的で、最近の学術的な論文から選んだものを提示してくれている。

これらの国家を中心とした研究は、ここ二十年の間にアメリカや世界の歴史家が書いたり編集したりした、より比較の視点を入れたディアスポラやグローバルまたは世界史的な説明と対比されうる。国際移民研究をより広く歴史的に考えたいと思っている人々に、とくに有益なのは、David Eltis, ed., *Coerced and Free Migration: Global Perspectives* (Stanford, CA: Stanford University Press, 2002); Nancy Green and Francois Weil, eds., *Citizenship and Those Who Leave: The Politics of Emigration* (Urbana: University of Illinois Press, 2007); Dirk Hoerder, *Cultures in Contact: World Migration in the Second Millennium* (Durham, NC: Duke University Press, 2002); Dirk Hoerder and Christiane Harzig, *What is Migration History?* (Cambridge: Polity Press, 2009); Jan Lucassen and Leo Lucassen, *Migration, Migration History, History: Old Paradigms and New Perspectives* (Bern: Peter Lang, 1997); Patrick Manning, *Migration in World History* (New York: Routledge 2005); Wang Gungwu, *Global History and Migration: Some Patterns Revisited* (Boulder, CO: Westview Press, 1997) である。グローバルな文脈で、アメリカの移民政策と移動の自由を分析するときに、とくに有益なのは、Ian Goldin, Geoffrey Cameron, and Meera Balarajan, *Exceptional People: How Migration Shaped Our World and Will Define Our Future* (Princeton, NJ: Princeton University Press, 2011) である。

驚くべきほど少数の歴史家しか、国際関係と外交と移民の研究を直接結びつけようとしてこなかった。そのような研究の中で、もっとも野心的で、私の研究にもっとも影響を与えたものは、Matthew Frye Jacobson, *Barbarian Virtues: The United States Encounters Foreign Peoples at Home and Abroad, 1876-1917* (New York: Hill and Wang, 2000) であるが、それは、前世紀転換期に主に焦点を当てている。より焦点を絞った研究だが、同時代の大統領と議会の軋轢を究明するのに役に立つのは、Hans P. Vogt, *The Bully Pulpit and the Melting Pot: American Presidents and the Immigrant, 1897-1933* (Macon, GA: Mercer University Press, 2004) である。Roger Daniels, "Immigration"（Alexander DeConde et al., eds., *En-*

*cyclopedia of American Foreign Policy*, 2nd ed. (New York: Simon and Schuster, 2002), pp. 203-16）は、Sarah J. Mahler, “Constructing International Relations: The Role of Transnational Migrants and Other Non-State Actors,” *Identities* 7, 2 (2000): 197-232 や、James F. Hollifield, “Migration and International Relations: The Liberal Paradox,” in Hans Entzinger, Marco Martiniello, and Catherine Wihtol de Wenden, eds., *Migration between Markets and States* (Burlington, VT: Ashgate, 2004), pp. 3-18 のような研究で、より最近の時期について補足される場合は、有益な出発点となろう。政治学者による刺激的な理論への介入は、Yossi Shain and Aharon Barth, “Diasporas and International Relations Theory,” *International Organization* 57 (Summer 2003): 449-79 や、Myron Weiner, “On International Migration and International Relations,” *Population and Development Review* 11, 3 (1985): 441-55 に見い出せる。

同様に驚くべきことは、帝国の作り手として外国に居住したアメリカ人についてほとんど書かれてこなかったということである。それにもかかわらず、彼らの生活についての調査は、アメリカの外交史における重要な出来事を理解するのに、しばしばもっとも重要である。メキシコについては、William Schell, Jr., *Integral Outsiders: The American Colony in Mexico City, 1876-1911* (Wilmington, DE: Scholarly Resources, 2001) や、John Mason Hart, *Empire and Revolution: The Americans in Mexico since the Civil War* (Berkeley: University of California Press, 2002) を参照するとよい。メキシコの同時代のアメリカ人に焦点を当てた研究は、Sheila Croucher, *The Other Side of the Fence: American Migrants in Mexico* (Austin: University of Texas Press, 2009) である。カナダについては、Marcus Lee Hansen and John Bartlet Brebner, *The Mingling of the Canadian and American Peoples*, 2 vols. (New York: Carnegie Endowment for International Peace, 1940) を参考にするのが、いまだに有益である。ナンシー・グリーン（Nancy Green）も、“Expatriation, Expatriates, and Expats: The American in Transformation of a Concept,” *American Historical Review* 114 (April 2009): 304-28 で、当該問題について最近、興味をそそるようなものを書いた。主に国内政治に関心を払っているが、Aristide Zolberg, *America by Design: Immigration Policy in the Fashioning of America* (Cambridge, MA: Harvard University Press, 2006) は、世界におけるアメリカの変容しつつある役割の国内での意味と、移民の国内での政治的集結の役割を、もっとも幅広く紹介するものとなっている。*The Cambridge History of American Foreign Relations* (Cambridge: Cambridge University Press, 1993) は、移民と外交史の対話を深め、広げたいと望む人々にとって最善の出発点であり続けている。多くの非常に専門特化された研究が、移民と伝統的な外交研究を創造的な方法で結びつける多くの可能性を示している。たとえば、Robbie Totten, “National Security and U.S. Immigration Policy, 1776-1790,” *Journal of Interdisciplinary History* 39 (2008): 39-64; Masuda Hajimu, “Rumors of War: Immigration Disputes and the Social Construction of American-Japanese Relations, 1905-1913,” *Journal of Diplomatic History* 33, 1 ( January 2009): 1-37; Lorraine M. Lees, *Yugoslav-Americans and National Security During World War II* (Urbana: University of Illinois Press, 2007); Kristofer Allerfeldt, *Beyond the Huddled Masses: American Immigration and the Treaty of Versailles* (London: I. B. Tauris, 2006) を参照するとよい。

どれほどアメリカが世界に開かれているかの指針として、貿易と移民の変容する関係

に興味を持っている人々には、二つの刺激的な議論が社会科学から出されている。経済学者のティモシー・J・ハットンとジェフリー・G・ウィリアムズ（Timothy J. Hatton and Jeffrey G. Williamson）の "A Dual Policy Paradox: Why Have Trade and Immigration Policies Always Differed in LaborScarce Economies?" Discussion Paper No. 2146, May 2006 (http://papers.ssrn.com/sol3/papers.cfm?abstract_id=905546) と、政治学者ジェームス・F・ホリフィールド（James F. Hollifield）の "Migration, Trade and the Nation-State: The Myth of Globalization," *UCLA Journal of International Law and Foreign Affairs* 3 (1998): 595- 636 を参照のこと。アジアやアメリカの近隣諸国とのアメリカの歴史上の緊張した関係を考察するには、デーヴィッド・プレッチャー（David Pletcher）の二つの著作、*The Diplomacy of Involvement: American Economic Expansion across the Pacific, 1784-1900* (Columbia: University of Missouri Press, 2001) と *The Diplomacy of Trade and Investment: American Economic Expansion in the Hemisphere, 1865-1900* (Columbia: University of Missouri Press, 1998) が役に立つ。最後に、非常に専門特化されているが、示唆的な研究は、Drew Keeling, "Costs, Risks, and Migration Networks between Europe and the United States, 1900-1914," *Research in Maritime History* 33 (2007): 113-73 である。

経済史と移民史の間の幅広い対話を促進することに興味がある人々にとって有益な出発点は、Stanley L. Engerman and Robert E. Gallman, eds., *The Cambridge Economic History of the United States* (Cambridge: Cambridge University Press, 1996-) であり続けている。Susan B. Carter et al. ed., *Historical Statistics of the United States, Millennial Edition*, ed. Susan B. Carter et al. (New York: Cambridge University Press, 2006) は、貿易と移民のつながりを理解するには、欠くことのできない情報源である。

この本は、移民と高関税による保護の絡み合った歴史を強調しているので、読者は、Thomas Zeiler, "Tariff Policy" や Robert Freeman Smith, "Reciprocity"（*Encyclopedia of American Foreign Policy* (New York: Charles Scribner's Sons, 2002), 531-46, 329-44 にそれぞれ掲載）も読みたいと思うかもしれない。主要な論点に多くの人々が賛成しないだろうが、アルフレッド・E・エッケス（Alfred E. Eckes）は、*Opening America's Market: U.S. Foreign Trade Policy since 1776* (Chapel Hill: University of North Carolina Press, 1999) で、非常に有益で刺激的な概観を提示してくれている。Cecil E. Bohanon and T. Norman Van Cott, "Tariffs, Immigration, and Economic Insulation: A New View of the U.S. Post-Civil War," *Independent Review* 9, 4 (Spring 2005): 529-42 も示唆的だ。

国家の視点と国際的な視点の両方から書かれた移民制限の歴史が、最近より普遍的なものになっており、いくつかの研究分野の専門家によって書かれるようになった。国内政策への国際的な出来事の全般的な影響をまず考察したい人々とって、よい出発点は、Ira Katznelson and Martin Shefter, eds., *Shaped by War and Trade: International Influences on American Political Development* (Princeton, NJ: Princeton University Press, 2003) である。私は、近代初期の大西洋圏での規制についての国際的な研究から多くの影響を受けてきた。たとえば、Andreas Fahrmeir, Olivier Faron, and Patrick Weil, eds., *Migration Control in the North Atlantic World: The Evolution of State Practices in Europe and the United States from the French RevolutiontotheInterwarPeriod* (*NewYork:BerghahnBooks*, 2003) である。19 世紀と 20 世紀については、Adam McKeown, *Melancholy Order: Asian Migration and the Globalization of*

*Borders* (New York: Columbia University Press, 2008) も、ほどよく国際的な視点を与えてくれる。近代初期については、Gerald Neuman, "The Lost Century of American Immigration Law (1776-1875)," *Columbia Law Review* 8 (1993): 1833-1901 も、読者は有益だと感じるだろう。

19 世紀と 20 世紀の移民制限政策について、私は、しばしば Zolberg, *Nation by Design* と Daniel Tichenor, *Dividing Lines: The Politics of Immigration Control in America* (Princeton, NJ: Princeton University Press, 2001) を参照する。Tom E. Terrill, *The Tariff, Politics, and American Foreign Policy, 1874-1901* (Westport, CT: Greenwood Press, 1973) は、経済上の保護主義をめぐる複雑な政治を理解しようとしている入門者にとても有益だ。移民制限の人種的な側面を究明するのにとくに役に立つのは、Mae N. Ngai, *Impossible Subjects: Illegal Aliens and the Making of Modern America* (Princeton, NJ: Princeton University Press, 2004) と、Erika Lee, *At America's Gate: Chinese Immigration during the Exclusion Era, 1882-1943* (Chapel Hill: University of North Carolina Press, 2003) である。移民制限政策のそのほかの側面については、Claudia Goldin, The Political Economy of Immigration Restriction in the United States, 1890-1921," in Claudia Dale Goldin and Gary D. Libecap, eds., *The Regulated Economy: A Historical Approach to Political Economy*, 2nd ed. (Chicago: University of Chicago Press, 1994) や、Robert Zeidel, *Immigrants, Progressives, and Exclusion Politics: The Dillingham Commission, 1900-1927* (DeKalb: Northern Illinois University Press, 2004) に見い出せる。第二次世界大戦後の時期については、三つの研究がとくに役に立った。すなわち、John David Skrentny, *The Minority Rights Revolution* (Cambridge, MA: Harvard University Press, 2002)、アメリカの難民政策における規制と人道的な目的という矛盾については、Gil Loescher, *Calculated Kindness: Refugees and America's Half-Open Door, 1945 to the Present* (New York: Free Press, 1986)、そして Carl J. Bon Tempo, *Americans at the Gate: The United States and Refugees during the Cold War* (Princeton, NJ: Princeton University Press, 2008) である。最後に、退去強制という現在の困難な問題についての長期的な展望については、Daniel Kanstroom, *Deportation Nation: Outsiders in American History* (Cambridge, MA: Harvard University Press, 2007) を参照のこと。移民の世論調査については、Edwin Harwood, "American Public Opinion and U.S. Immigration Policy," *Annals of the American Academy of Political and Social Science* 487 (Sept. 1986): 201-12; や、Rita J. Simon and Susan H. Alexander, *The Ambivalent Welcome: Print Media, Public Opinion, and Immigration* (Westport, CT: Praeger, 1993) を参照されたい。

移民や故郷、他地域にいる親戚との越境的（トランスナショナル）なつながりを強調する多くの研究の中で、私は、イタリア系と中国系の研究にとくに多く依ってきた。各章で引用された研究に加えて、以下を参照するとよい。Sucheng Chan, *Chinese American Transnationalism: The Flow of People, Resources and Ideas between China and America during the Exclusion Era* (Philadelphia: Temple University Press, 2006); Madeline Yuanyin Hsu, *Dreaming of Gold, Dreaming of Home: Transnationalism and Migration between the United States and South China, 1882-1943* (Stanford, CA: Stanford University Press, 2000); Donna Gabaccia, *Italy's Many Diasporas* (London and Seattle: University College of London and University of Washington Press, 2000); Adam McKeown, *Chinese Migration Networks and Cultural Change: Peru,*

*Chicago, Hawaii, 1900-1936* (Chicago: University of Chicago Press, 2001); Guanhua Wang, *In Search of Justice: The 1905-1906 Chinese Anti-American Boycott* (Cambridge, MA: Harvard University Asia Center, 2001).

ディアスポラのナショナリズムや、政治亡命者と移民人口と出身国の変化を求める目的の政治的な集結の複雑な相互作用について、もっとも網羅的な研究が、中国系移民とイタリア系移民を扱ってきた。たとえば、Donna R. Gabaccia and Fraser M. Ottanelli, eds., *Italian Workers of the World: Labor Migration and the Formation of Multiethnic Societies* (Urbana: University of Illinois Press, 2001) や、Him Mark Lai, *Chinese American Transnational Politics*, ed. Madeline Y. Hsu (Urbana: University of Illinois Press, 2010) を参照のこと。政治学者のヨッシー・シャイン (Yossi Shain) は "Ethnic Diasporas and U.S. Foreign Policy," *Political Science Quarterly* 109, 5 (1994- 95): 811-42 で、公の外交関係へのその影響を探究するのに、ディアスポラに当てた焦点をさらに進めている。

最後に、どのように移民たちが外国とのつながりを長い間につくり出し、かつそれを維持したのかについて研究したい人々には、海を越えてやりとりされた手紙の豊富な文献と、新しいコミュニケーション技術の時代での越境的（トランスナショナル）なコミュニケーションについての社会科学者たちの新しい文献がある。これらについては以下を参照されたい。Richard B. Eide, *Norse Immigrant Letters: Glimpses of Norse Immigrant Life in the Northwest in the Fifties* (Minneapolis: University of Minnesota and Lutheran Free Church Publishing Co., 1925); Theodore Blegen, *The "America Letters"* (Oslo: I Kommisjon Hos Jacog Dybwad, 1928); Zempel Solveig, *In Their Own Words: Letters from Norwegian Immigrants* (Minneapolis: University of Minnesota Press, 1991); David Gerber, *Authors of Their Own Lives: Personal Correspondence in the Lives of Nineteenth Century British Immigrants to the United States* (New York: New York University Press, 2006); David Gerber, Bruce Elliott, and Suzanne Sinke, eds., *Letters across Borders: The Personal Correspondence of International Immigrants* (New York: Palgrave, 2006); Kerby Miller et al., *Irish Immigrants in the Land of Canaan: Letters and Memoirs from Colonial and Revolutionary America, 1675-1815* (New York: Oxford University Press, 2003); Nicole Constable, *Romance on a Global Stage: Pen Pals, Virtual Ethnography, and "Mail-order" Marriages* (Berkeley, CA: University of California Press, 2003); Andoni Alonso and Pedro J. Oiarzabal, eds., *Diasporas in the New Media Age: Identity, Politics, and Community* (Reno: University of Nevada Press, 2010).

著者略歴

ダナ・R・ガバッチア　Donna R. Gabaccia

トロント大学歴史学教授。2005 ～ 12 年、ミネソタ大学移民史研究センター所長。2008 年、社会科学史学会会長。移民史を中心にジェンダー、階級、労働、食文化など多岐にわたる分野で著書、論文多数。著書に、*From the Other Side: Women, Gender, and Immigrant Life in the U.S., 1820-1990*, Indiana University Press, 1994, *We Are What We Eat: Ethnic Food and the Making of Americans,* Harvard University Press, 1998（邦訳『アメリカ食文化——味覚の境界線を越えて』伊藤茂訳、青土社）, *Italy's Many Diasporas,* UCL Press, 2000 など。本書は 2013 年セオドア・サロートス記念出版賞（Theodore Saloutos Memorial Book Award）を受賞。

訳者略歴

一政（野村）史織　（いちまさ・のむら・しおり）

中央大学法学部准教授。2006 年バーミンガム大学社会科学研究科文化研究・社会学専攻博士課程修了（Ph.D.）。2008 ～ 10 年東京大学大学院総合文化研究科助教、2010 年より中央大学法学部助教を経て、2011 年より現職。著書に、『東欧地域研究の現在』（共著、山川出版、2012 年）、『クロアチアを知るための 60 章』（共著、明石書店、2013 年）など。


移民からみるアメリカ外交史

二〇一五年一一月一五日　印刷
二〇一五年一二月一〇日　発行

著　者　ダナ・R・ガバッチア
訳　者　© 一政（野村）史織
発行者　及川直志
発行所　株式会社白水社
〒一〇一‐〇〇五二
東京都千代田区神田小川町三‐二四
電話　〇三‐三二九一‐七八一一（営業部）
　　　〇三‐三二九一‐七八二一（編集部）
振替　〇〇一九〇‐五‐三三二二八
http://www.hakusuisha.co.jp
乱丁・落丁本は、送料小社負担にてお取り替えいたします。

装　幀　小林　剛（UNA）
組　版　閏月社
印刷所　株式会社三秀舎
製本所　株式会社松岳社

Printed in Japan
ISBN978-4-560-08475-5

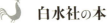